UNTER DRUCK **POLITISCHE PLAKATE** 1918–1991

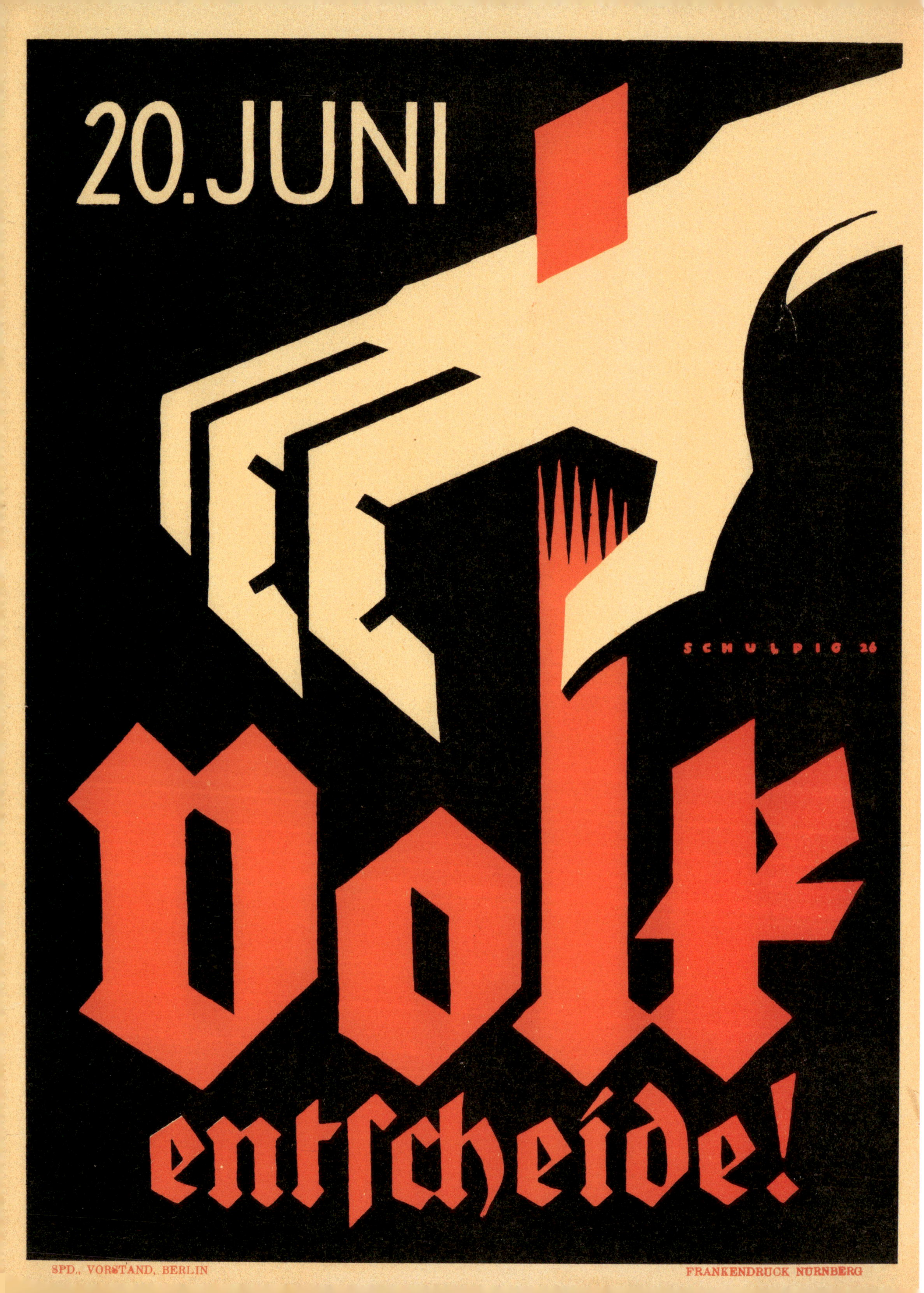
20. JUNI
SCHULPIG 26
Volk
entscheide!
SPD., VORSTAND, BERLIN
FRANKENDRUCK NÜRNBERG

UNTER DRUCK
POLITISCHE PLAKATE
1918–1991

Herausgegeben von der
PRÄSIDENTIN
DES HESSISCHEN LANDTAGES
ASTRID WALLMANN

Bearbeitet und
mit Beiträgen von
PETRA EISELE
PETER FORSTER
RENÉ GROHNERT
NIKOLAS WERNER JACOBS

HESSISCHER LANDTAG

80 JAHRE HESSEN 1946–2026

Museum Wiesbaden

Deutscher Kunstverlag

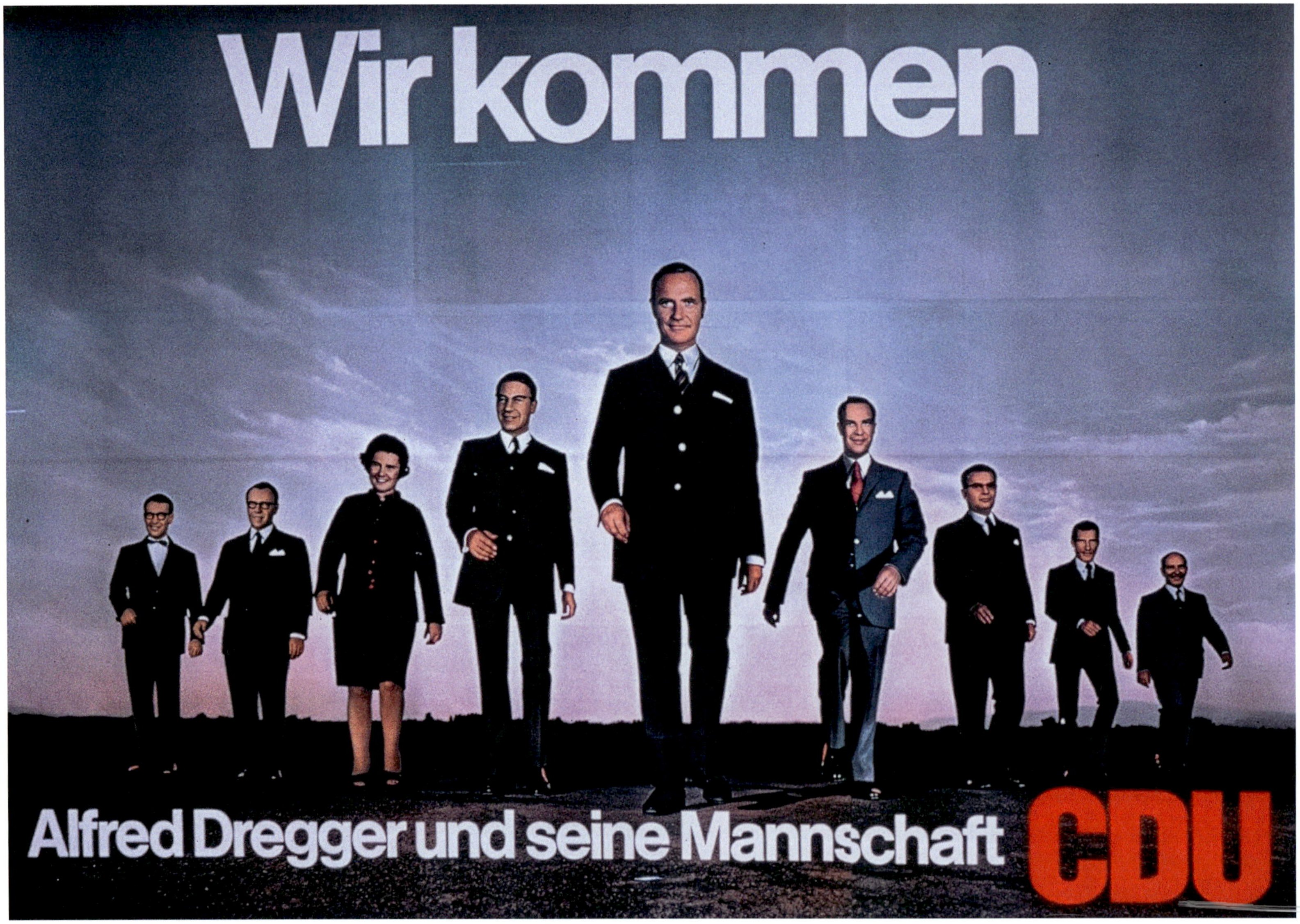

Peter Pauli, Werbeagentur Alwo, Frankfurt am Main

Wir kommen, Alfred Dregger und seine Mannschaft CDU

Bundesrepublik Deutschland, 1970

252 × 356,5 cm

Inhalt

Vorwort

Astrid Wallmann

Zum zweiten Mal richtet der Hessische Landtag einen Parlamentarischen Abend der Kultur aus. Passend zum diesjährigen Thema »Design und Gestaltung« werden zu diesem Anlass zwei Ausstellungen politischer Plakate gezeigt, anhand derer die historische Entwicklung der Plakatgestaltung in Hessen und Deutschland im 20. Jahrhundert nachvollzogen werden kann.

Durch kaum ein anderes Medium lässt sich die politische Geschichte unseres Landes besser präsentieren als durch das Plakat, das zugleich auch stilistisch und ästhetisch häufig ein Spiegelbild seiner Zeit ist. Die spezifische Funktion des politischen Plakats im Kontext von Wahlkämpfen lässt dieses analoge Medium – trotz des digitalen Wandels – bis heute relevant erscheinen.

Der Titel der Ausstellungen im Hessischen Landtag und im Museum Wiesbaden und der sie begleitenden Publikation verweist auf zwei unterschiedliche, jeweils zentrale Dimensionen des Mediums. Politische Plakate entstanden viele Jahrzehnte in kontinuierlich innovativer werdenden Techniken der Druckgrafik, die sowohl hinsichtlich der Quantität als auch mit Blick auf die Qualität in kurzen Zeitspannen immer neue Möglichkeiten der Gestaltung und Nutzung eröffneten. *Unter Druck* spielt darüber hinaus auf die Atemlosigkeit des politischen Tagesgeschäfts im Allgemeinen und der Wahlkämpfe im Besonderen an: Oftmals muss innerhalb kürzester Zeit mit Plakaten auf aktuelle Themen und Entwicklungen, aber auch auf gestalterische Trends reagiert werden, was eine langfristige Kampagnenplanung erschwert und kurzfristige Innovationen begünstigt.

Ich freue mich, dass wir mit diesen Ausstellungen und der Publikation in mehrfacher Hinsicht an den erfolgreichen ersten Parlamentarischen Abend der Kultur im Jahr 2025 anknüpfen können. Die Fotografin Barbara Klemm, deren herausragendes Schaffen wir damals im Landtag präsentieren durften, hat uns dankenswerterweise gestattet, dass auf dem Titel des vorliegenden Ausstellungskatalogs eine ihrer beeindruckenden Fotografien zu sehen ist. Diese zeigt ein Frankfurter Wahllokal am Tag der Bundestagswahl 1972, dessen Eingang von Parteiplakaten gesäumt ist. Der Landtag hat auch in diesem Jahr für Ausstellung und Publikation erneut eng mit dem Museum Wiesbaden kooperiert. Während das Museum die Plakatgestaltung von der Gründung bis zum Ende der Weimarer Republik zeigt, werden im Landtag Plakate aus Hessen und der Bundesrepublik von der unmittelbaren Nachkriegszeit bis zur ersten hessischen Landtagswahl nach der Wiedervereinigung präsentiert. Die beiden in diesem Katalog zusammengefassten Ausstellungsteile bieten somit einen repräsentativen Querschnitt über mehr als 70 Jahre politische Plakatgeschichte. Dem Team des Museums Wiesbaden, namentlich dem zuständigen Kurator Dr. Peter Forster, danke ich ebenso wie den Mitarbeiterinnen und Mitarbeitern der Kanzlei des Hessischen Landtages, die zum zweiten Mal gemeinsam ein beeindruckendes und anspruchsvolles Ausstellungsprojekt entwickelt und realisiert haben.

Neben der Fortführung bewährter Kooperationen bietet dieses Ausstellungs- und Publikationsprojekt auch mehrere Neuheiten. Jene Fraktionen des Hessischen Landtages, die im historischen Ausstellungszeitraum bereits existierten, wirkten an der Vorbereitung der Ausstellung erstmals aktiv mit, indem sie großzügigerweise historische Plakate aus eigenen Beständen zur Verfügung stellten oder als Leihgaben vermittelten. Ihnen und den ebenfalls beteiligten politischen Stiftungen – namentlich den Fraktionen der CDU, der SPD, des BÜNDNIS 90/DIE GRÜNEN, der Freien Demokraten, der Konrad-Adenauer-Stiftung, der Hanns-Seidel-Stiftung, der Friedrich-Ebert-Stiftung, der Heinrich-Böll-Stiftung sowie der Friedrich-Naumann-Stiftung – gilt daher mein ganz besonderer Dank.

Als wichtiger Leihgeber für beide Ausstellungsorte ist Maximilian Karagöz zu nennen, der aus seiner Plakatsammlung herausragende und seltene Originalplakate zur Verfügung gestellt hat. Für seine Bereitschaft hierzu sowie für die Unterstützung des Vorhabens in allen Planungsphasen danke ich ihm sehr herzlich.

Schließlich freue ich mich außerordentlich, dass die Ausstellung und die Publikation Teil des Programms der »World Design Capital 2026 Frankfurt RheinMain« sind. Der Beitrag des Hessischen Landtages zu diesem bedeutenden Ereignis in der Metropolregion bezieht sich ganz konkret auf den Titel des Gesamtprogramms: »Design for Democracy. Atmospheres for a better life«. Denn mit der Gestaltung politischer Plakate rückt der Parlamentarische Abend der Kultur 2026 im Hessischen Landtag ein Medium ins Blickfeld, das wie kaum ein anderes für innovative Gestaltung in Demokratien steht.

Astrid Wallmann

Astrid Wallmann
Präsidentin des Hessischen Landtages

Information Manipulation Provokation Politische Plakate im Museum Warum?

Peter Forster

Aus Sicht eines Museums ist eine Ausstellung zum politischen Plakat eigentlich ein Anachronismus. Museen sind in sich geschlossene Räume, Ruhe und Entschleunigung charakterisieren ihre Atmosphäre. Für ein politisches Plakat, das in den Diensten einer ideologischen Idee steht, wie auch für ein Wahlplakat einer Partei ist ein Museum ein völlig unbrauchbarer Raum. Das politische Plakat verlangt nach größtmöglicher Aufmerksamkeit und Öffentlichkeit, es giert regelrecht nach dem öffentlichen Raum. Es will nicht nur gesehen werden, es muss gesehen und sofort verstanden werden, denn seine Aufgabe ist es, zu überzeugen und zu beeinflussen. Ein politisches Plakat ist eine laute Kampfansage, es steht in direkter und unmittelbarer Konkurrenz zu den anderen werbenden politischen Plakaten. Es strahlt eine Tagesaktualität aus und hat ein klares Verfallsdatum wie kaum ein anderes werbendes Medium. In den politischen Plakaten spiegeln sich die gesellschaftlichen Dramen und gegensätzlichen Emotionen ihrer Zeit wider.

Das politische Plakat besitzt in Deutschland keine lange Tradition. In Preußen existierte 1849 bis 1918 ein rigoroses Plakatierungsgesetz, das Werbung für politische Inhalte verbot. Gleiches galt für viele andere Einzelstaaten während der Kaiserzeit, die durch polizeiliche Zensur die Verbreitung

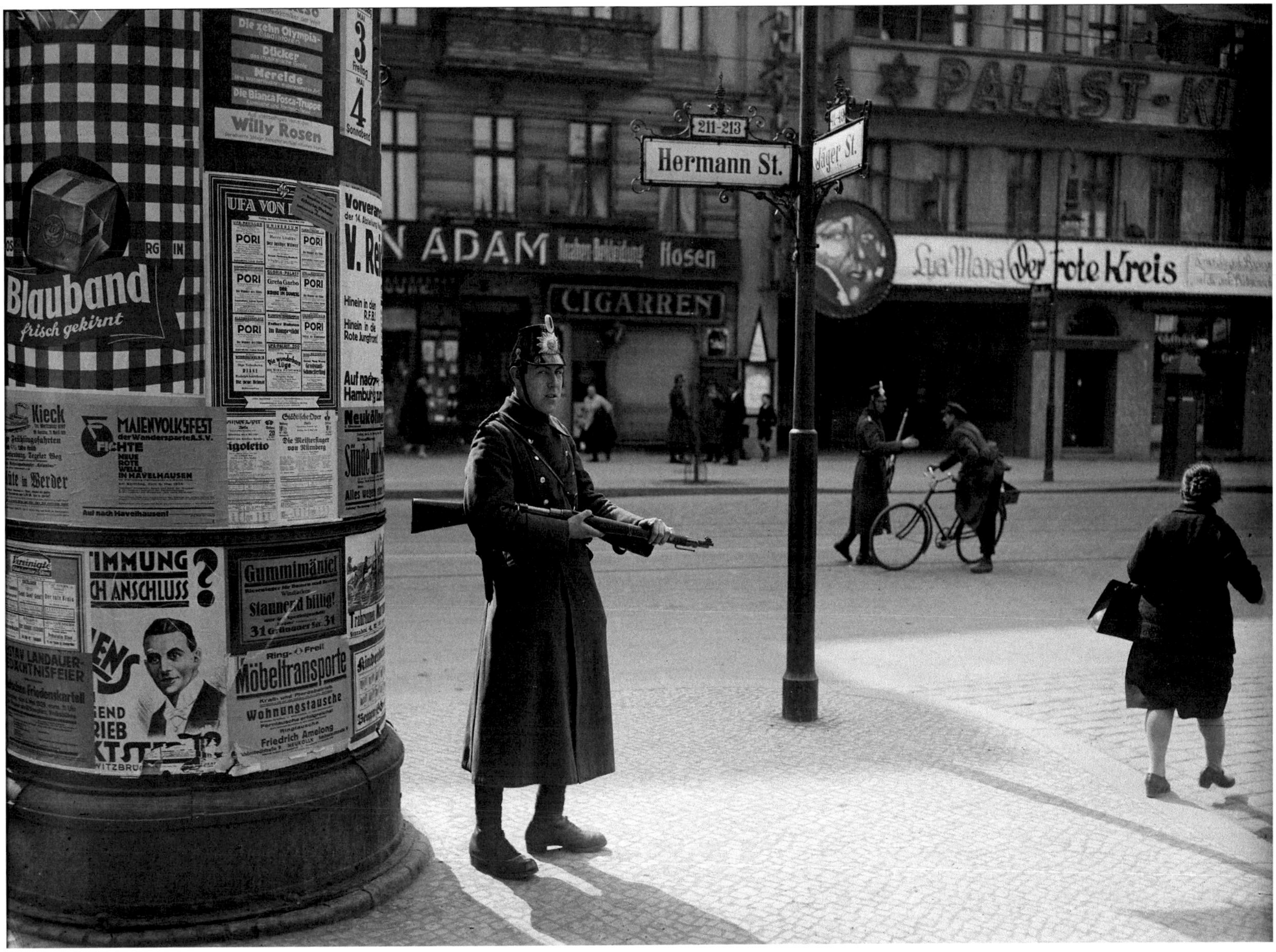

politischer Botschaften stark einschränkten. Der Erste Weltkrieg brachte einen wesentlichen Umschwung mit sich: Die deutsche Plakatkunst entwickelte sich zum wichtigsten Instrument einer nationalen Kriegspropaganda. Mit diesem neuen Thema wurde eine bis dahin unbekannte Brutalität in den öffentlichen Raum eingeführt, die auch die Plakatinhalte und Gestaltung in der Zeit der Weimar Republik prägen sollte.

Der November 1918 als Geburtsstunde der Weimarer Republik kann als Beginn der Blütezeit der Plakate bezeichnet werden. Ab 1918 setzten die Parteien in Deutschland auf die Reklamewerbung, die Wünsche und Sehnsüchte verkörpert und erzeugt. In den erbitterten Klassenkämpfen

Georg Pahl (1900–1963)
Die blutigen Mai-Unruhen in Berlin!
Schussbereite Polizeiposten an dem Eingang
zu dem abgesperrten Unruhe-Viertel
in der Hermannstraße in Neukölln verhindern
das Passieren der gefahrvollen Gegend.
Deutsches Reich
1929
Fotografie

und zahlreichen Wahlschlachten war das Medium Plakat auf Litfaßsäulen, Bauzäunen, Schaufenstern, Häuserfassaden und Mauern präsent, klebte auf transparenten, mobilen Propagandawagen und Umhängetafeln der »Sandwichmen«. Alle erdenklichen Flächen im öffentlichen Raum wurden genutzt, um die größtmögliche Resonanz zu erreichen. Mit dieser Allgegenwärtigkeit änderte sich der öffentliche Raum als solcher; Plakate, die immer großformatiger und farbiger wurden, gestalteten diesen mit und bestimmen so das Stadtbild bis heute.

Die Massenproduktion, ermöglicht durch die industrielle Revolution, hatte der Plakatwerbung eine neue Bedeutung zukommen lassen. Viele Kunstschaffende widmeten sich um 1900 diesem Medium und verhalfen ihm zu Ansehen und Anerkennung. Häufig handelte es sich um junge Künstler, die vom Jugendstil geprägt waren und die daher gerade Gestaltung als Teil der Idee vom Gesamtkunstwerk verstanden, eine Idee, die auch darauf abzielte, die politischen und gesellschaftlichen Zustände zu verändern. Als »Kunst der Straße« machten die gekonnt entworfenen Plakate auf Litfaßsäulen, Hauswänden und Zäunen die Stadt zu einem Ausstellungsraum unter freiem Himmel. Dem Auftraggeber ging es dabei nicht um die Kunst um ihrer selbst willen, sondern er wollte mit den besten künstlerischen Mitteln sein Ziel erreichen: Verkaufen! Diesen bedingungslosen Anspruch des Verkaufens nahm im übertragenen Sinne das politische Plakat auf.

Aus gutem Grund fokussieren sich die Ausstellungen im Museum Wiesbaden und im Hessischen Landtag auf die Zeiträume von 1918 bis 1933 und von 1945 bis 1991. Die von 1933 bis 1945 geschaffenen politischen Plakate standen in keinem Wettbewerb mehr, sondern vertraten ausschließlich die Ideologie der Nationalsozialisten; im Verlauf des Zweiten Weltkriegs entwickelte sich die Plakatkunst so zu einer reinen Propagandamaschinerie des Regimes.

Nach 1954 bestimmten der Kalte Krieg und das Wirtschaftswunder Inhalte und Design der Wahlplakate. Der wirtschaftliche Aufschwung ermöglichte immer größere Präsentationsflächen. Außenwerbeunternehmen wie das 1963 von Heinz W. Ströer gegründete förderten die Professionalisierung der Plakatwerbung. Im Laufe der Jahrzehnte änderte sich die Bildsprache entscheidend. Durch den Einsatz der Porträtfotografie konkurrierten nun primär Personen, der Text beschränkte sich auf schlagwortartige Slogans.

Angeblich hat das politische Plakat heute nicht mehr seine einstige Wirkung, da andere Medien dessen Rolle übernommen haben. Dennoch zeigt sich auch in gegenwärtigen Wahlkämpfen, dass der öffentliche Raum in Wirklichkeit flächendeckend bespielt wird und dass die Parteien einen Wettlauf um die Plakatierung der besten Plätze veranstalten. Dabei wird deutlich, dass die Schlacht um das Plakat noch lange nicht vorbei ist und dass die Parteien nach wie vor in ihren Kampagnen auf das Plakat setzen.

Mit ihrer Präsentation im Museum erfahren Plakate eine wesentliche Transformation. Entstanden sind sie in der Hoffnung, die eigene Sache zum Erfolg zu führen, ohne dass dieser gesichert ist. Wir hingegen kennen den Ausgang und die Folgen der Kampagnen. Aus heutiger retrospektiver Sicht gilt es nun, die Ergebnisse einzuordnen. Dabei muss deutlich betont werden, dass nicht jedes politische Plakat Kunst ist – ja, die meisten sind es nicht. Aber alle Objekte, sowohl die von Künstlern gestalteten als auch jene, die keinen künstlerischen Kriterien standhalten können, atmen zutiefst den Geist der deutschen Geschichte. Und diese unsere gemeinsame Geschichte muss mit aller gebotenen Aufmerksamkeit kritisch betrachtet werden. Es gilt nicht nur, den verführerischen

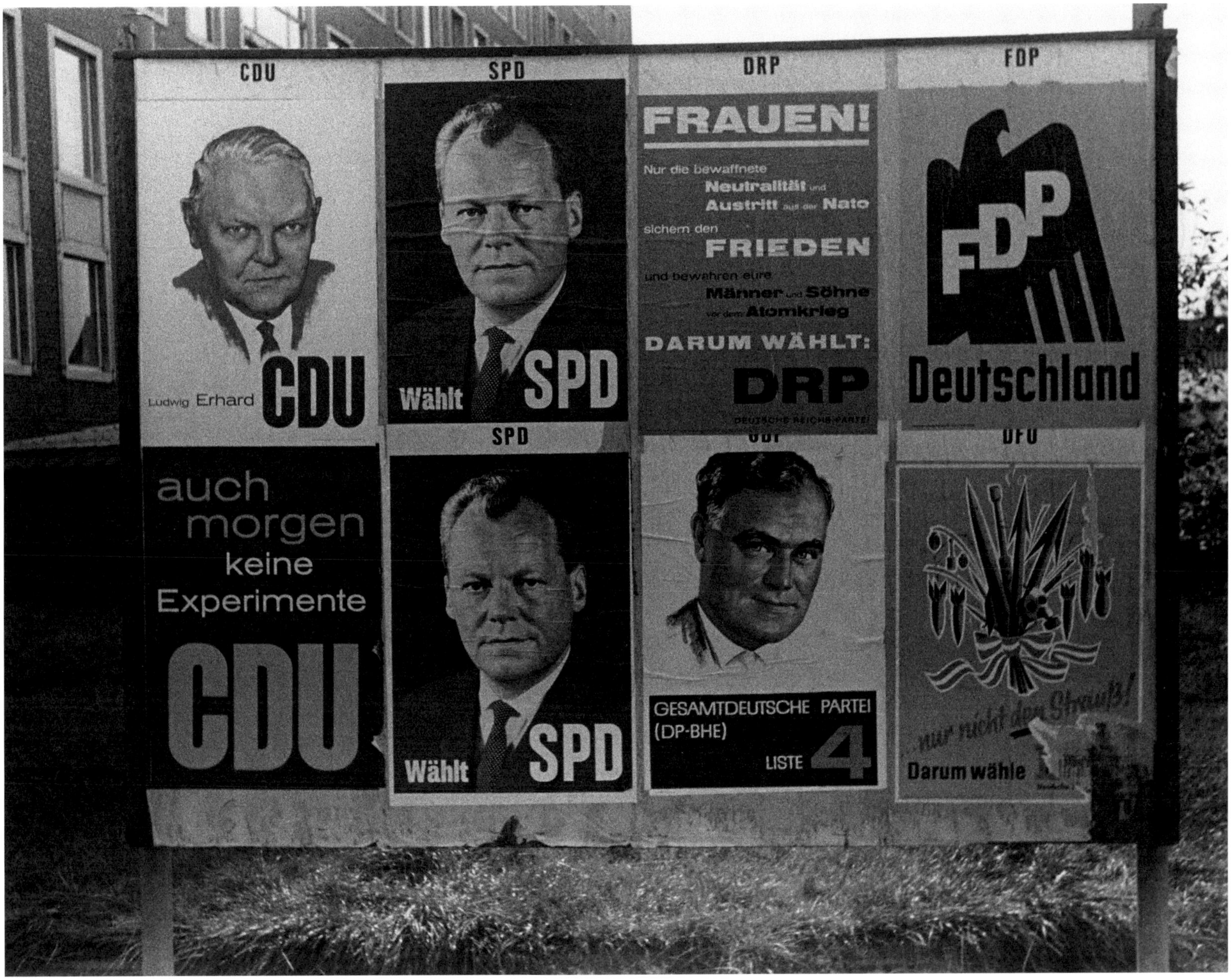

Josef Stoffels (1893–1981)

Wahlplakate zur Bundestagswahl, Essen

Bundesrepublik Deutschland

1961

Fotografie

Qualitäten einer wohl durchdachten und ausgeklügelten Propaganda eine klare Haltung entgegenzusetzen, sondern auch, die ihnen zugrunde liegenden Methoden zu analysieren. Nur wenn es gelingt, ein Wissen um die künstlerischen und werbenden Strategien aufzubauen, die hinter einer vielleicht manipulierenden und subversiven Propaganda stehen, kann verhindert werden, dass die gleichen Mechanismen erneut erfolgreich eingesetzt werden. Zwar sind die historischen politischen Plakate ihrer eigentlichen Funktion beraubt, aber viele der behandelten politischen Themen sind nach wie vor aktuell.

Politische Plakate Von den Anfängen bis 1933

Ein kurzer Überblick

René Grohnert

Das Plakat hat sich als hervorragendes Propagandamedium erwiesen. Seine Vorläufer hatten schon bestimmte Methoden entwickelt; beispielsweise haben Flugschriften im Deutschen Bauernkrieg (1524–1526) bereits eine Bild- und Textsprache ausformuliert, wie man sie für politische Auseinandersetzungen nutzen konnte.[1]

Die Kraft eines politischen Gegengewichts im öffentlichen Raum wurde von den Herrschenden selten unterschätzt. So gab es im Deutschen Reich zahlreiche Gesetze, Bestimmungen und Verordnungen, die das Verbreiten politischer Meinungen im öffentlichen Raum verboten.[2] In der Deutschen Revolution 1848/49 tauchten jedoch zahlreiche Flugblätter mit politischen Inhalten auf. Auch dort wurde als eines der Hauptanliegen die »Pressefreiheit« genannt. Tatsächlich wurde diese Forderung ins Programm der Nationalversammlung und 1849 als § 9 (Abschnitt VI.: Die Grundrechte des deutschen Volkes, Artikel IV, § 143) in die Reichsverfassung aufgenommen; Missbrauch sollte durch Landesgesetze geregelt werden.[3] Dieses sowie viele andere Rechte wurde im Laufe der nächsten Jahre Stück für Stück wieder kassiert.[4]

Es blieb aber ein Spielraum, den man vor allem in satirischen Zeitschriften, wie etwa dem *Simplicissimus*,[5] zu nutzen wusste. Mit entsprechenden Texten und Karikaturen wurden Staatsmacht und Zensurbehörden immer wieder herausgefordert.

In wenigen Fällen gelang es Gestalterinnen und Gestaltern auch, politische Stellungnahmen beziehungsweise Haltungen in Plakaten zu anderen Themen unterzubringen. Die Wirkung blieb wohl auf eine kleine Gruppe eingeweihter Personen beschränkt, öffentliche oder offizielle Reaktionen blieben Einzelfälle.

Eine Ausnahme aber gab es. In Österreich-Ungarn kam es um 1910 zu schweren sozialen Unruhen, die Proteste wurden auch auf zahlreichen Demonstrationen vorgetragen. Ein junger Gestalter, Mihály Biró (1886–1948),[6] stattete die Demonstrationen mit Transparenten aus. Die Motive wurden unter anderem als Plakate an die Wände geklebt. Offenbar hatte man seitens der Regierung die Befürchtung, dass beim Abnehmen der Motive weitere Proteste folgen könnten. Unter diesen heiklen Umständen probierte Biró nun aus, welche visuellen Elemente man nutzen kann, um den politischen Gegner zu diskreditieren, die eigene Position ins rechte Licht zu rücken und zu sehen, was im öffentlichen Raum am besten funktionierte. Dieses Austesten wurde bemerkt und unter anderem in der Zeitschrift *Das Plakat* analysiert.[7] Biró musste sich dann auch 1914 dem ersten Plakatprozess in Österreich-Ungarn stellen.

Der Erste Weltkrieg (1914–1918) eröffnete dem Plakat im Dienst der Propaganda die Möglichkeit, eine neue Formensprache für ein neues Thema auszubilden. Diese Entwicklung verlief in den beteiligten Staaten auf sehr unterschiedliche Weise. Im Deutschen Reich und in Österreich-Ungarn erkannte man die Kraft der Bilder und die Macht der Propaganda bisher offenbar nicht. Man hatte sich mit einem Gutachten über den Artikel 22 der Haager Landkriegsordnung beschäftigt und daraus abgeleitet, dass ein Einsatz von zu radikaler Propaganda nicht angeraten sei.[8] Erst gegen Ende des Krieges wurde diese Zurückhaltung aufgegeben. Die Plakate für Kriegsanleihen waren zunächst reine Textplakate, erst 1917 wurden vom Generalstab auch bildliche Abbildungen zugelassen. Inhaltlich blieben diese Plakate aber oftmals harmlos, eher im Bereich eines Bittens als einer kraftvollen Rhetorik. Das Kriegspresseamt gab ab 1915 ein Zensurbuch heraus, das zu heftige Angriffe gegen den Gegner verhinderte.[9]

In Frankreich und Großbritannien hatte man hingegen von Anfang an verstanden, dass man mit Emotionen, Angst und mit postulierter moralischer Überlegenheit und daraus abgeleiteter Siegesgewissheit argumentieren musste, wobei Fakten eine untergeordnete Rolle spielten. Man unterschied zwischen der Propaganda nach innen und der für die Feinde, über deren Schützengräben tonnenweise Propagandamaterial abgeworfen wurde.

Mit dem Kriegseintritt der USA im Jahre 1917 wurde die Rolle der Propaganda noch einmal wichtiger. Dort hatte man seit 1848, der ersten landesweiten Kampagne zur Wahl eines US-Präsidenten, genügend Erfahrung gesammelt, um zu wissen, wie man Menschen beeinflusst.[10] Zunächst ging es darum, Freiwillige zu rekrutieren, denn es bestand in den USA keine Wehrpflicht. Schon lange waren daher Erfahrungen in der Ansprache militärischer Art vorhanden.

Verleumdung, Beleidigung und Dämonisierung des Gegners erreichten nun eine neue Qualität. Auch hätte man den Begriff der »Fake News« durchaus schon damals erfinden können. In Frankreich, den USA und bei den anderen Alliierten wurde ein grausames Feindbild des Deutschen verbreitet – sie seien Hunnen, die raubten, brandschatzten und töteten, sind Frauen- und Kindermörder. Der Ansatz der US-amerikanischen Propaganda unterschied sich also grundlegend im Vergleich zu den Plakaten, die im Deutschen Reich und Österreich-Ungarn kursierten. Interessanterweise wurden diese Unterschiede auch in der deutschen Fachpresse diskutiert und gewertet.[11] Die visuelle brachiale Propaganda der Alliierten sollte nachhaltigen Einfluss auf die weitere Entwicklung des politischen Plakats im Deutschen Reich haben. US-amerikanische Werbestrategen behaupteten sogar, dass ihre Propaganda »geholfen [hätte], den Krieg um ein Jahr zu verkürzen«.[12] Ob dem so war, ist ungewiss, gewiss aber ist,

dass eine kluge und auf den Zeitgeist zielende Propaganda ihre Wirkung nicht verfehlt.
Faktisch endete der Erste Weltkrieg mit dem Waffenstillstand von Compiègne am 11. November 1918, endgültig dann mit dem Versailler Vertrag vom 21. Juni 1919. Der Weltkrieg forderte mehr als 17 Millionen Tote und hinterließ traumatisierte Deutsche. Das Unvorstellbare war geschehen, der Krieg war verloren, der Kaiser musste zurücktreten, und es war völlig unklar, wie es weitergehen sollte. Die Ausrufung der Weimarer Republik am 10. November 1918 war eher als eine Richtungsvorgabe als eine klare Neuordnung zu verstehen.[13] Not und Elend verschärften die Situation. Auch herrschte für eine kurze Zeit so etwas wie Rechtlosigkeit. Die alten Gesetze galten noch, aber es gab in der Regel keine Institutionen mehr, die diese hätten durchsetzen können.[14]
Die politischen Auseinandersetzungen waren brutal, es gab zahlreiche Tote und Verletzte bei Straßenschlachten und Überfällen rivalisierender politischer Gruppen. Diese Brutalität findet sich visuell übersetzt auf vielen Plakaten und übertrifft zum Teil die der Plakate aus dem Ersten Weltkrieg. Um die provisorische Regierung als Auftraggeber im Gewirr der Meinungsäußerungen zu identifizieren, wurden die Plakate mit einem Fackelsymbol versehen.[15]
Neu waren außerdem die expressionistischen Plakate, die den inneren Zustand einer Gesellschaft nach außen kehrten und viel über die allgemeinen Verunsicherungen berichten. Ähnliche Tendenzen finden sich im Film, dem Theater und im Ausdruckstanz.
Die gesamte Formensprache der politischen Auseinandersetzungen wurde hier unter extremen Bedingungen formuliert, ausprobiert und weiterentwickelt. Die wesentlichen Merkmale des politischen, insbesondere des Wahlplakats für die nächsten Jahre wurden nun bereits sichtbar. Das Besondere an dieser Situation hatten auch die Zeitgenossen reflektiert, und so wurde das erste Buch in Deutschland zum politischen Plakat in Auftrag gegeben.[16]
Die Weimarer Reichsverfassung von 1919 erlaubte die freie Meinungsäußerung in Wort, Schrift und Bild. 1922 wurde jedoch das Republikschutzgesetz verabschiedet, das offizielle Eingriffe in die Presse- und Versammlungsfreiheit ermöglichte.[17] So etablierte man unter anderem auch die Filmprüfstelle, die über die Zulassung von Filmen und den dazugehörigen Plakaten entschied.[18]
Die politischen Auseinandersetzungen in der Weimarer Republik waren im Wesentlichen geprägt durch die Kontroversen der antidemokratischen Parteien und Organisationen aus dem linken und rechten Spektrum. Die Schwerpunkte der propagandistischen Konflikte folgten den Ereignissen vor Ort, so dass es anfangs keine durchgehenden Themen gab. Zunächst waren es die Kommunisten, die sehr intensiv in vielen Bereichen des öffentlichen Lebens für ihre Positionen warben. Verschiedene parteinahe Organisationen – von paramilitärischen Vereinigungen bis zu eigenen Medienhäusern und Verlagen – halfen bei der massenhaften Verbreitung von Propagandamaterialien. Kreative Neuerungen brachten die Fotomontagen von John Heartfield (Hellmuth Franz Joseph Stolzenberg, 1891–1968). Erst ab Mitte der 1920er-Jahre, mit den wachsenden Wahlerfolgen der Nationalsozialisten, fanden sich mehr und mehr auch Themen, die den theoretisch-ideologischen Grundlagen folgten und nicht mehr unbedingt an konkrete Ereignisse gebunden waren. So bereitete auch die Ekel erregende visuelle antisemitische Hetze ab Ende der 1920er-Jahre den Boden für die reale Verfolgung und Ermordung von rund sechs Millionen jüdischen Menschen mit vor. Die Nürnberger Rassegesetze von 1935 definierten – auf rassistischer Grundlage allein über die Abstammung – wer als jüdisch galt und damit einer hemmungslosen Verfolgung und Vernichtung ausgesetzt wurde. In der Rückschau verweisen bereits die NS-Plakate Ende der 1920er-Jahre (siehe Abb. S. 54 und 56) deutlich auf das Unfassbare, den Holocaust. Es blieb aber –

der Gewalttätigkeit der Straße folgend – immer bei der Darstellung von brutalen Motiven an Litfaßsäulen und Plakatwänden. Die Parteien, welche die demokratischen Strukturen permanent oder zeitweise unterstützten, waren in der Wahl der propagandistischen Mittel in der Regel zurückhaltender.
Immer wieder versuchte der Staat durch temporäre Einschränkungen bestimmter Rechte, wie der Rede- und Versammlungsfreiheit, der politischen Auseinandersetzungen Herr zu werden, was allerdings nur bedingt gelang. Mit dem Ermächtigungsgesetz vom 24. März 1933 wurden die Voraussetzungen für eine Diktatur geschaffen. Mit der Gründung des Reichsministeriums für Volksaufklärung und Propaganda im März 1933 und dem Schriftleitergesetz im Oktober 1933 waren die Voraussetzungen für die Gleichschaltung aller Medien geschaffen. Die Rolle des politischen Plakats als Mittel zur Verbreitung unterschiedlicher politischer Auffassungen hatte zunächst ein Ende gefunden ...

1 Siehe dazu: Hermann Meuche (Hrsg.): *Flugblätter der Reformation und des Bauernkrieges. 50 Flugblätter aus der Sammlung des Schloßmuseums Gotha*, Leipzig 1976.

2 Unter anderem 1819 Karlsbader Bundesbeschluss: Verschärfung der Gesetzgebung, Zensur auch für alle Druckerzeugnisse bis 20 Druckbogen; Einführung der Vorzensur; Strafgesetzgebung (Hochverrat, Majestätsbeleidigung, Aufforderung zur Verübung eines Verbrechens und zum Ungehorsam); Gewerbeordnung, Vereinsgesetzgebung …

3 Es galt ein generelles Verbot von politischen Plakaten in Preußen; keine Zensur, jedoch mussten im Königreich Sachsen und in Baden und Württemberg vorab Pflichtexemplare abgegeben werden; eine polizeiliche Erlaubnis im Voraus wurde in Bayern und Hamburg verlangt. Offiziell keine Zensur gab es in Sachsen-Weimar und Lübeck, wobei hier andere Maßnahmen den gleichen Zweck erfüllten.

4 1854 formelle Einschränkung der Pressefreiheit (Konzessions- und Kautionspflicht mit verschärften Strafbestimmungen); Einschränkung durch Landesgesetze, Umsetzung in den einzelnen Staaten bis 1862; 1855 Regulierung des Plakatanschlags durch die Litfaßsäule; 1874 neues Reichspressegesetz (Plakate: § 30, Angelegenheit der Landesgesetzgebung); weitere Einschränkungen durch das Sozialistengesetz von 1878.

5 *Simplicissimus* (1896–1944), satirische Wochenschrift, gegründet von Albert Langen.

6 Zu Mihály Biró siehe: Emil Horn: *Mihály Biró*, Hannover 1996 (= Reihe Plakatkünstler, Bd. 1) und Peter Noever (Hrsg): *Mihály Biró – Pathos in Rot*, Wien 2010 (Ausstellungsbegleitbuch des Museums für angewandte Kunst, MAK Studies, Bd. 19).

7 Daniel Varnai: »Michael Biró, ein Proletarierkünstler«, in: *Das Plakat. Mitteilungen des Vereins der Plakatfreunde*, 5. Jg. (1914), Heft 2, S. 82–85.

8 Die Haager Landkriegsordnung von 1899/1907 gibt der Kriegführung Regeln, Artikel 22 besagt: »Die Kriegführenden haben kein unbeschränktes Recht in der Wahl der Mittel zur Schädigung des Feindes.«

9 Oberzensurstelle des Kriegspresseamts (Hrsg.): *Zensurbuch für die deutsche Presse*, verschiedene Ausgaben 1915–1918.

10 Siehe dazu: Christine Weiss: *Der US-Präsident als Inszenierung. Ehe, Familie und Privates in der politischen Kommunikation*, Baden-Baden 2008.

11 In der Zeitschrift *Das Plakat* findet man zwischen 1914 und 1918 zahlreiche Beiträge zum Thema, etwa Hermine C. Schützinger: »Kriegsanleiheplakate bei Freund und Feind«, in: *Das Plakat. Mitteilungen des Vereins der Plakatfreunde*, 9. Jg. (1918), Heft 2, S. 74–93.

12 Dieter Vorsteher: »Bilder für den Sieg. Das Plakat im Ersten Weltkrieg«, in: René Grohnert (Hrsg.): *Zeitzeiger. Plakate aus zwei Jahrhunderten*, Essen/Mainz 2007, S. 123–125, hier: S. 125 (= Ausst.-Kat. Deutsches Plakat Museum, Essen).

13 Spürbare Veränderungen brachten aber die Einführung des Frauenwahlrechts und die Senkung des Wahlalters von 25 auf 20 Jahre in Vorbereitung auf die erste Reichstagswahl.

14 Die unruhige Zeit reichte vom 11. November 1918 bis zum 6. Juni 1920, als die Wahl des ersten Deutschen Reichstags stattfand.

15 Christian Vogel: *Werben für Weimar: Der »Werbedienst der deutschen sozialistischen Republik« in der Novemberrevolution 1918–19*, Düren 2008.

16 Hans Sachs (Hrsg. im amtlichen Auftrag): *Das politische Plakat*, Berlin 1919.

17 Weitere Einschränkungen wurden 1926 mit dem Gesetz zur Bewahrung der Jugend vor Schund- und Schutzschriften beschlossen.

18 Am 12. Mai 1920 trat das Lichtspielgesetz in Kraft, und die Filmprüfstellen in Berlin und München beurteilten Filme und Plakate nach inhaltlichen, formalen und künstlerischen Kriterien.

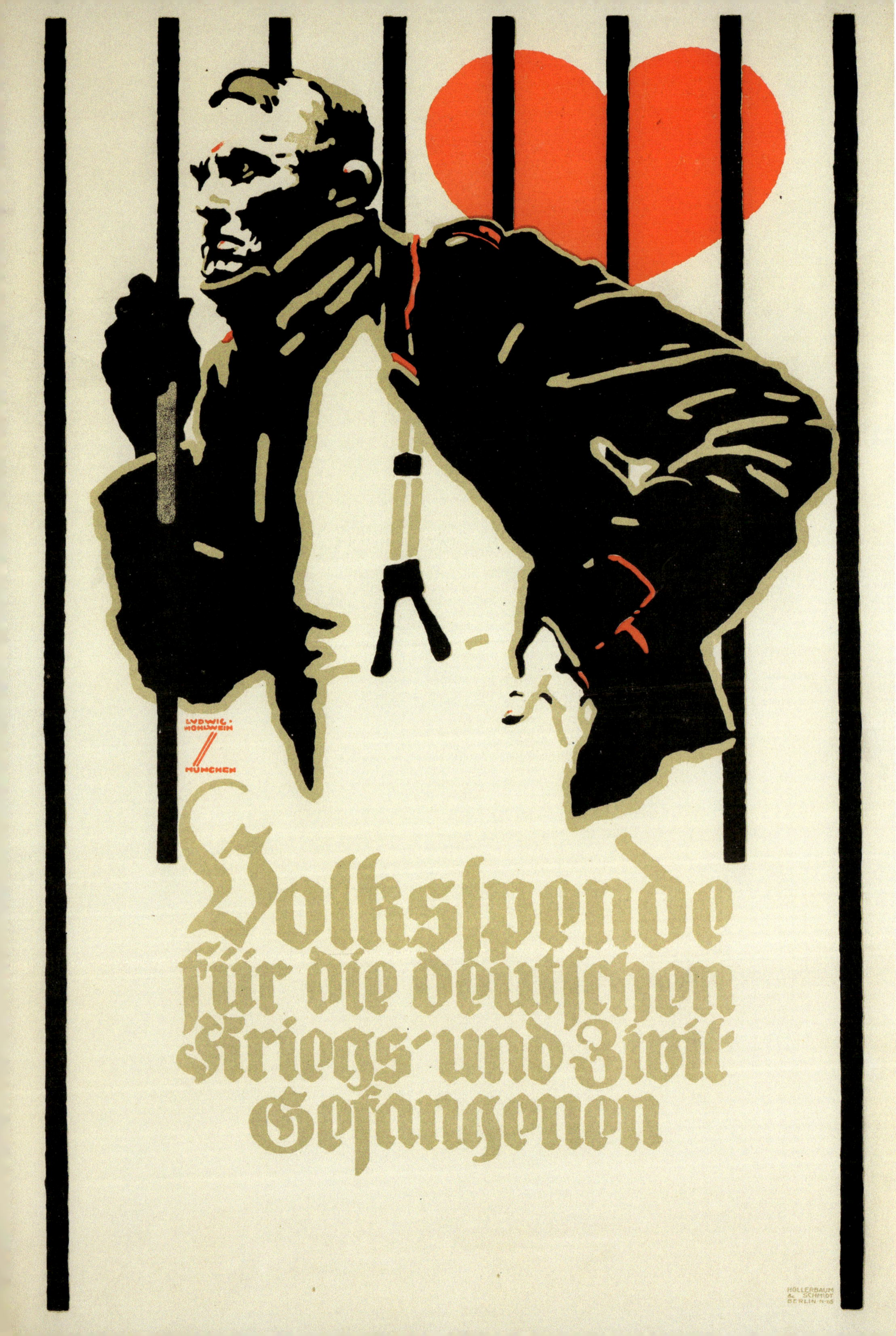

Ludwig Hohlwein (1874–1949)
Volksspende für die
deutschen Kriegs- und
Zivil-Gefangenen
Deutsches Reich, 1916
Farblithografie
90 × 61 cm
Plakatsammlung
Maximilian Karagöz

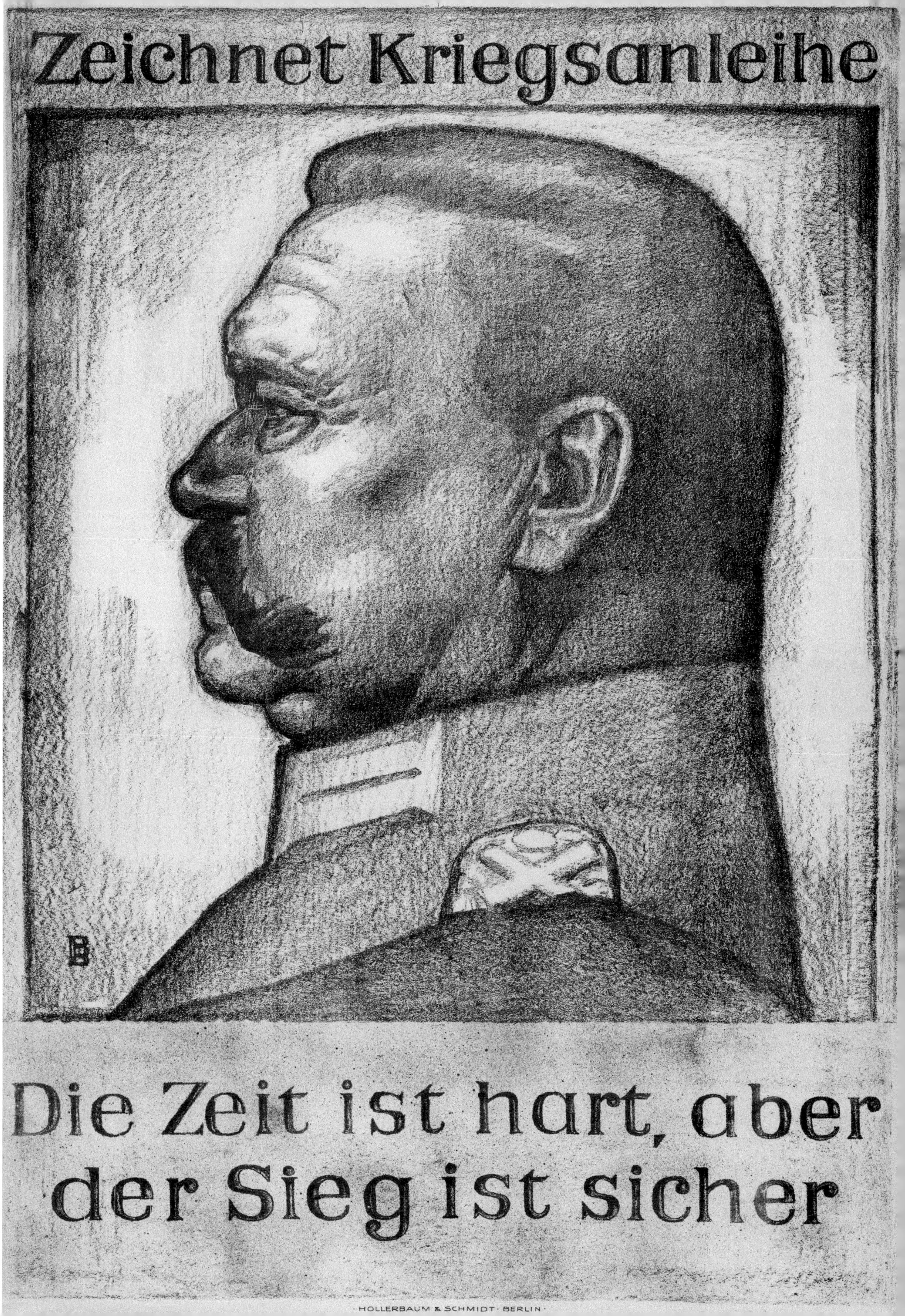

Bruno Paul (1874–1968)
Zeichnet Kriegsanleihe
Die Zeit ist hart,
aber der Sieg ist sicher
Deutsches Reich, 1917
Lithografie
58 × 43,8 cm
Plakatsammlung
Maximilian Karagöz

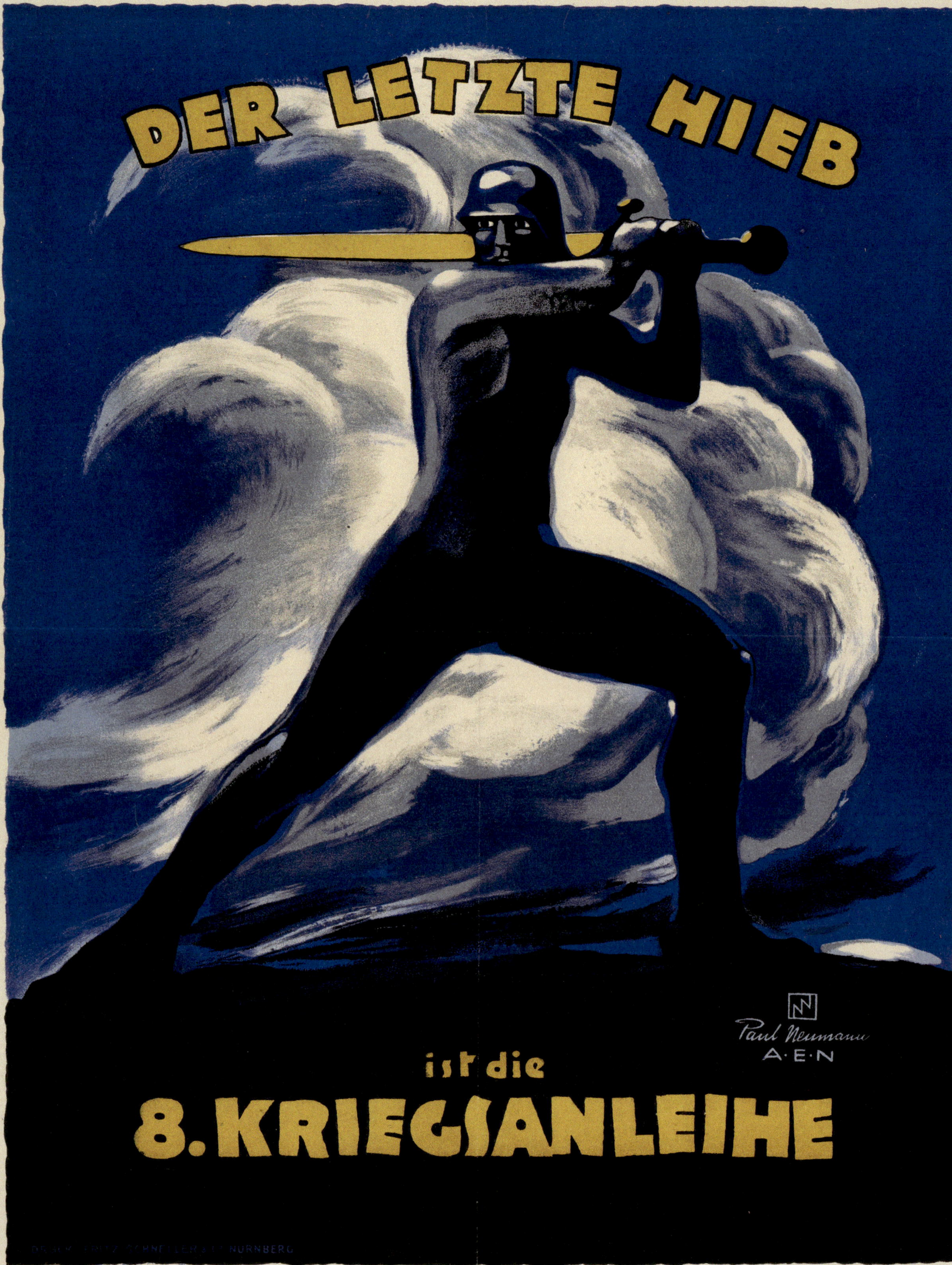
DER LETZTE HIEB
Paul Neumann
A·E·N
ist die
8. KRIEGSANLEIHE

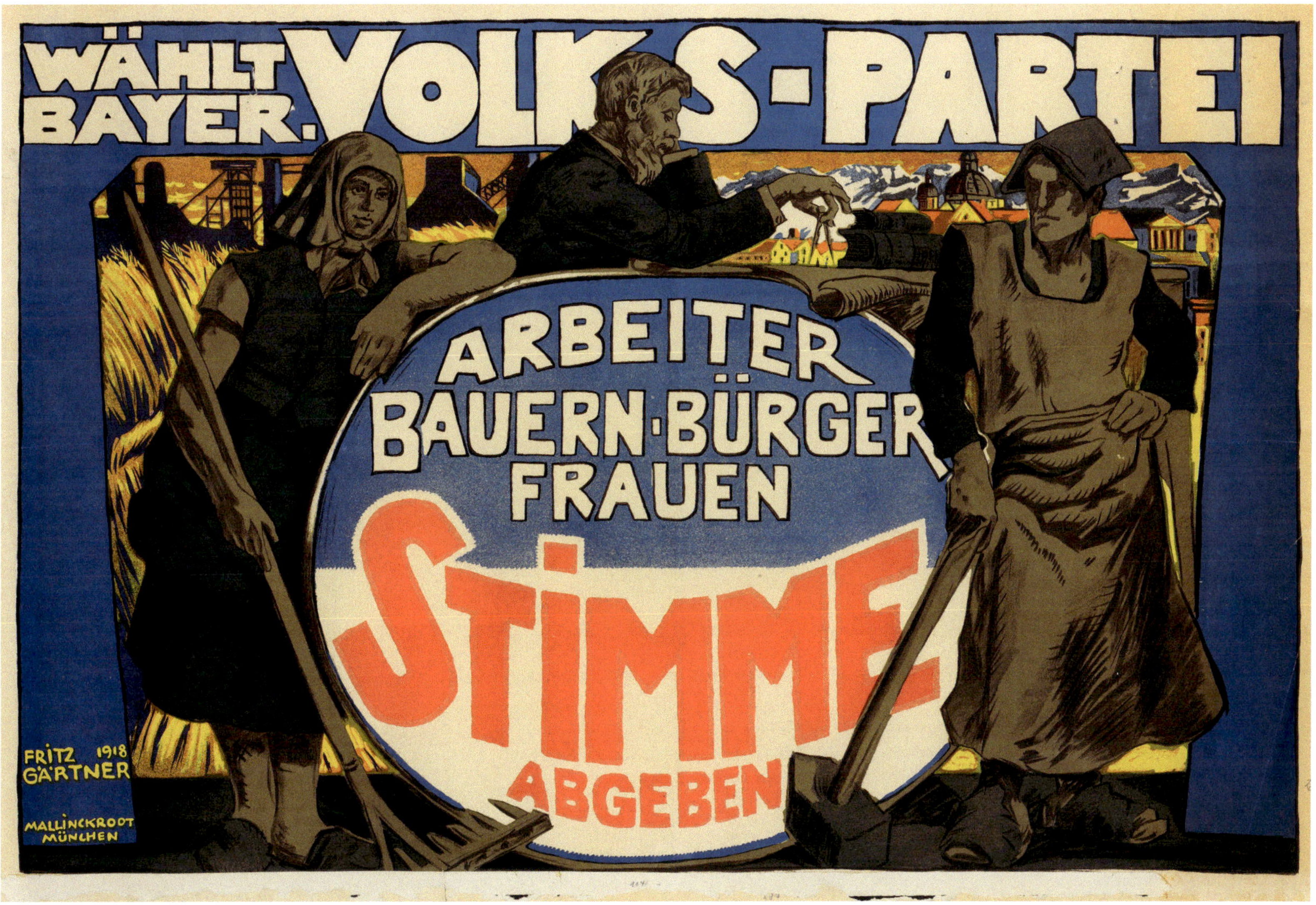

Paul Neumann-Karlsberg (1868–1961)

Der letzte Hieb ist die 8. Kriegsanleihe

Deutsches Reich, 1918

Farblithografie

58 × 43,8 cm

Plakatsammlung Maximilian Karagöz

Fritz Gärtner (1882–1958)

Wählt Bayer. Volks-Partei

Arbeiter, Bauern, Bürger, Frauen Stimme abgeben

Deutsches Reich, 1918

Farblithografie

78,2 × 111,9 cm

Plakatsammlung Maximilian Karagöz

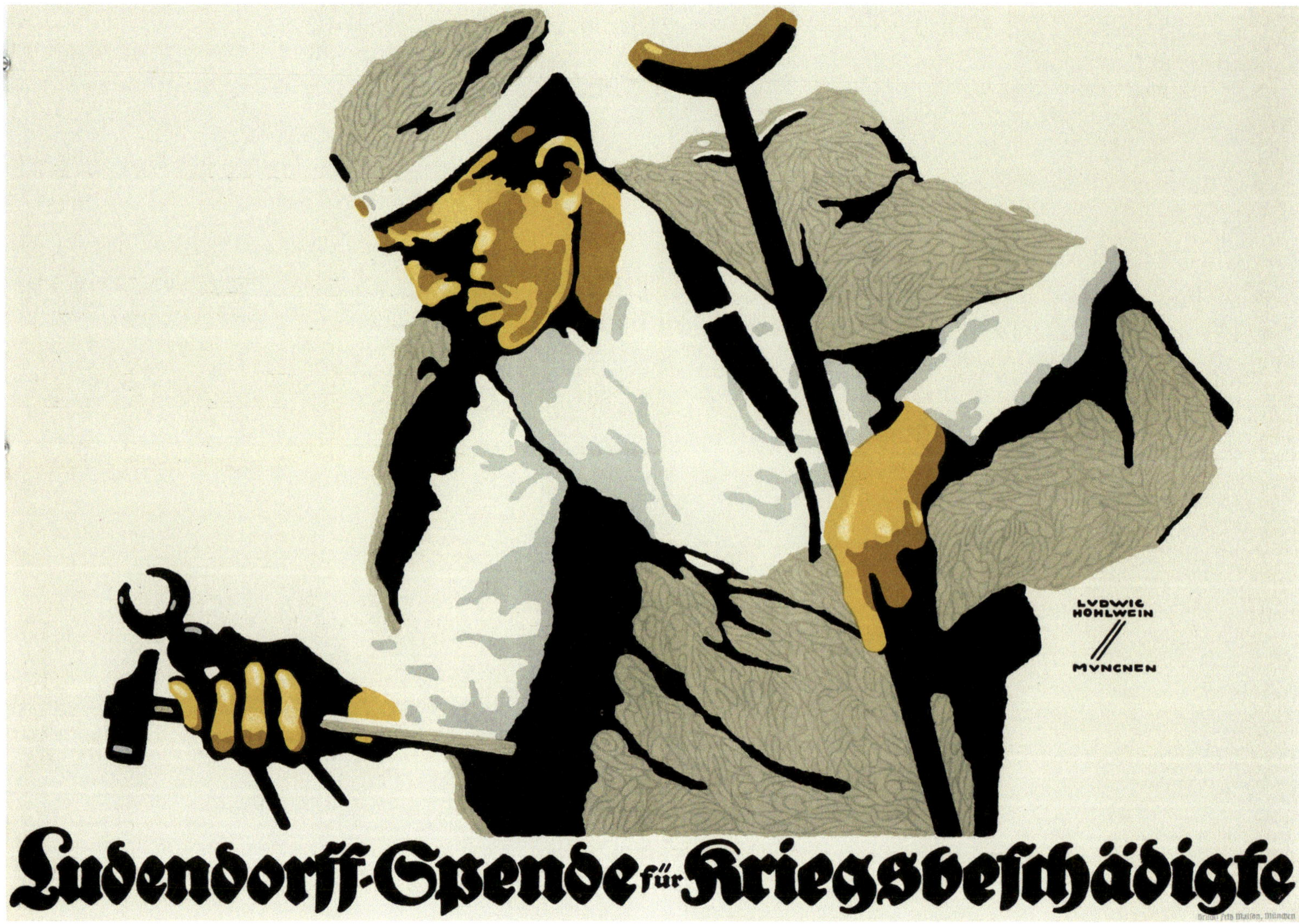

Ludwig Hohlwein (1874–1949)

Ludendorff-Spende für Kriegsbeschädigte

Deutsches Reich, 1918

Farblithografie

60,1 × 84 cm

Plakatsammlung Maximilian Karagöz

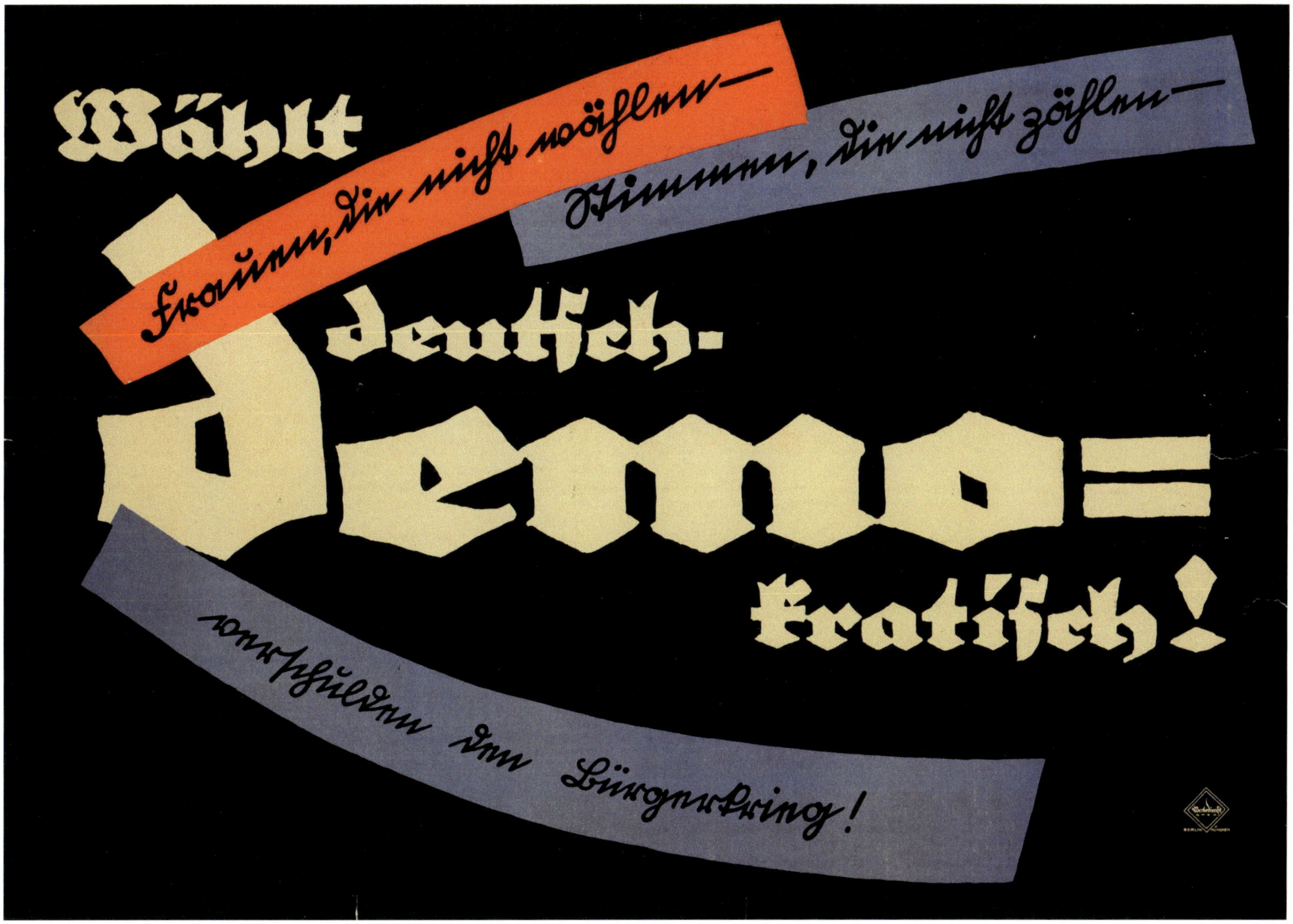

N. N.

Wählt deutsch-demokratisch!

Frauen, die nicht wählen – Stimmen, die nicht zählen – verschulden den Bürgerkrieg!

Deutsches Reich, Berlin, 1918/19

Farblithografie

95 × 69 cm

Plakatsammlung Maximilian Karagöz

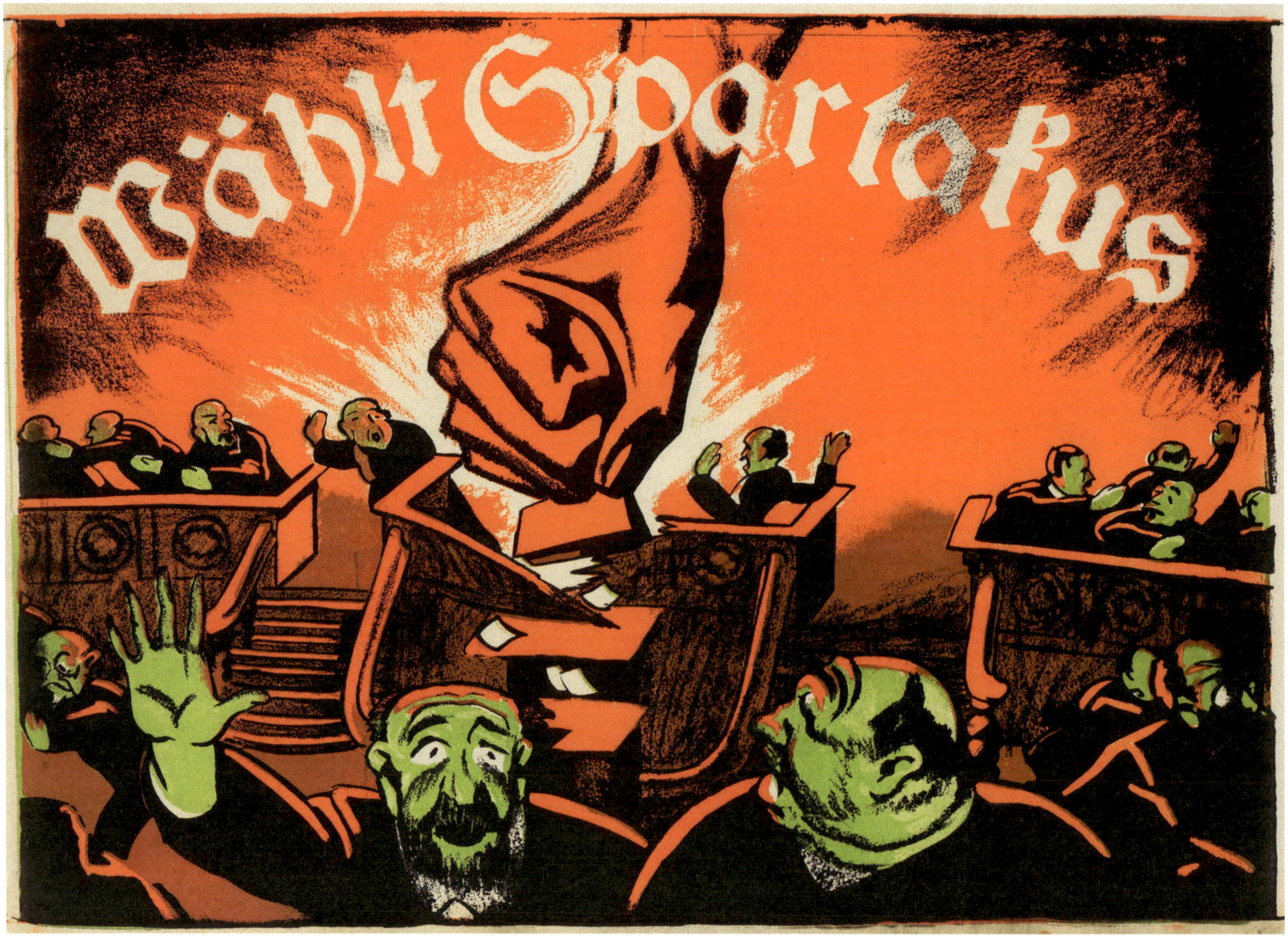

Karl Jakob Hirsch (1892–1952)

Wählt Spartakus

Deutsches Reich, 1918/19

Farblithografie

75,4 × 99,8 cm

Plakatsammlung Maximilian Karagöz

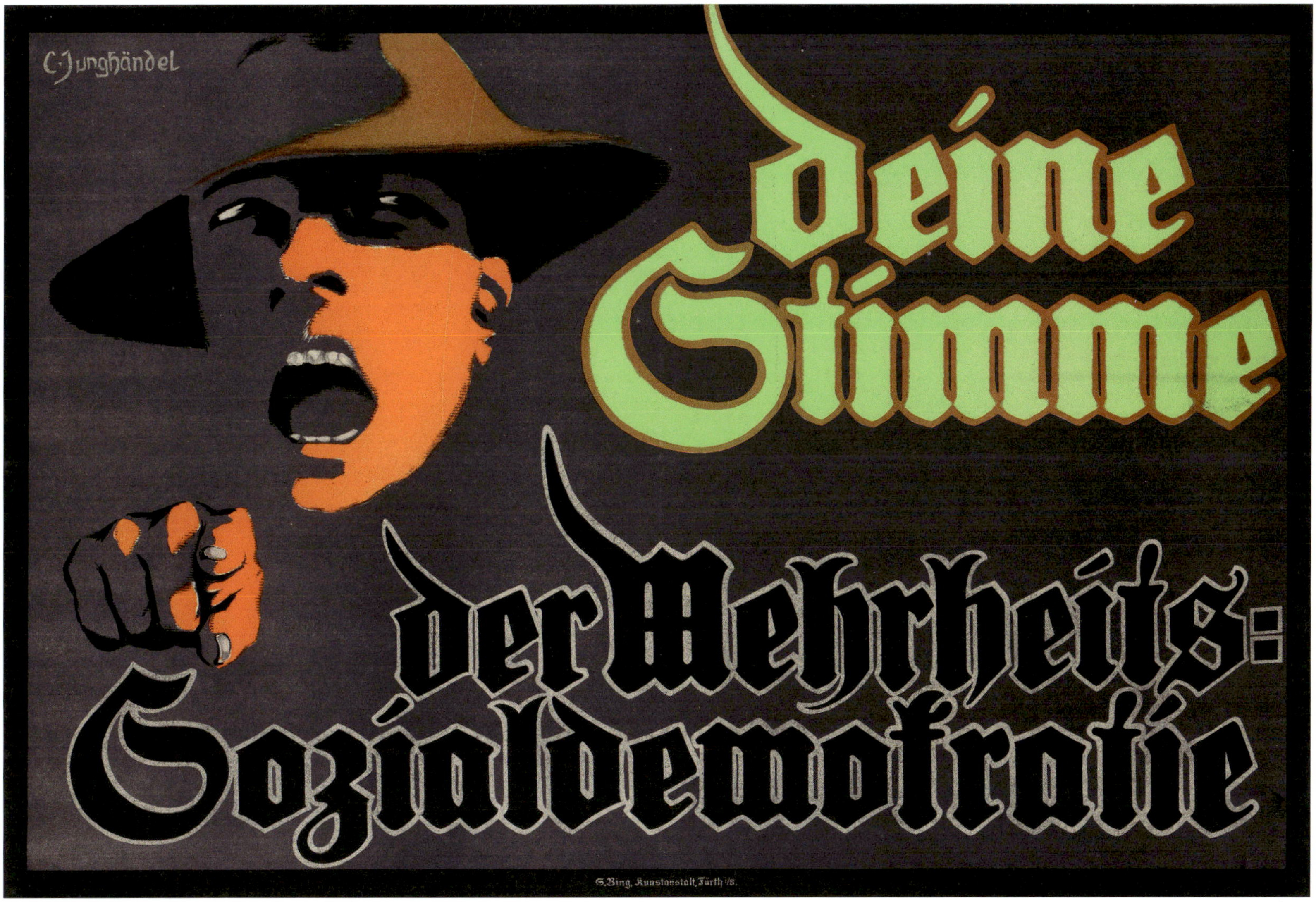

Curt Junghändel (1874–1953)

Deine Stimme der Mehrheits-Sozialdemokratie

Deutsches Reich, 1918/19

Farblithografie

67,8 × 98,7 cm

Plakatsammlung Maximilian Karagöz

Frauenwahlrecht

Die Bemühungen von Frauen für mehr Rechte und Teilhabe am gesellschaftlichen Leben reichen in das 19. Jahrhundert zurück. Zahlreiche Aktivitäten richteten sich dabei auf das Wahlrecht. Initiativen, Demonstrationen und Kongresse beförderten die Ziele. Auch die Einführung des Internationalen Frauentags ging aus diesem Kampf hervor. Vorbild war der erste Frauentag, der am 28. Februar 1909 in den USA abgehalten wurde. 1911 folgten europäische Länder, so auch das Deutsche Reich. Plakate für diesen »Kampftag für das Frauenwahlrecht« gab es allerdings erst in den 1920er-Jahren.

Im Reichsvereinigungsgesetz vom 15. Mai 1908 wurden Frauen politische Betätigungen zugestanden und damit einschränkende Bestimmungen in den verschiedenen Ländern aufgehoben. Frauen war nun auch die Mitgliedschaft in einer politischen Partei erlaubt. Das gleiche, geheime, direkte und allgemeine Wahlrecht wurde aber erst am 12. November 1918 durch den Rat der Volksbeauftragten beschlossen. Damit war es allen Personen, die mindestens 20 Jahre alt waren, möglich, sowohl zu wählen als auch gewählt zu werden. Erstmals ausgeübt werden konnte das Wahlrecht zur Wahl der Deutschen Nationalversammlung am 19. Januar 1919.

Frauen wurden zu einer neuen Zielgruppe im politischen Wahlkampf, ihnen widmete man eigene Plakate, die an ihre (vermuteten) Bedürfnisse angepasst waren. Es ging um Sicherheit und Familie, wobei vieles im Ungefähren blieb und eher Allgemeinplätze aufgerufen wurden, darunter Slogans wie: »Eure Kinder brauchen Frieden und Brot. Darum Frauen: Wählt!«, »Mädchen u. Frauen heraus aus der Finsternis! Entscheidet Euch für die Nationalversammlung. Für Freiheit des Einzelnen und Ordnung der Gesamtheit in einer freien sozialistischen Republik.«, »Deutsche Frauen wacht auf! Tut Eure Pflicht. Der Wahlkampf entscheidet über Deutschlands und Eurer Kinder Schicksal. Helft retten, Wählt deutschnational!«, »Wählt Bayer. Volks-Partei. Arbeiter, Bauern, Bürger, Frauen. Stimme abgeben« oder »Mutter! Denk an mich! Wähle sozialdemokratisch.«

Auch im weiteren Verlauf der Weimarer Republik blieben Frauen als Zielgruppe relevant. »Deutsche Frauen, auf Euch kommt es an«, »Frauen – für Freiheit und Frieden!« und so weiter. Jede Partei präsentierte ein spezielles Frauenbild: Es ist die Arbeiterin oder die Mutter oder auch die Leidende, die für die jeweilig beworbenen Werte inszeniert wird. Mit der Machtergreifung der Nationalsozialisten wurde der Frau ebenfalls eine bestimmte Rolle zugewiesen: als Hausfrau und vor allem als Mutter.

René Grohnert

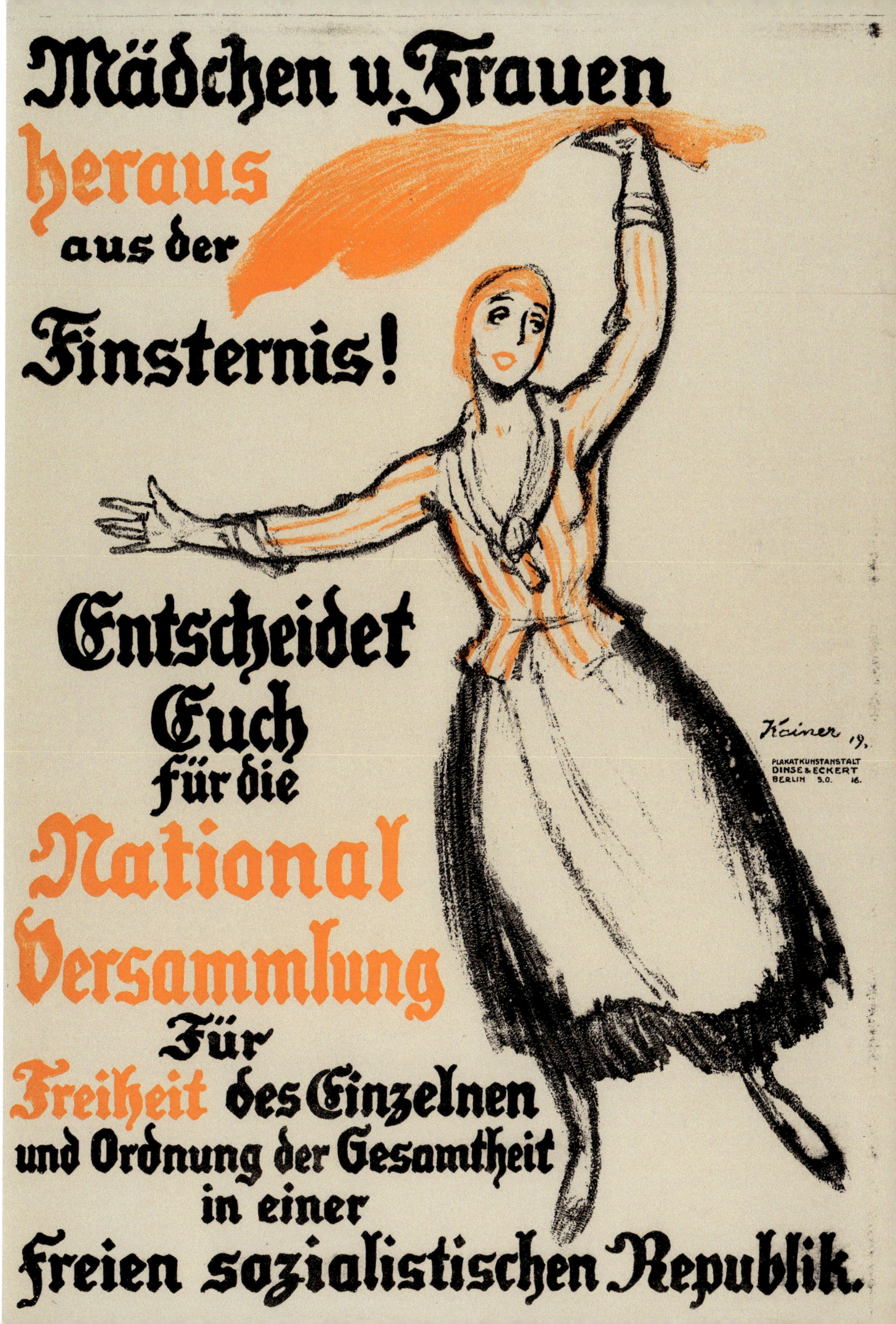

Ludwig Kainer (1885–1967)
Mädchen u. Frauen
heraus aus der Finsternis!
Entscheidet Euch für
die Nationalversammlung
Deutsches Reich, 1918/19
Farblithografie
72 × 48,7 cm
Plakatsammlung
Maximilian Karagöz

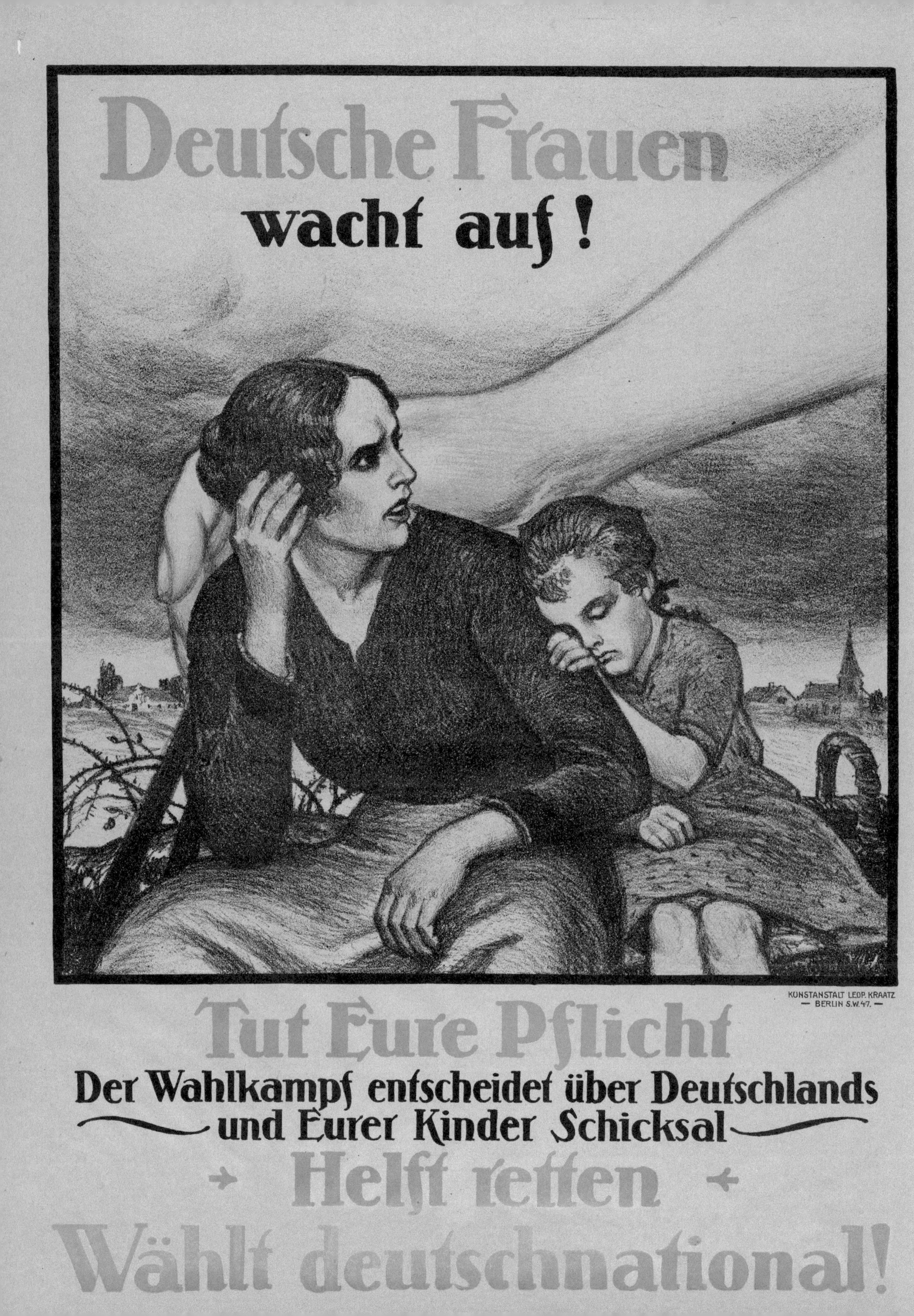
Deutsche Frauen
wacht auf!
KUNSTANSTALT LEOP. KRAATZ
— BERLIN S.W.47. —
Tut Eure Pflicht
Der Wahlkampf entscheidet über Deutschlands
und Eurer Kinder Schicksal
Helft retten
Wählt deutschnational!

N. N.
Deutsche Frauen wacht auf!
Tut Eure Pflicht.
Der Wahlkampf entscheidet
über Deutschlands
und Eurer Kinder Schicksal.
Helft retten.
Wählt deutschnational!
Deutsches Reich, 1919
Farblithografie
62,6 × 47,8 cm
Plakatsammlung
Maximilian Karagöz

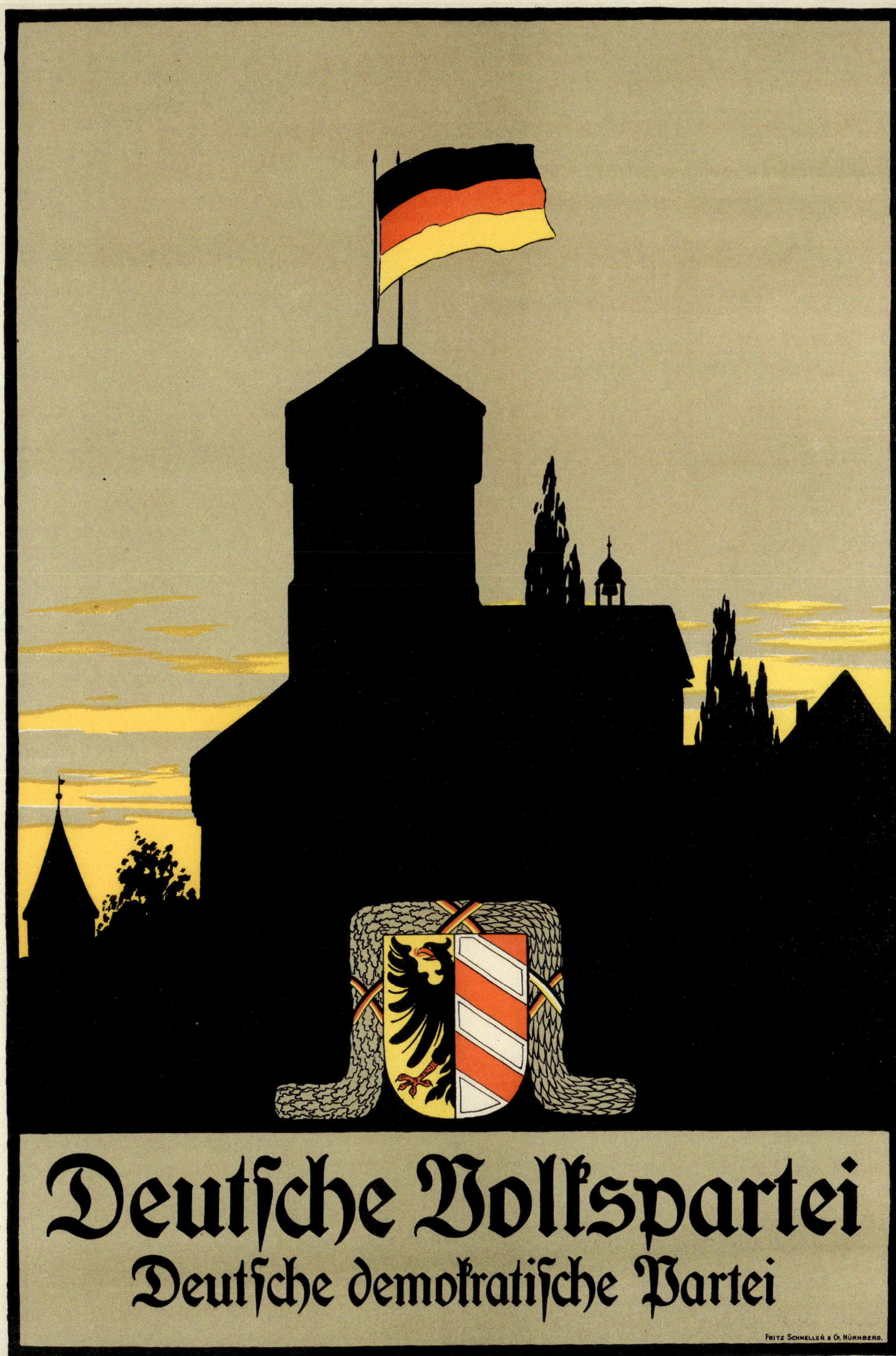

N. N.
Deutsche Volkspartei
Deutsche Demokratische Partei
Deutsches Reich, Nürnberg
o. J. [verm. 1919]
Farblithografie
89,2 × 69,6 cm
Plakatsammlung
Maximilian Karagöz

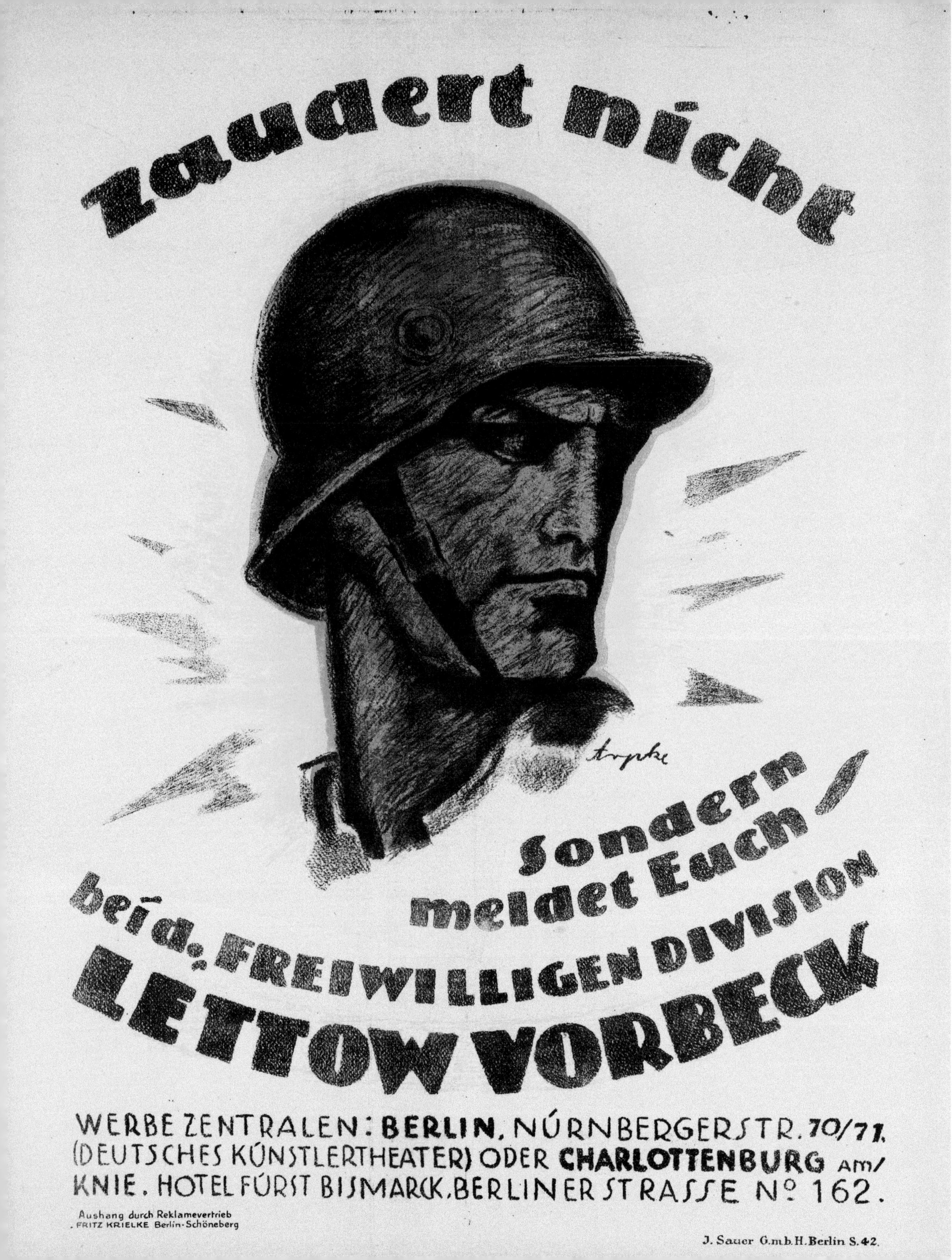

Zaudert nicht
Arpke
Sondern meldet Euch
bei d. FREIWILLIGEN DIVISION
LETTOW VORBECK
WERBE ZENTRALEN: BERLIN, NÚRNBERGERSTR. 70/71.
(DEUTSCHES KÚNSTLERTHEATER) ODER CHARLOTTENBURG Am/
KNIE. HOTEL FÚRST BISMARCK, BERLINER STRASSE Nº 162.
Aushang durch Reklamevertrieb
FRITZ KRIELKE Berlin-Schöneberg
J. Sauer G.m.b.H. Berlin S.42.

Otto Arpke (1886–1943)
Zaudert nicht
Freiwilligendivision
Lettow Vorbeck
Deutsches Reich, 1919
Farblithografie
94,5 × 71,6 cm
Plakatsammlung
Maximilian Karagöz

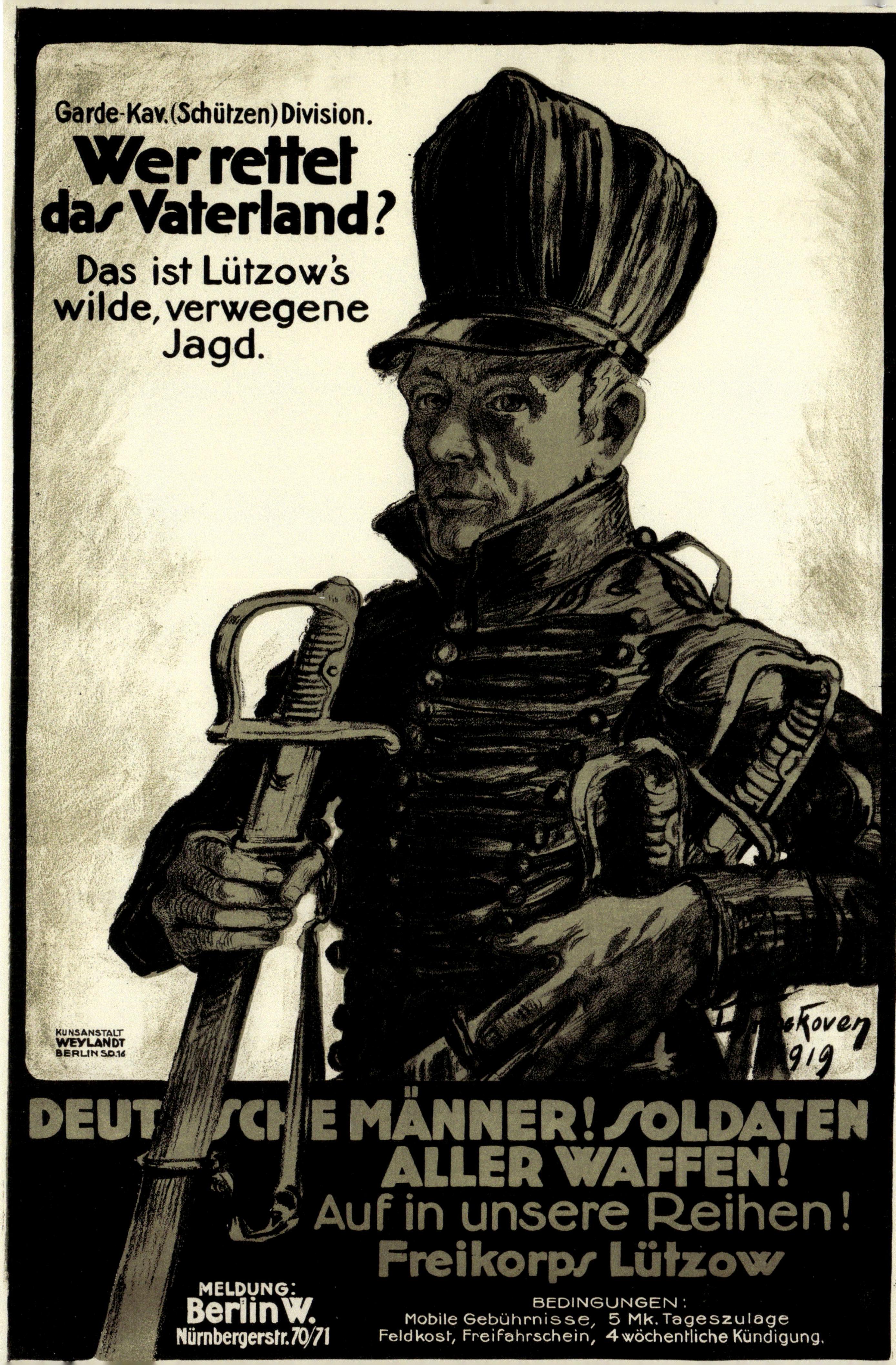

Leo Impekoven (1873–1943)
Wer rettet das Vaterland?
Das ist Lützow's
wilde, verwegene Jagd.
Deutsches Reich, 1919
Farblithografie
90 × 60,2 cm
Plakatsammlung
Maximilian Karagöz

Scharfmacher

Herausgeber des Plakats ist die Liga zur Bekämpfung des Bolschewismus.[1] In ihrem Auftrag wurden Plakate und Printprodukte veröffentlicht, die brutal inszenierte Propaganda transportierten. Vorbilder waren die Plakate der Alliierten aus dem Ersten Weltkrieg, allerdings übertrafen die Liga-Plakate sie in ihrer visuellen Brutalität. Sie stehen in der Tradition der »Entmenschlichung« des Gegners. Die Motive erschienen nur für kurze Zeit (1918/19), auch wenn die Liga-Aktivitäten noch bis in das Jahr 1925 reichten.

Die Mechanik der Kompositionen ist einfach: Ein Monster verkörpert den politischen Gegner, dem man jede schlechte Tat zutraut und den man deshalb auch mit jedem Mittel bekämpfen kann. Zur Illustration findet man oft ein zweigeteiltes Motiv, Himmel und Hölle sozusagen, so soll die Entscheidung leichter fallen.

Die gleichen Strukturen finden sich in den NS-Plakaten, die ab 1943 als Durchhaltepropaganda veröffentlicht wurden, Angstmache durch Vergleich und Slogans wie »Sieg oder Bolschewismus«, auch Plakate im Kalten Krieg folgten diesem simplen Code.

René Grohnert

1 Vereinigung zur Bekämpfung des Bolschewismus, auch Antibolschewistische Liga, später auch Liga zum Schutz der Deutschen Kultur. Gegründet wurde die Liga als Generalsekretariat zum Studium und zur Bekämpfung des Bolschewismus im Dezember 1918, ihre Ausrichtung war rechtsradikal. Geldgeber aus der Industrie ermöglichten die Finanzierung von Freikorpseinsätzen, die auch die Ermordung politischer Gegner einschlossen.

Rudi Feld (1896–1994)
Die Gefahr des Bolschewismus
Deutsches Reich, Berlin, 1919
Farblithografie
94,3 × 69,5 cm
Plakatsammlung
Maximilian Karagöz

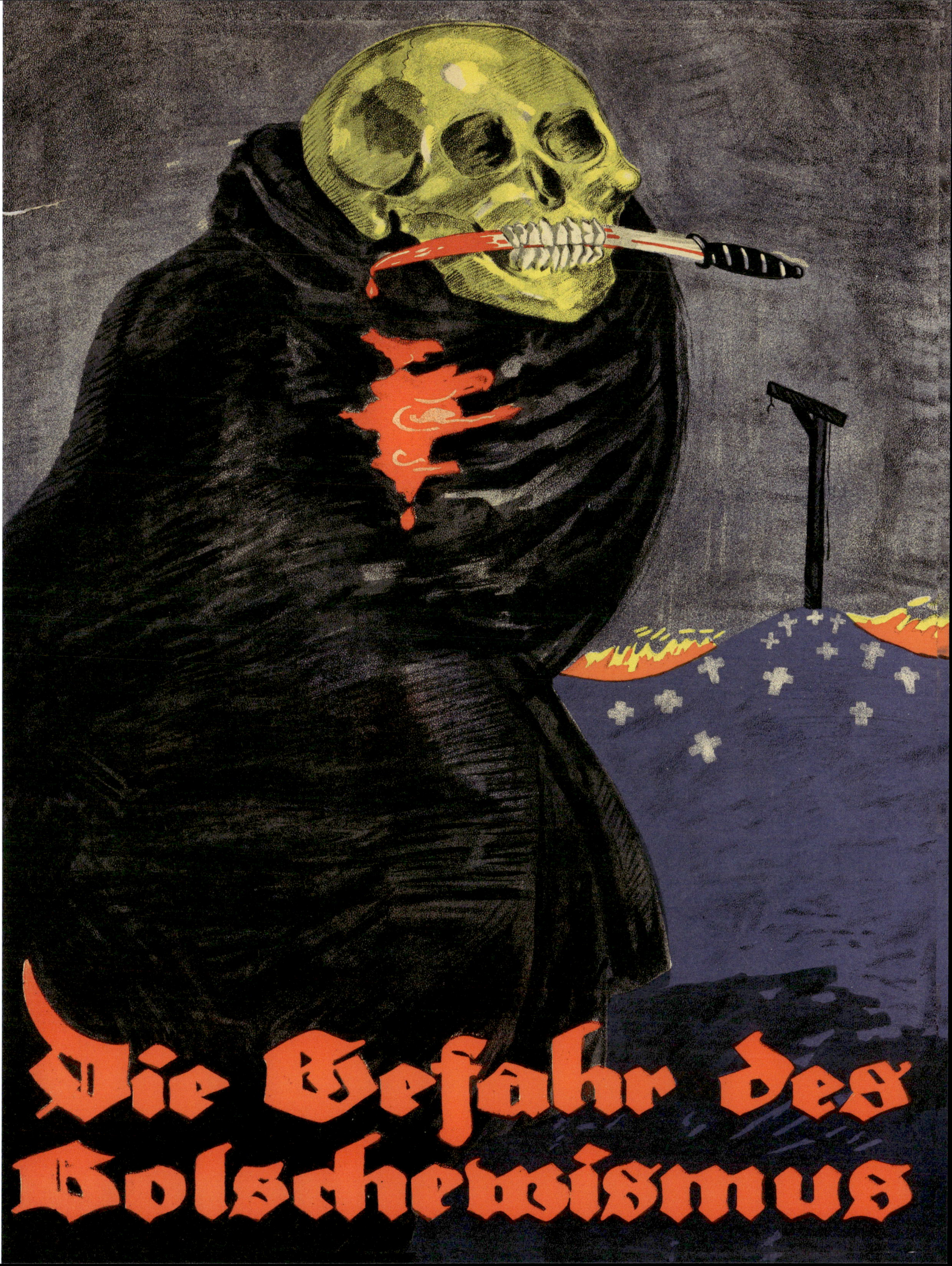
Die Gefahr des
Bolschewismus

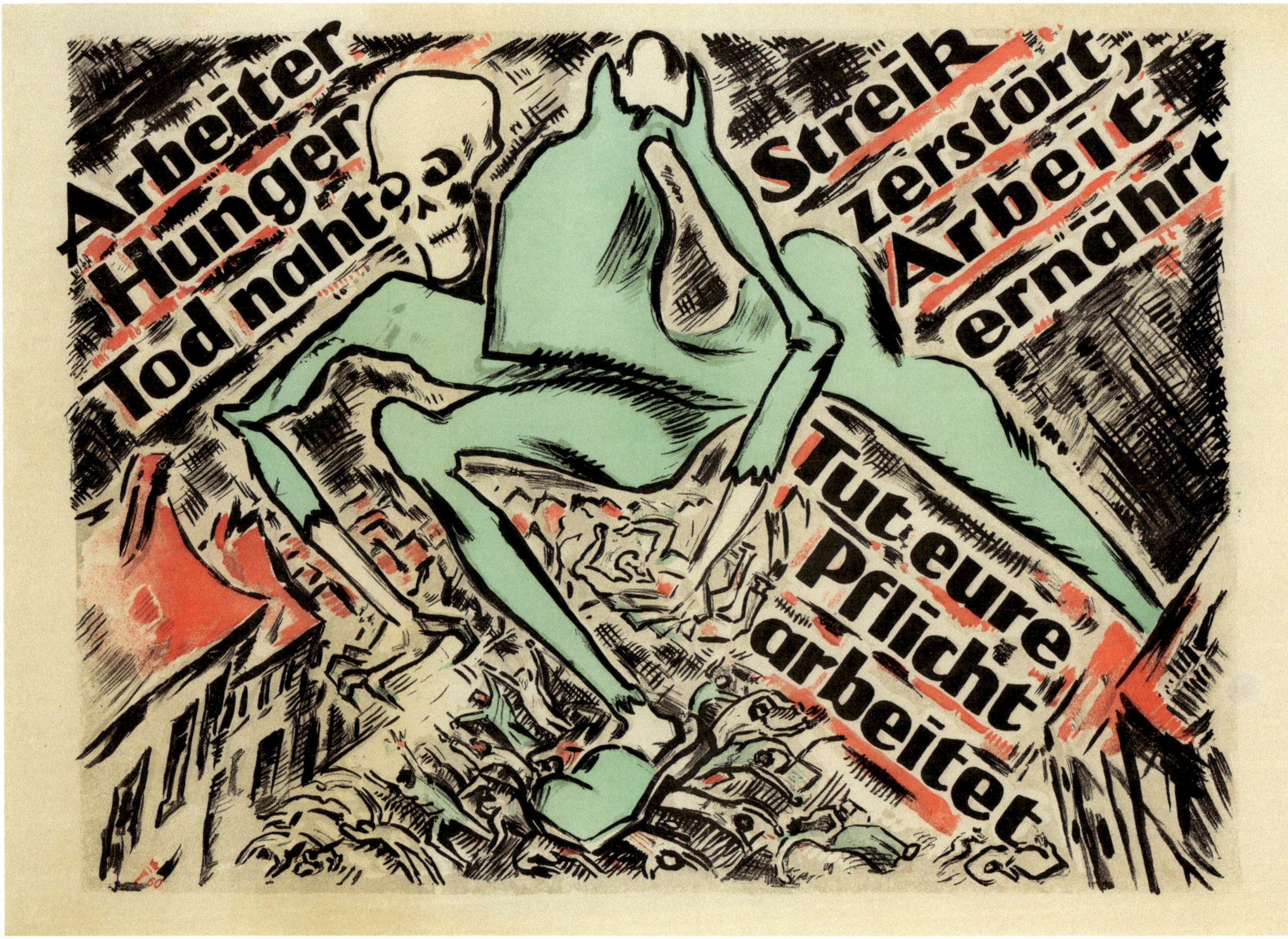

Heinz Fuchs (1886–1961)
Arbeiter Hunger Tod naht. Streik zerstört,
Arbeit ernährt. Tut eure Pflicht arbeitet
Deutsches Reich, 1919
Farblithografie
74,3 × 103,9 cm
Plakatsammlung Maximilian Karagöz

Otto von Kursell (1884–1967)
Ein blutiges Meer –
An Gräbern ein Heer –
Das ist Bolschewismus
Deutsches Reich, Berlin, 1919
Farblithografie
114,2 × 81,1 cm
Plakatsammlung Maximilian Karagöz

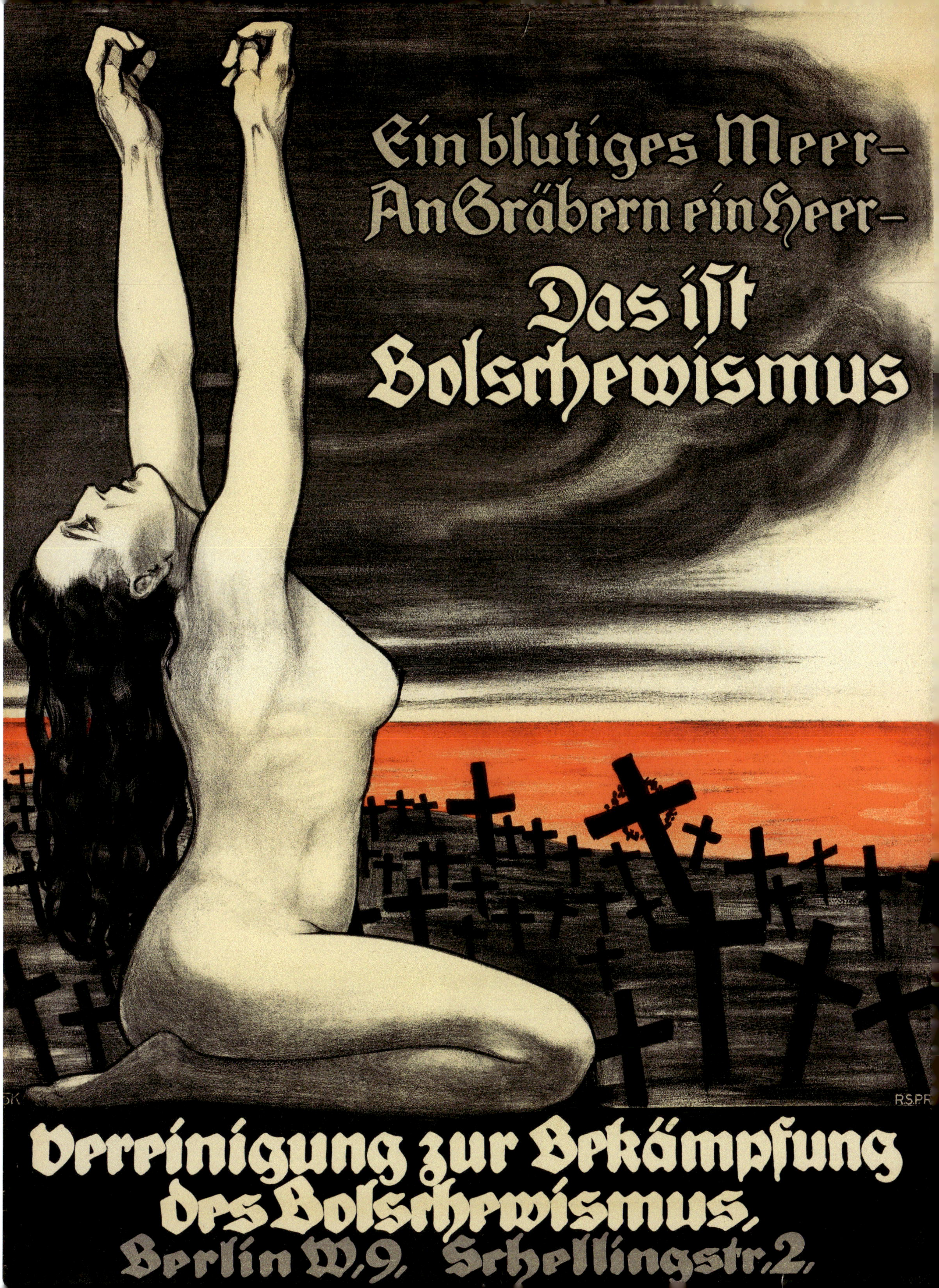
Ein blutiges Meer–
An Gräbern ein Heer–
Das ist
Bolschewismus
SK
R.S.P.R.
Vereinigung zur Bekämpfung
des Bolschewismus.
Berlin W.9. Schellingstr.2.

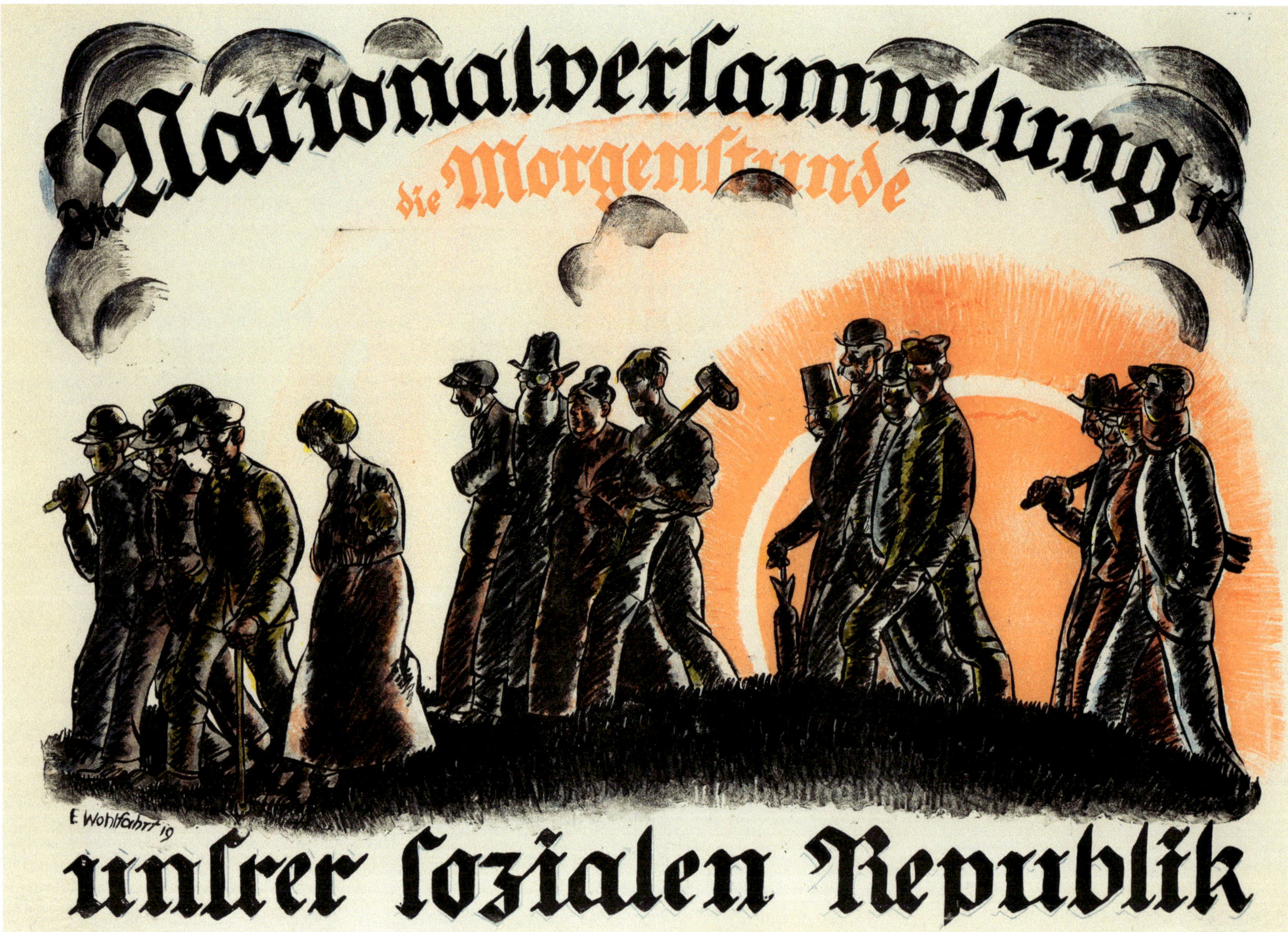

Erich Wohlfahrt (Lebensdaten unbekannt)
Die Nationalversammlung ist die Morgenstunde
unsrer sozialen Republik
Deutsches Reich, 1919
Farblithografie
71 × 100 cm
Plakatsammlung Maximilian Karagöz

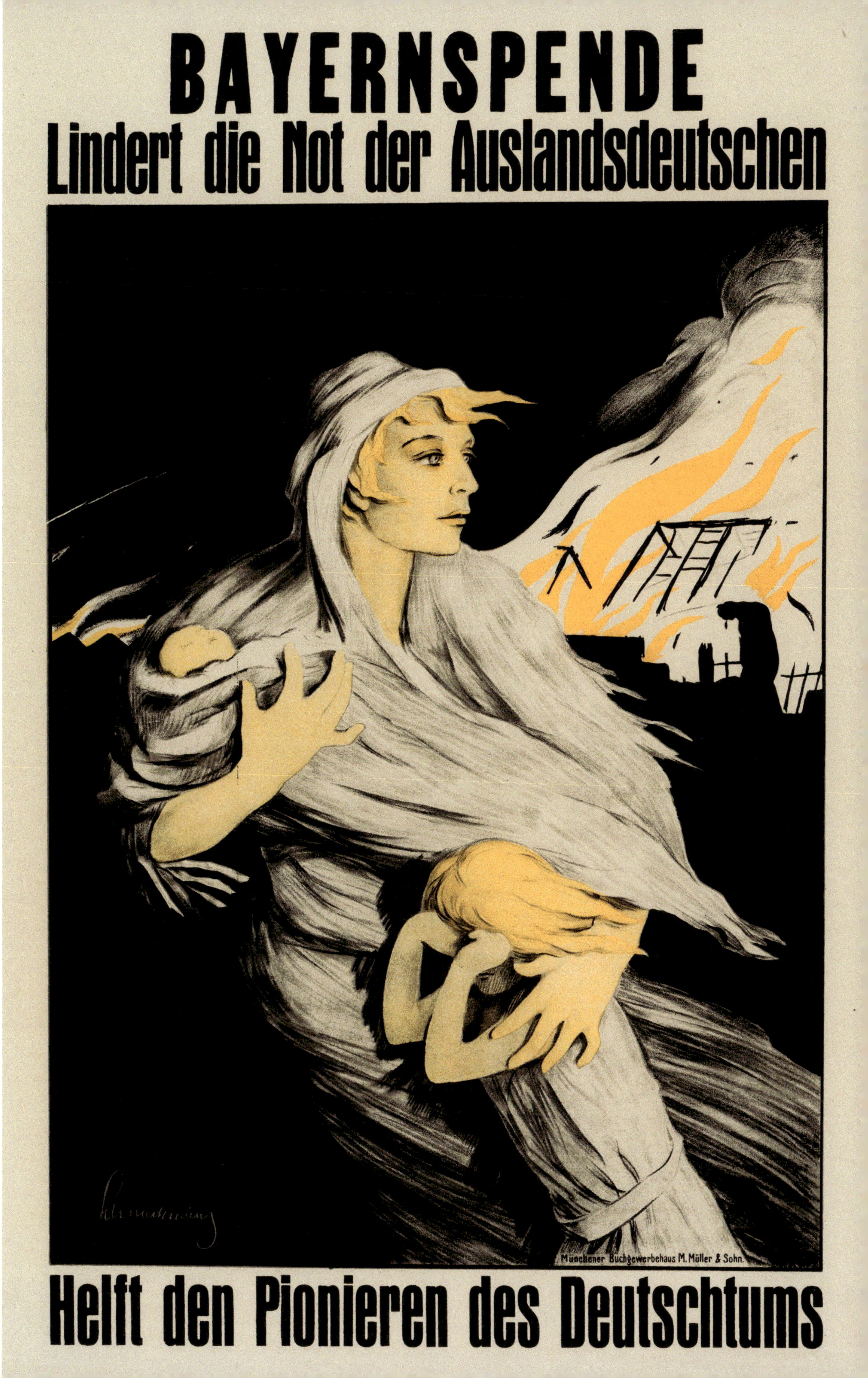

Walter Schnackenberg (1880–1961)
Bayernspende lindert
die Not der
Auslandsdeutschen
Helft den Pionieren
des Deutschtums
Deutsches Reich, 1919
Farblithografie
61,5 × 38,9 cm
Plakatsammlung
Maximilian Karagöz

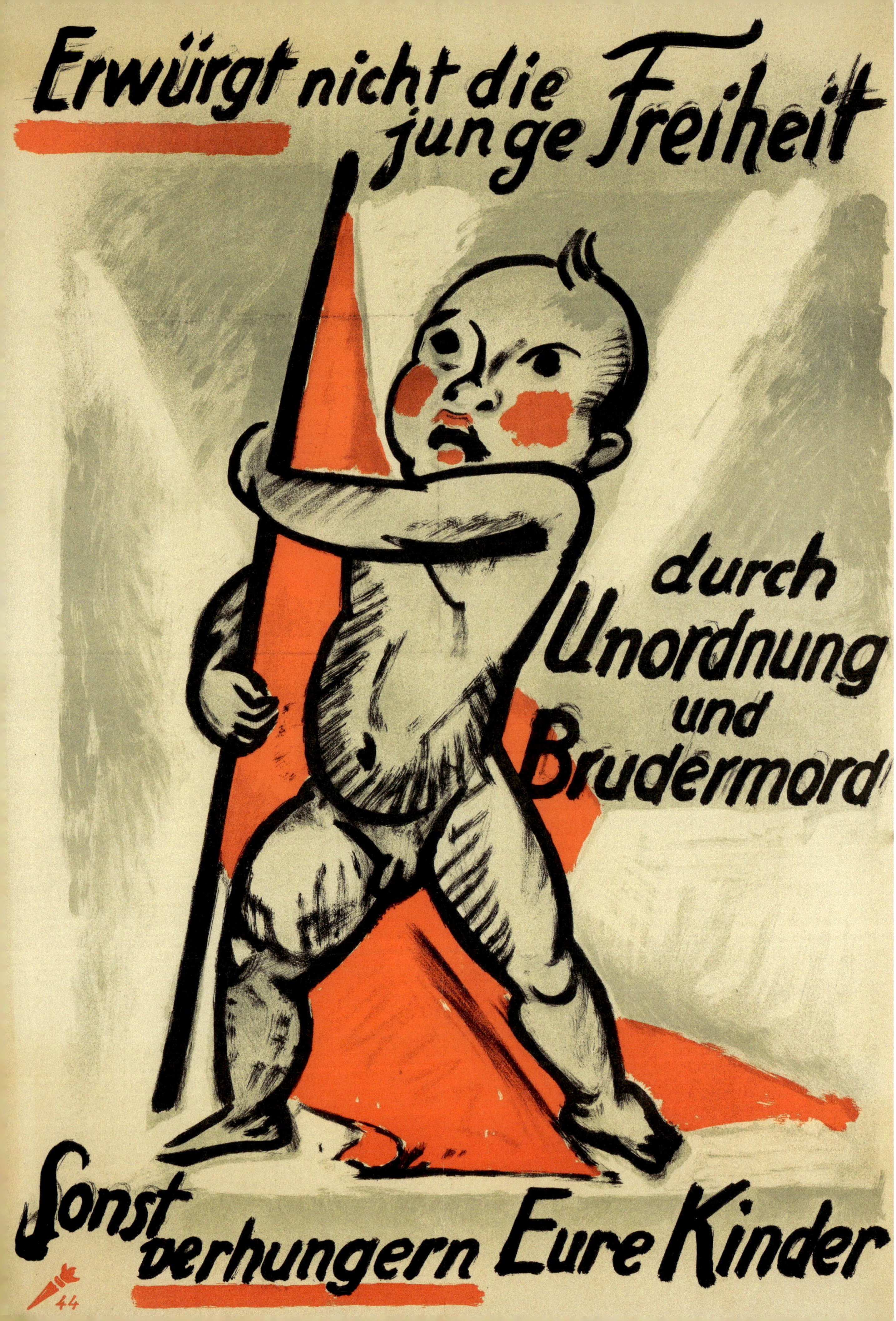

Max Pechstein (1881–1955)
Erwürgt nicht die junge
Freiheit durch Unordnung
und Brudermord
Sonst verhungern Eure Kinder
Deutsches Reich, 1919
Farblithografie
99,8 × 68 cm
Plakatsammlung
Maximilian Karagöz

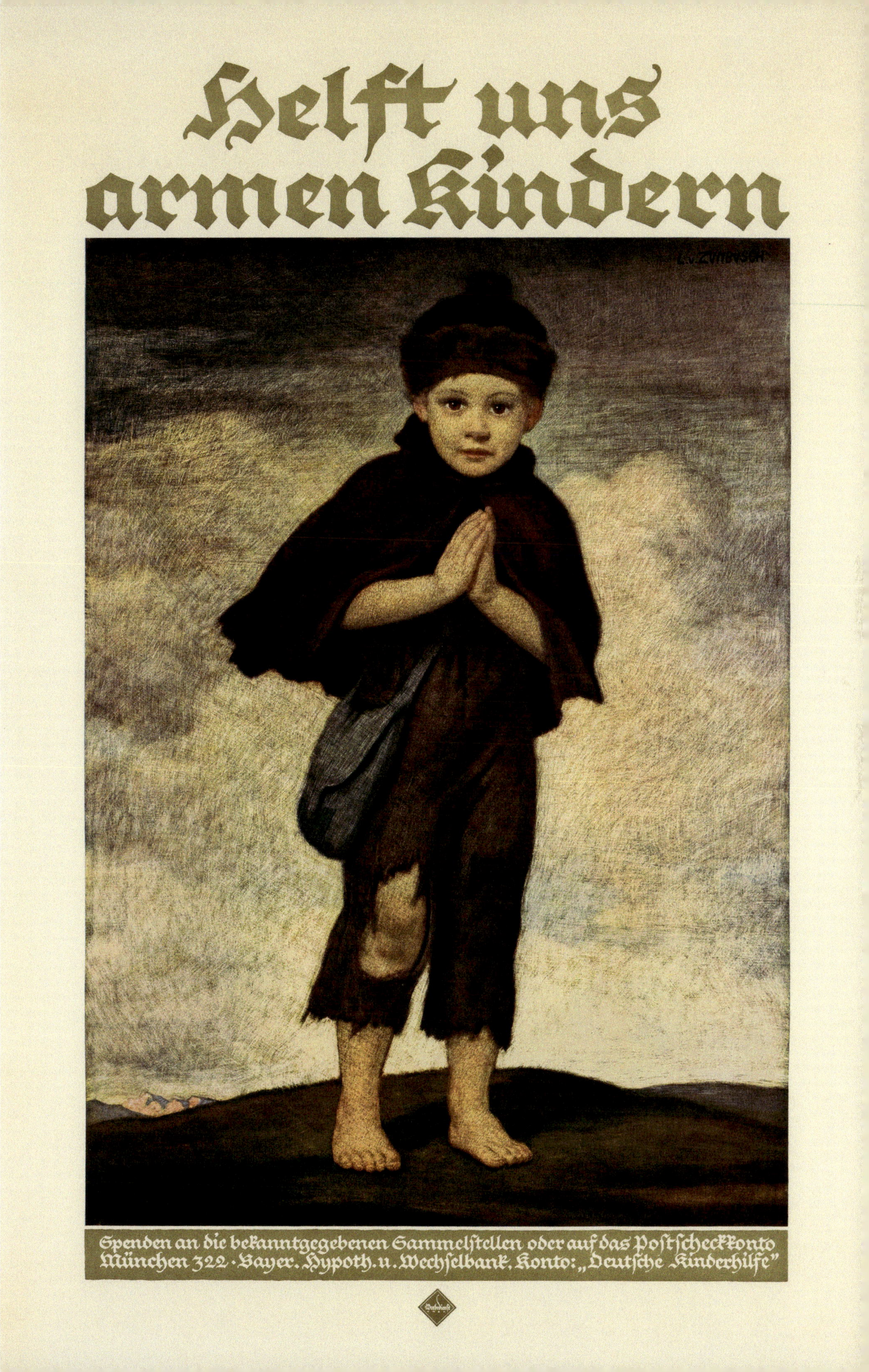

Ludwig Ritter von Zumbusch
(1861–1927)
Helft uns armen Kindern
Deutsches Reich, 1919
Farblithografie
106,1 × 67,1 cm
Plakatsammlung
Maximilian Karagöz

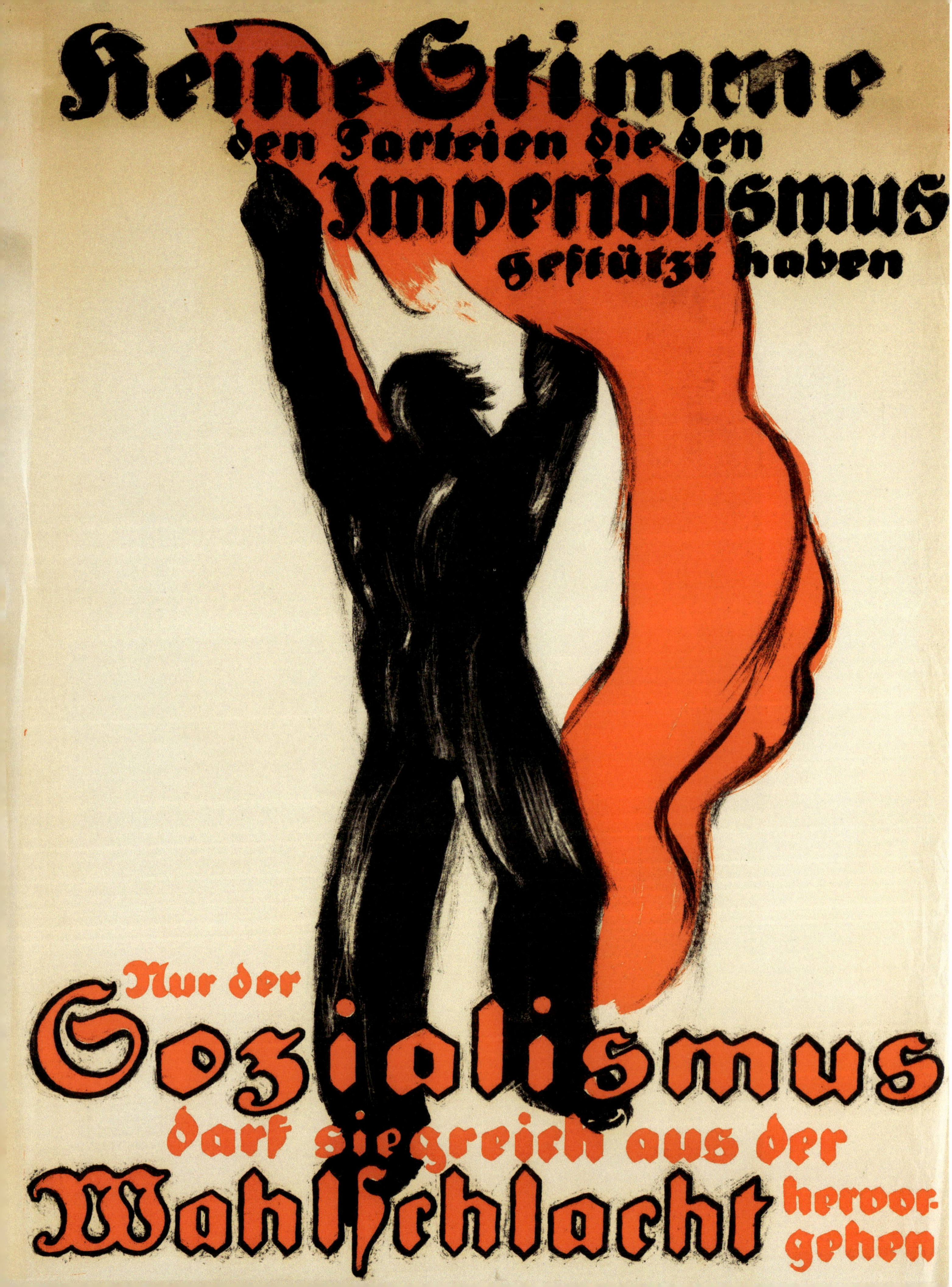
Keine Stimme
den Parteien die den
Imperialismus
gestützt haben
Nur der
Sozialismus
darf siegreich aus der
Wahlschlacht
hervor-
gehen

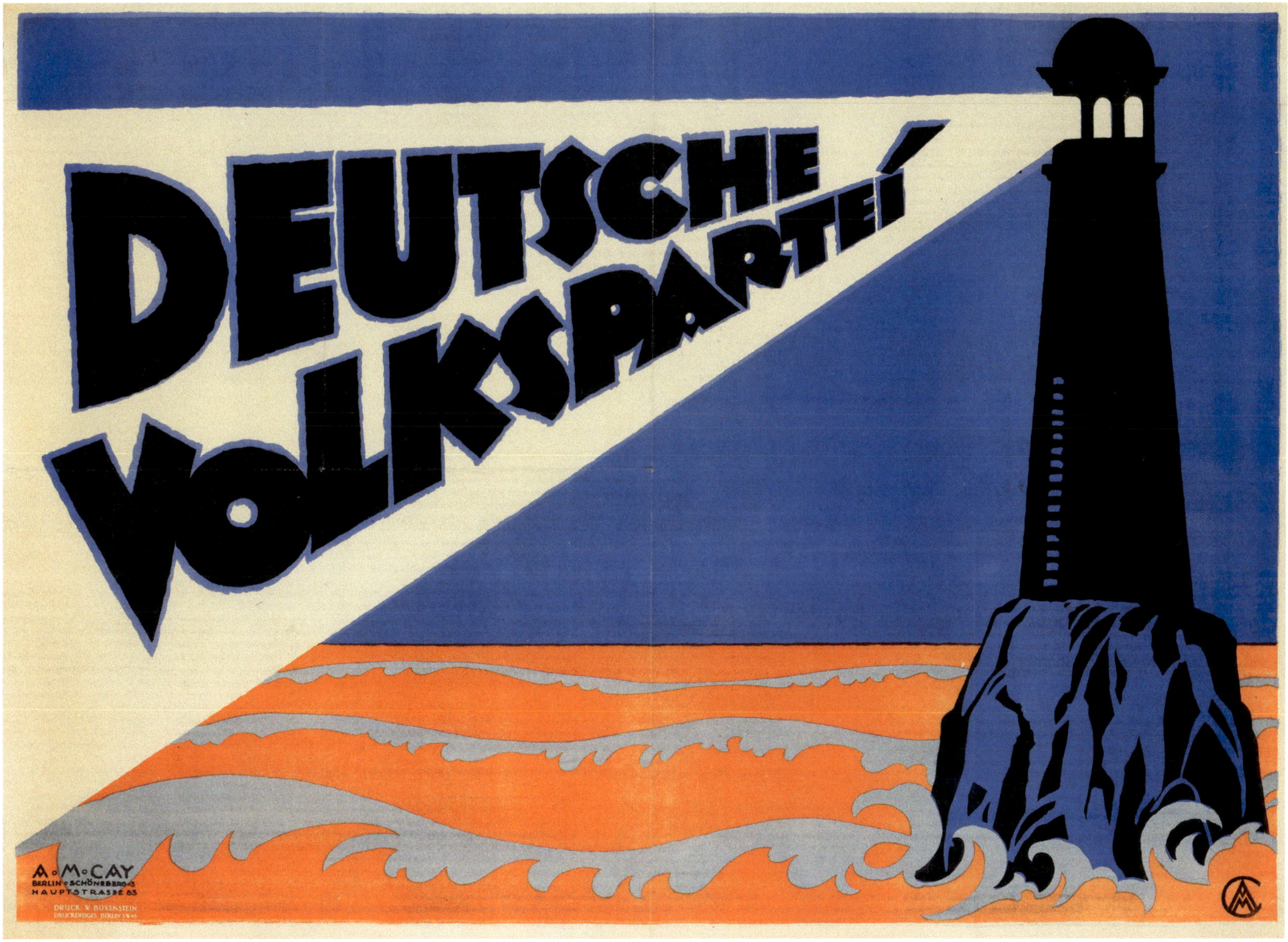

N. N.

Keine Stimme den Parteien die den Imperialismus gestützt haben.

Nur der Sozialismus darf siegreich aus der Wahlschlacht hervorgehen

Deutsches Reich, 1919/20

Farblithografie

106,2 × 78 cm

Plakatsammlung Maximilian Karagöz

Alexander Maria Cay (Alexander M. Kaiser, 1887–1971)

Deutsche Volkspartei

Deutsches Reich, 1920

Farblithografie

70 × 86 cm

Plakatsammlung Maximilian Karagöz

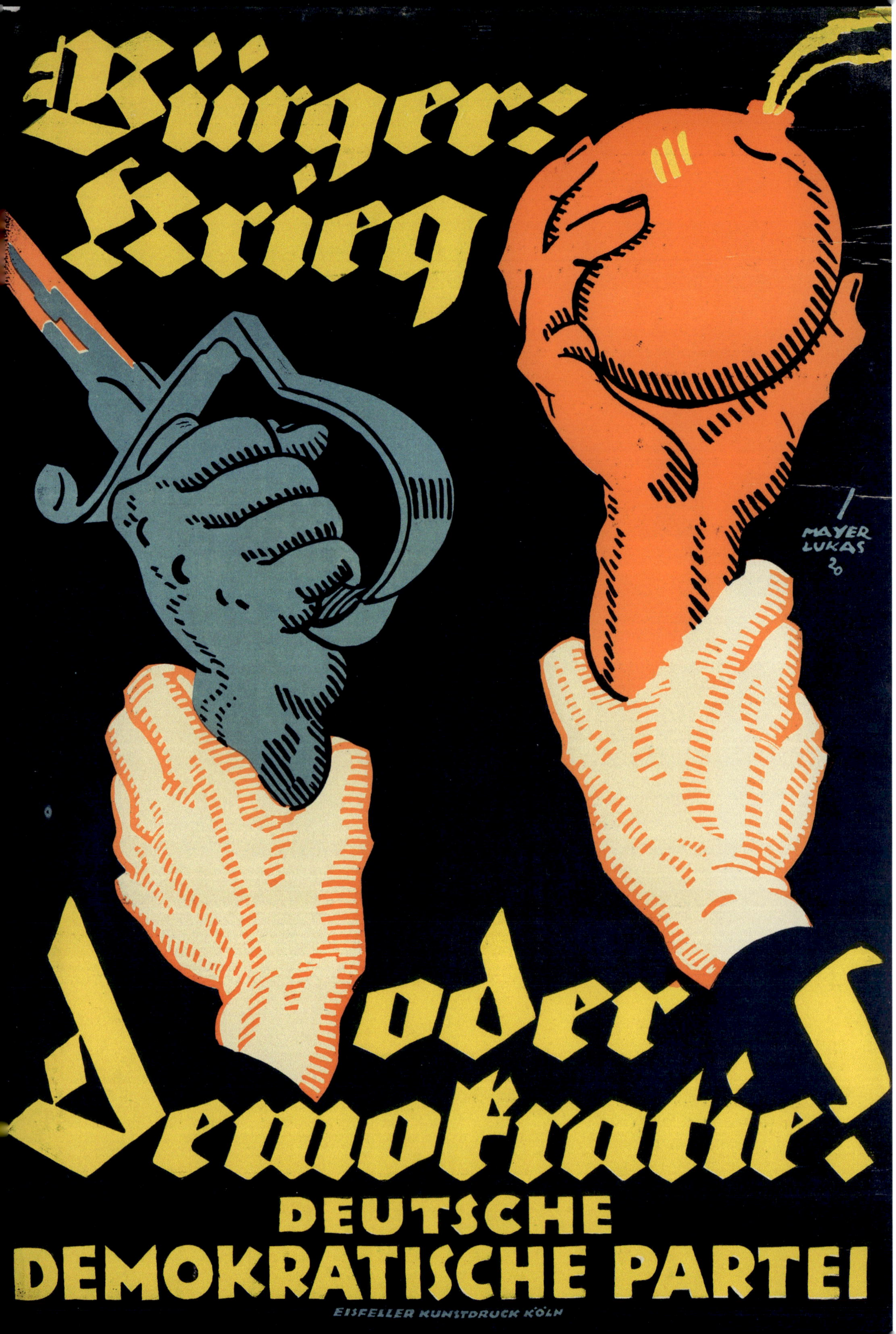

Ludwig Mayer-Lukas
(Lebensdaten unbekannt)
Bürgerkrieg oder Demokratie?
Deutsche Demokratische Partei
Deutsches Reich, 1920
Farblithografie
99,7 × 66,2 cm
Plakatsammlung
Maximilian Karagöz

Martin (1884–1950)
& Walter (1884–1921)
Lehmann-Steglitz
Wer hilft?
Die Deutsche Volkspartei
Deutsches Reich, 1920
Farblithografie
96,3 × 72 cm
Plakatsammlung
Maximilian Karagöz

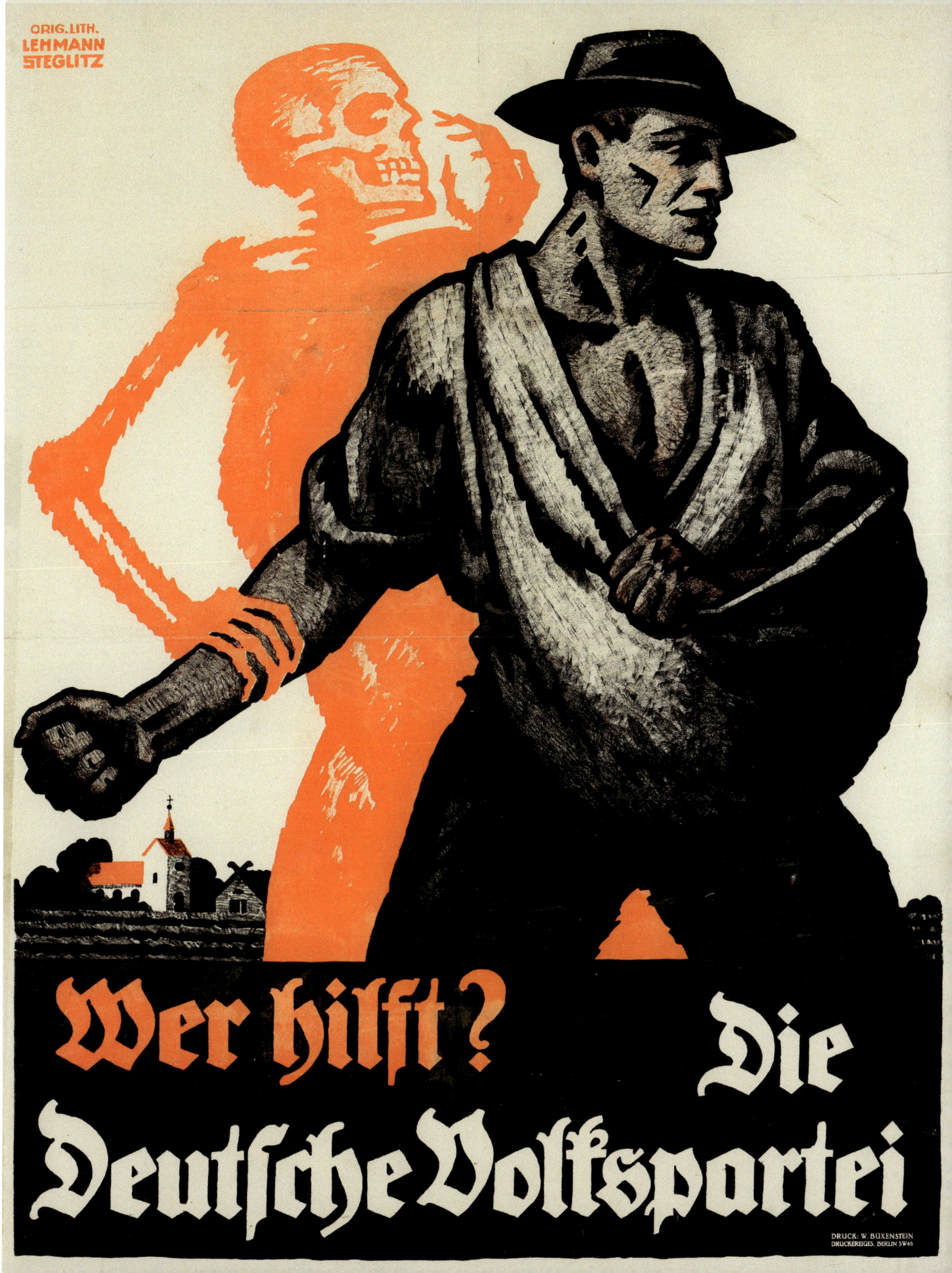
ORIG. LITH.
LEHMANN
STEGLITZ
Wer hilft? Die
Deutsche Volkspartei
DRUCK: W. BÜXENSTEIN
DRUCKEREIGES. BERLIN SW48

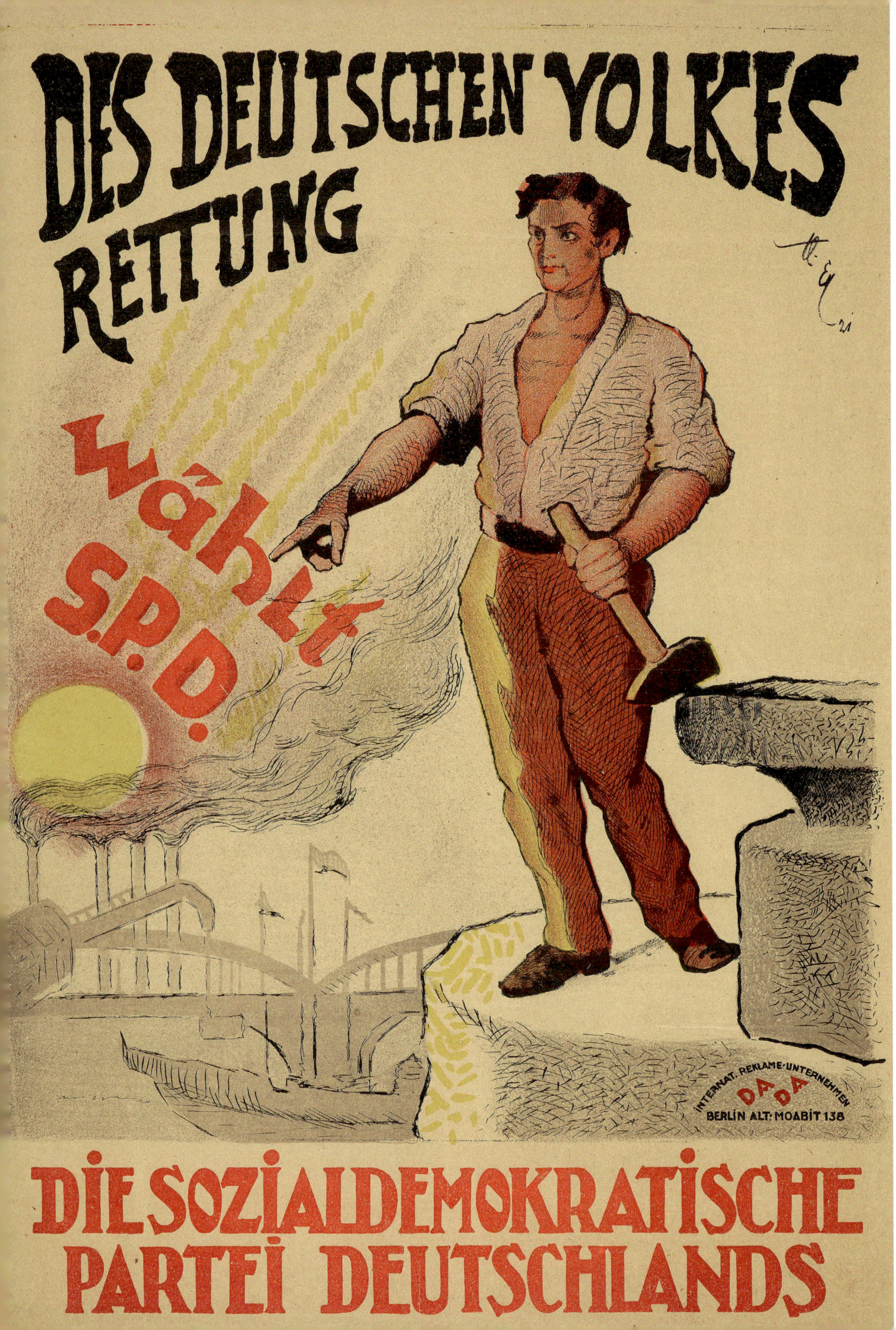

N. N.

Des deutschen Volkes Rettung,

wählt S.P.D.*

Deutsches Reich, 1921

Farblithografie

69,4 × 46,8 cm

Deutsches Plakat Museum

im Museum Folkwang

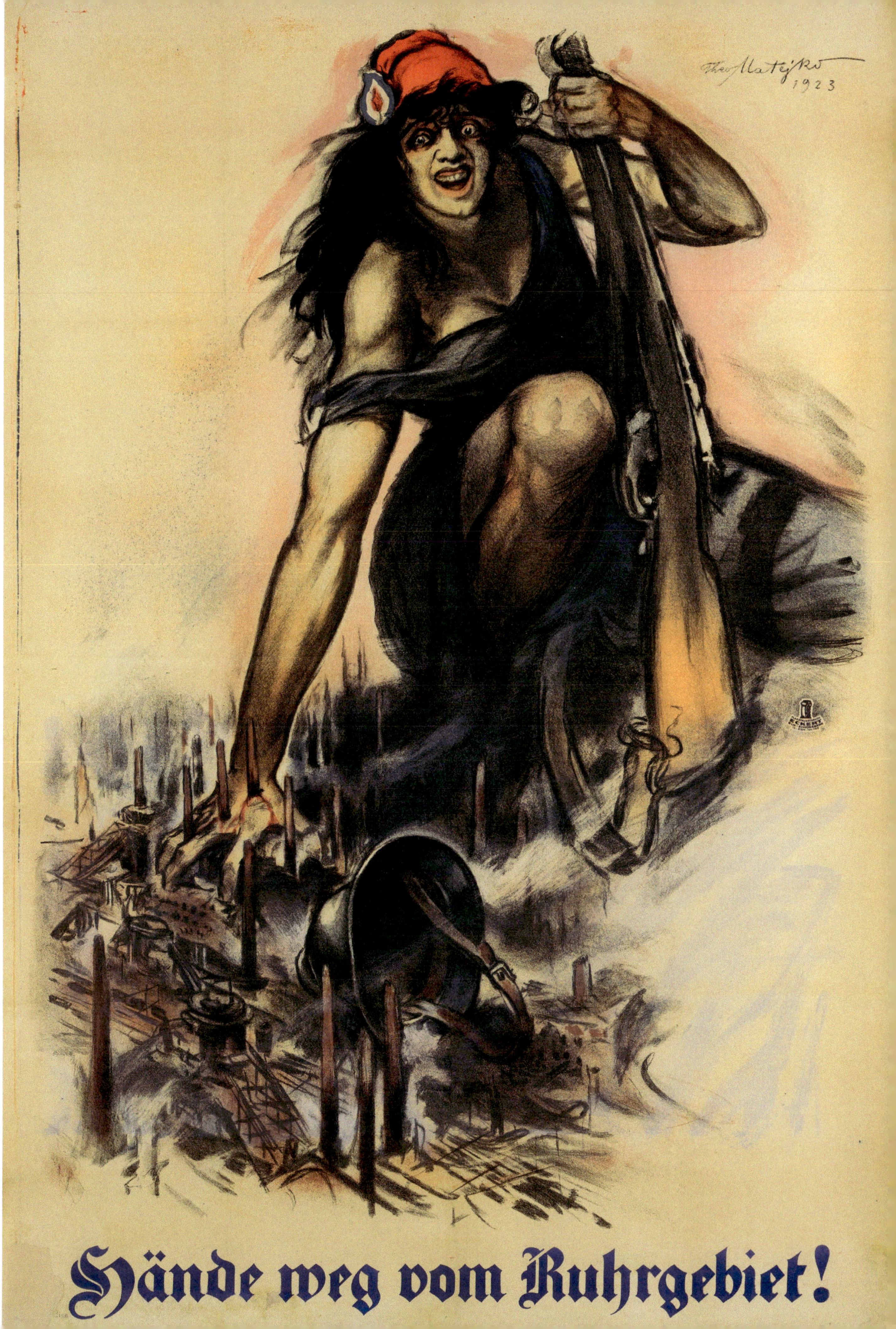

Theo Matejko (1893–1946)
Hände weg vom Ruhrgebiet!
Deutsches Reich, 1923
Farblithografie
143,8 × 95,5 cm
Plakatsammlung
Maximilian Karagöz

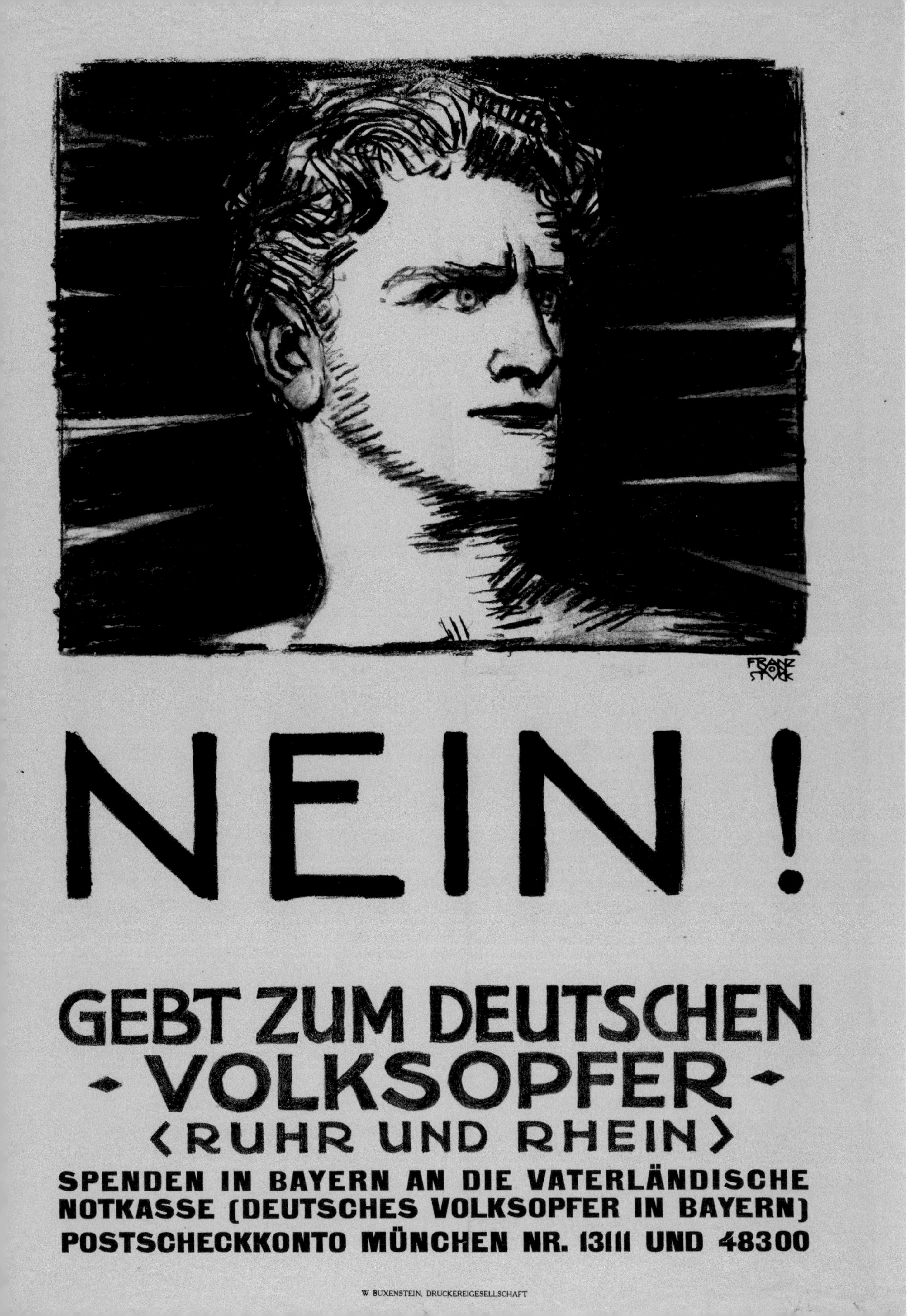

Franz von Stuck (1863–1928)

Nein!

Gebt zum deutschen

Volksopfer

(Ruhr und Rhein)

Deutsches Reich, 1923

Lithografie

70 × 49,8 cm

Plakatsammlung

Maximilian Karagöz

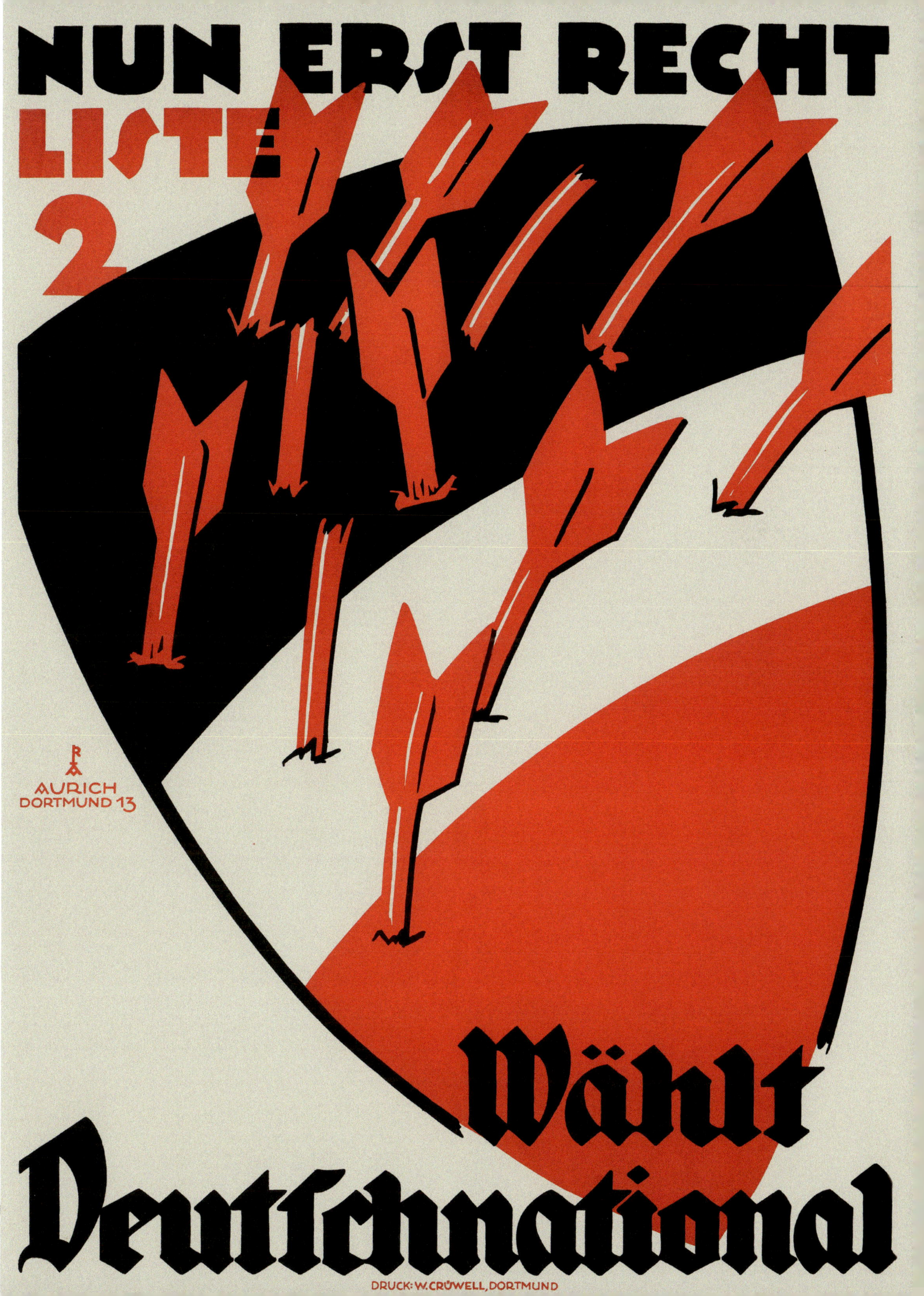

Max Aurich (1893–1976)
Nun erst recht Liste 2. Wählt deutsch-national *
Deutsches Reich, 1924
Farblithografie
70 × 50 cm
Deutsches Plakat Museum im Museum Folkwang

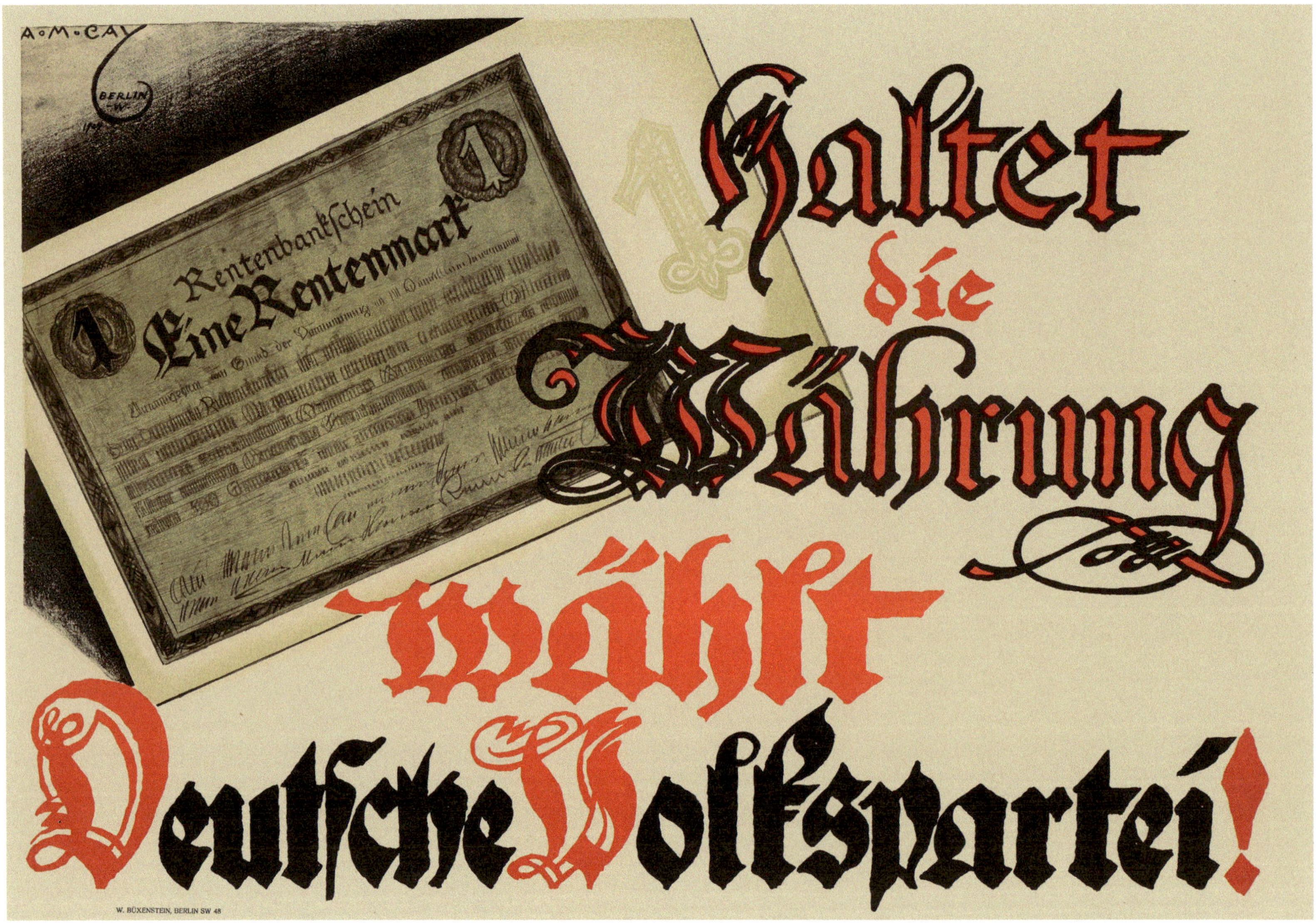

Alexander Maria Cay (Alexander M. Kaiser, 1887–1971)
Haltet die Währung. Wählt Deutsche Volkspartei! *
Deutsches Reich, 1924
Farblithografie
47,5 × 67,5 cm
Deutsches Plakat Museum im Museum Folkwang

Willibald Krain (1886–1945)
Deutscher, soll der dich wieder packen? *
Deutsches Reich, 1924
Farblithografie
104 × 79,7 cm
Deutsches Plakat Museum im Museum Folkwang

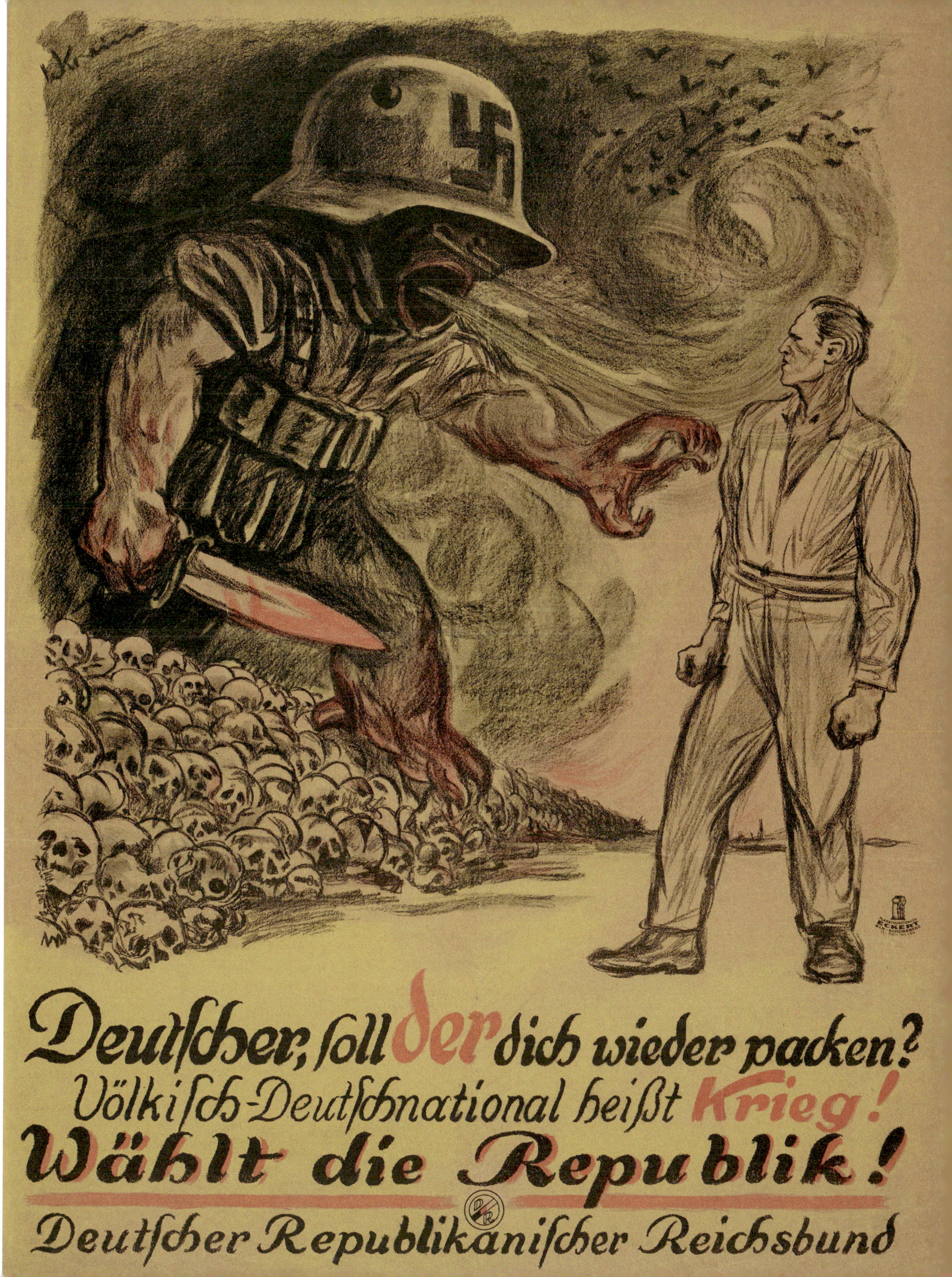
Deutscher, soll der dich wieder packen?
Völkisch-Deutschnational heißt Krieg!
Wählt die Republik!
Deutscher Republikanischer Reichsbund

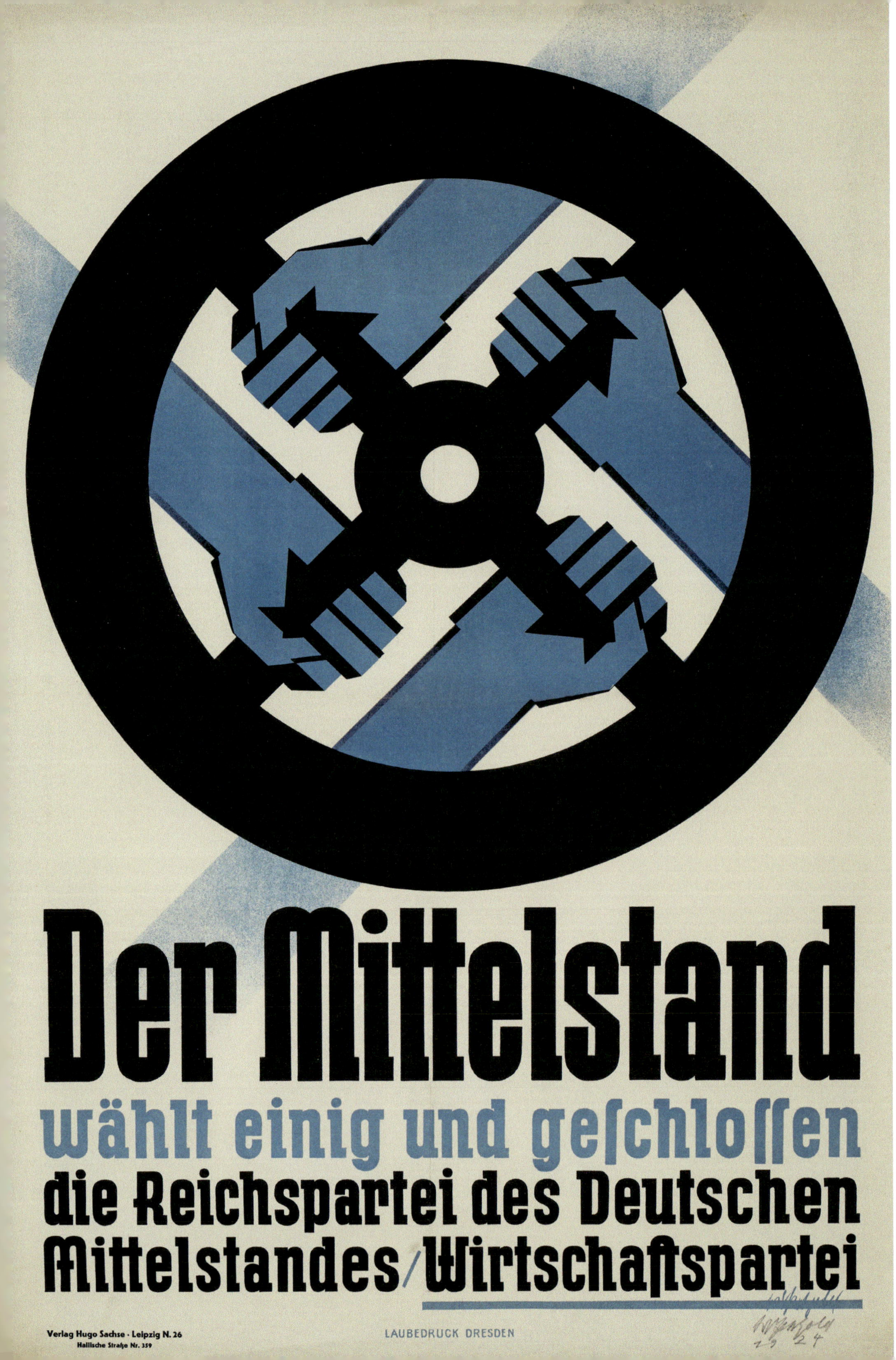

Willi Petzold (1885–1978)
Der Mittelstand wählt
einig und geschlossen
die Reichspartei des Deutschen
Mittelstandes/Wirtschaftspartei *
Deutsches Reich, Dresden, 1924
Buchdruck
92 × 59,3 cm
Deutsches Plakat Museum
im Museum Folkwang

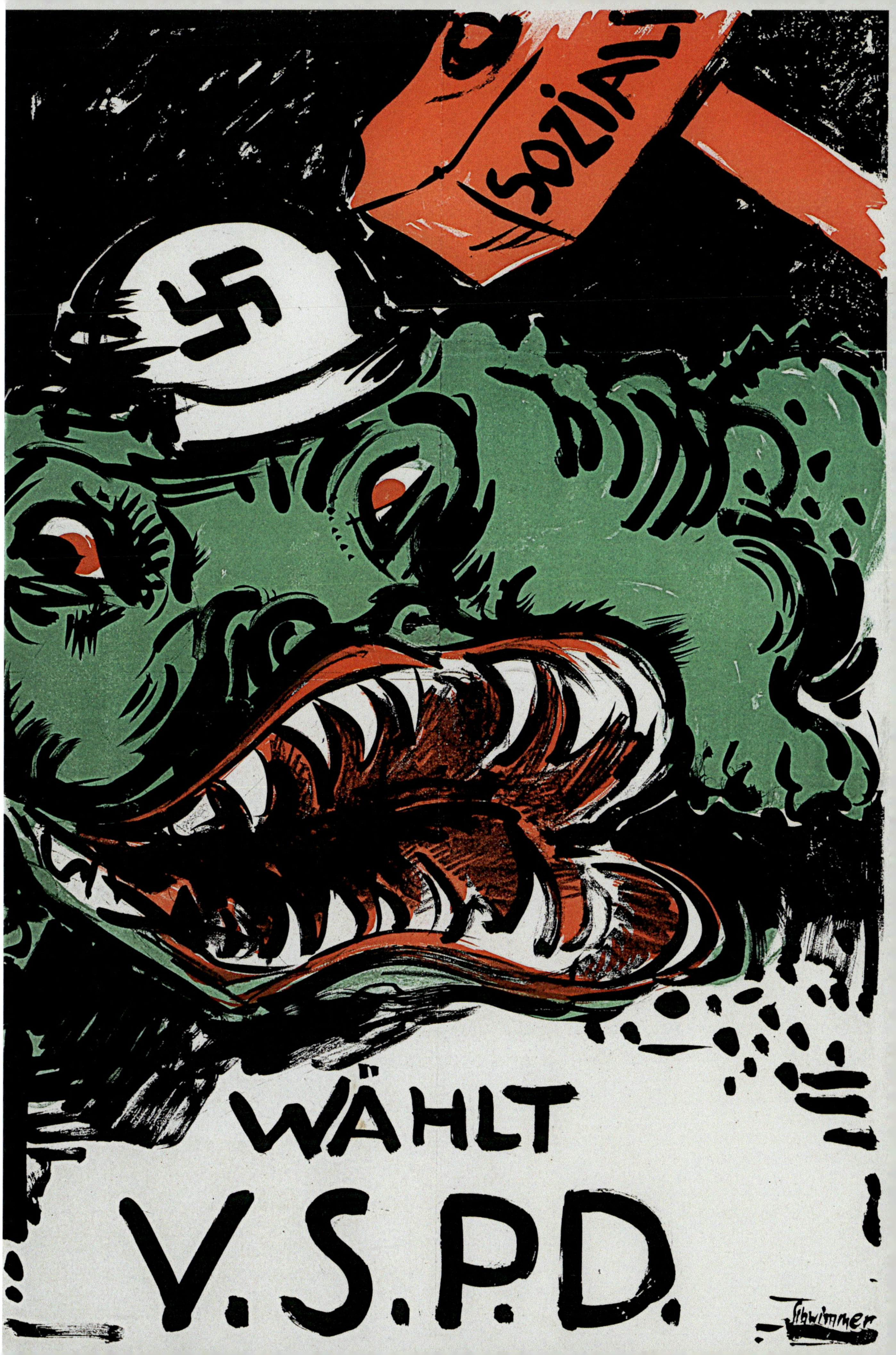

Max Schwimmer (1895–1960)
Wählt V.S.P.D.*
Deutsches Reich, 1924
Farblithografie
89,3 × 59,1 cm
Deutsches Plakat Museum
im Museum Folkwang

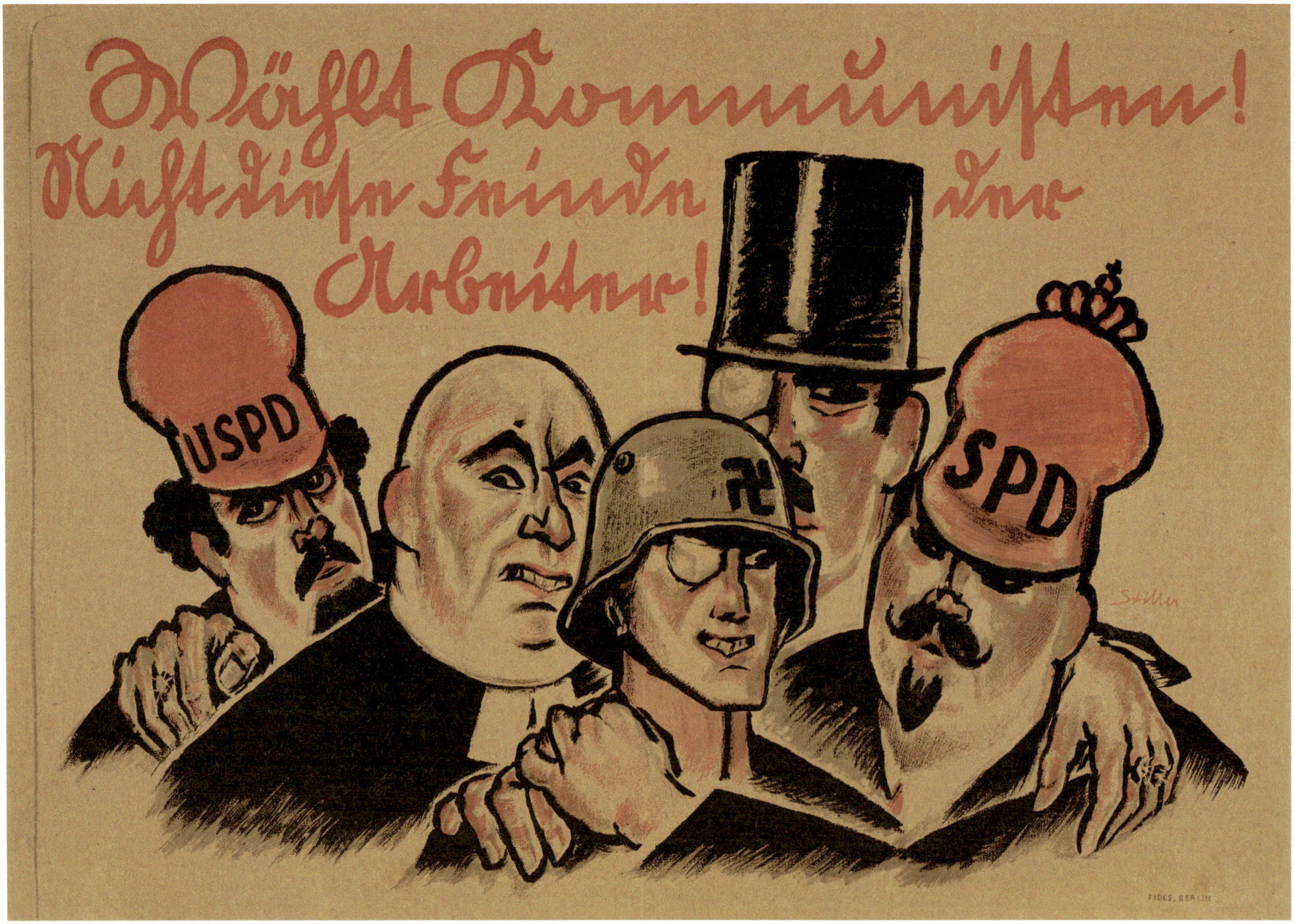

Alfred Stiller (1883–1954)

Wählt Kommunisten! Nicht diese Feinde der Arbeiter! *

Deutsches Reich, 1924

Farblithografie

49 × 70 cm

Deutsches Plakat Museum im Museum Folkwang

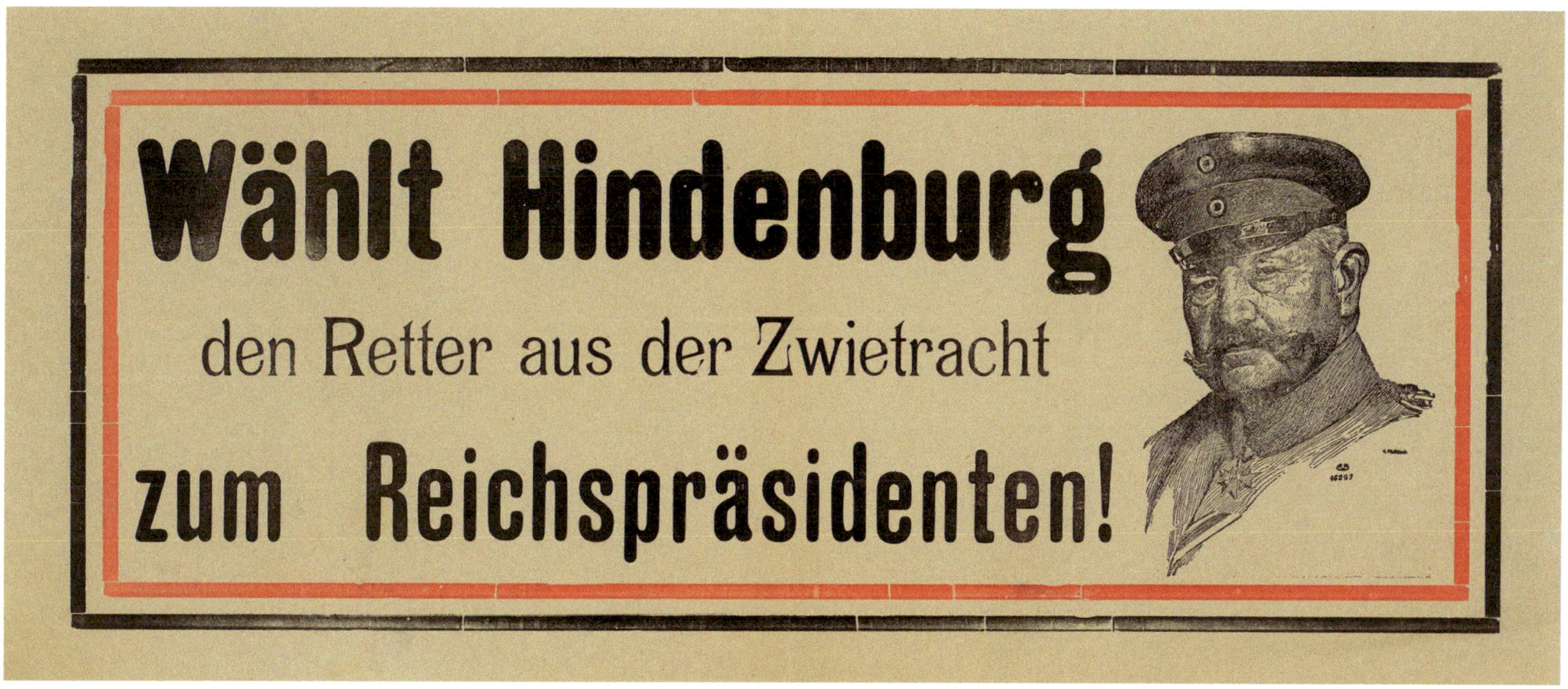

N. N.
Wählt Hindenburg
den Retter aus der Zwietracht
zum Reichspräsidenten! *
Deutsches Reich, 1925
Buchdruck
19,2 × 44,3 cm
Deutsches Plakat Museum im Museum Folkwang

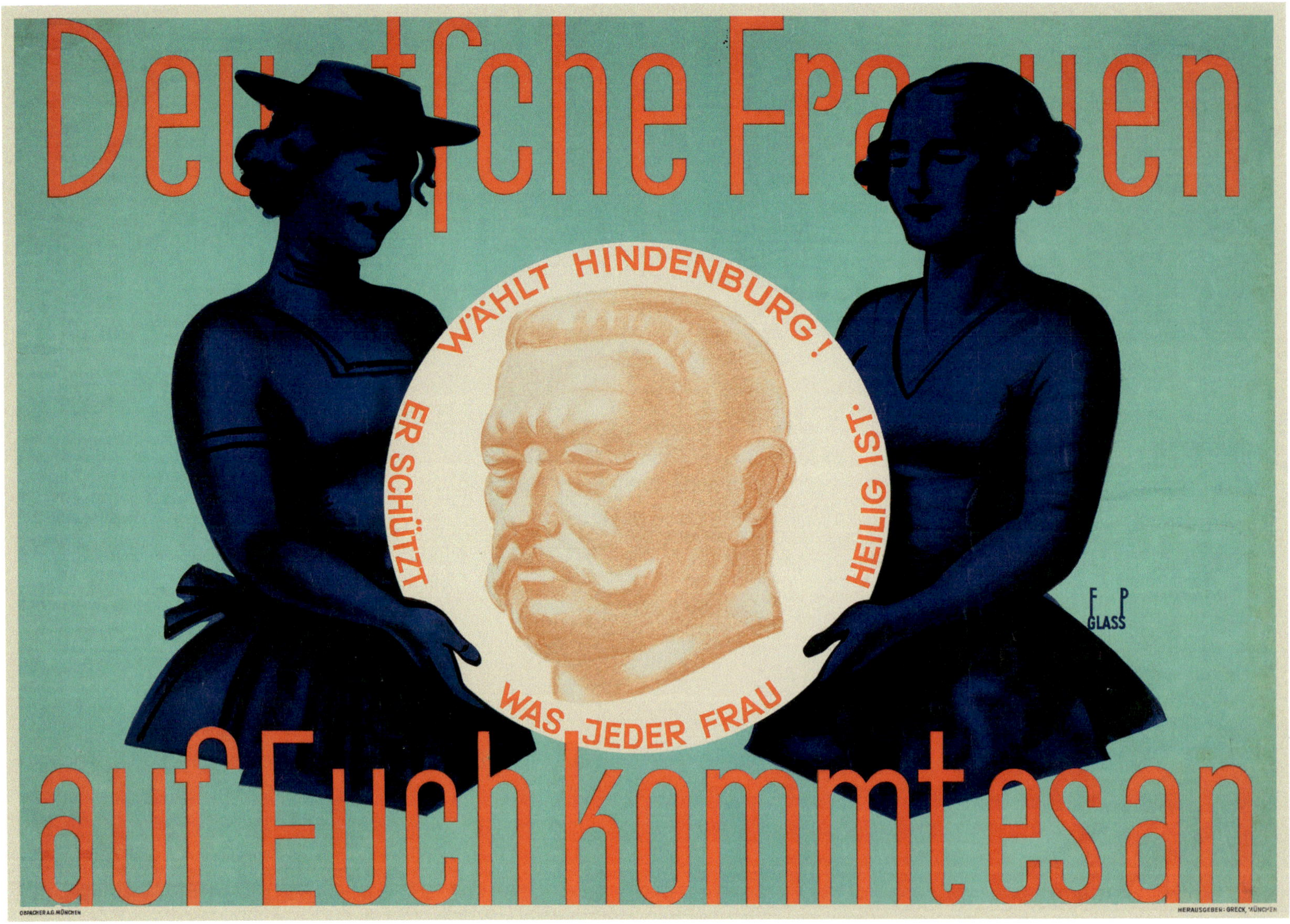

Franz Paul Glass (1886–1964)
Deutsche Frauen auf Euch kommt es an *
Deutsches Reich, 1925
Farblithografie
85 × 119,5 cm
Deutsches Plakat Museum im Museum Folkwang

Max Pechstein (1881–1955)
Die Nationalversammlung
der Grundstein der
Deutschen Sozialistischen Republik
Deutsches Reich, 1919
Farblithografie
68,1 × 49,9 cm
Plakatsammlung Maximilian Karagöz

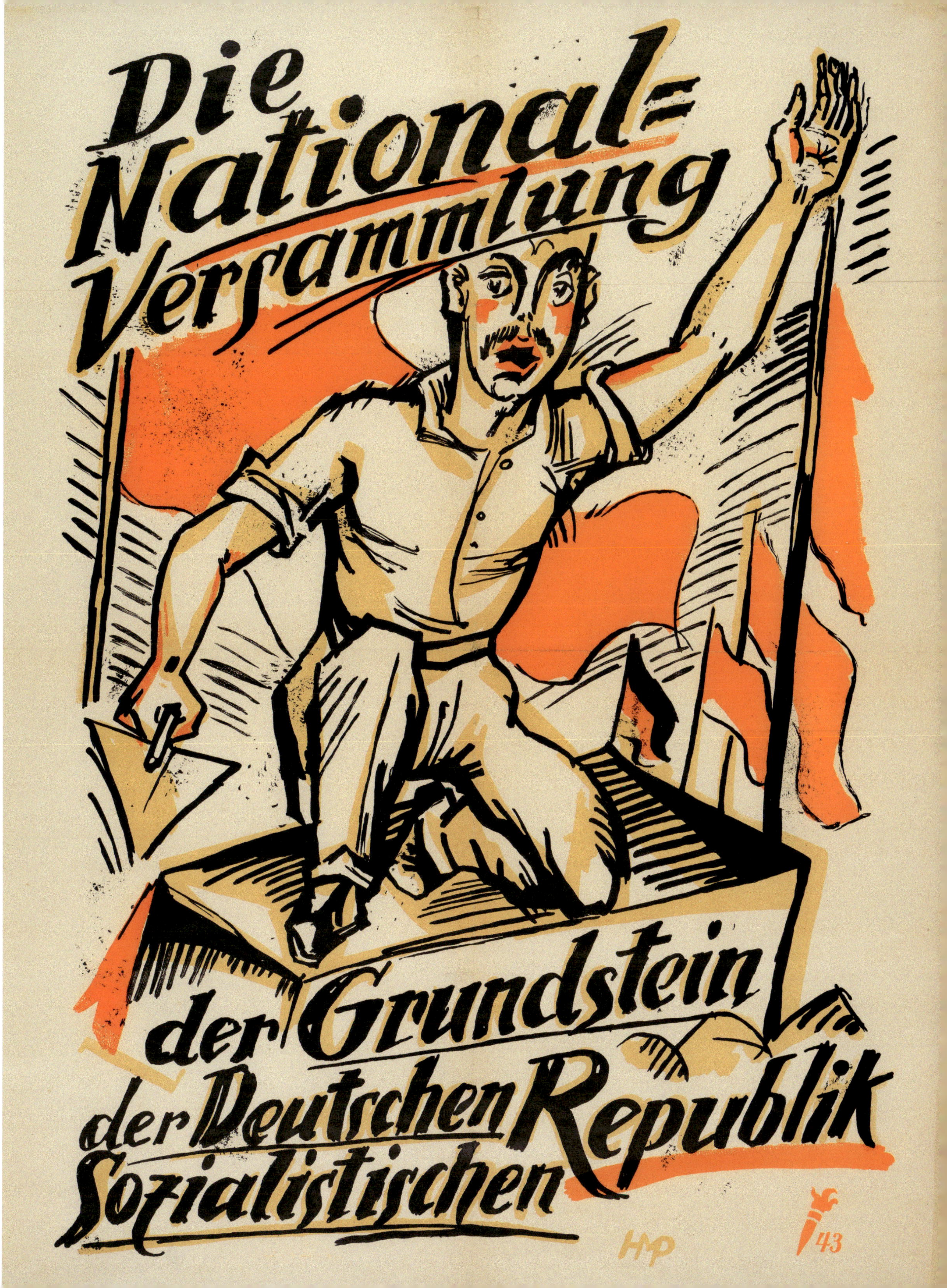
Die National-
Versammlung
der Grundstein
der Deutschen Sozialistischen Republik
HMP
43

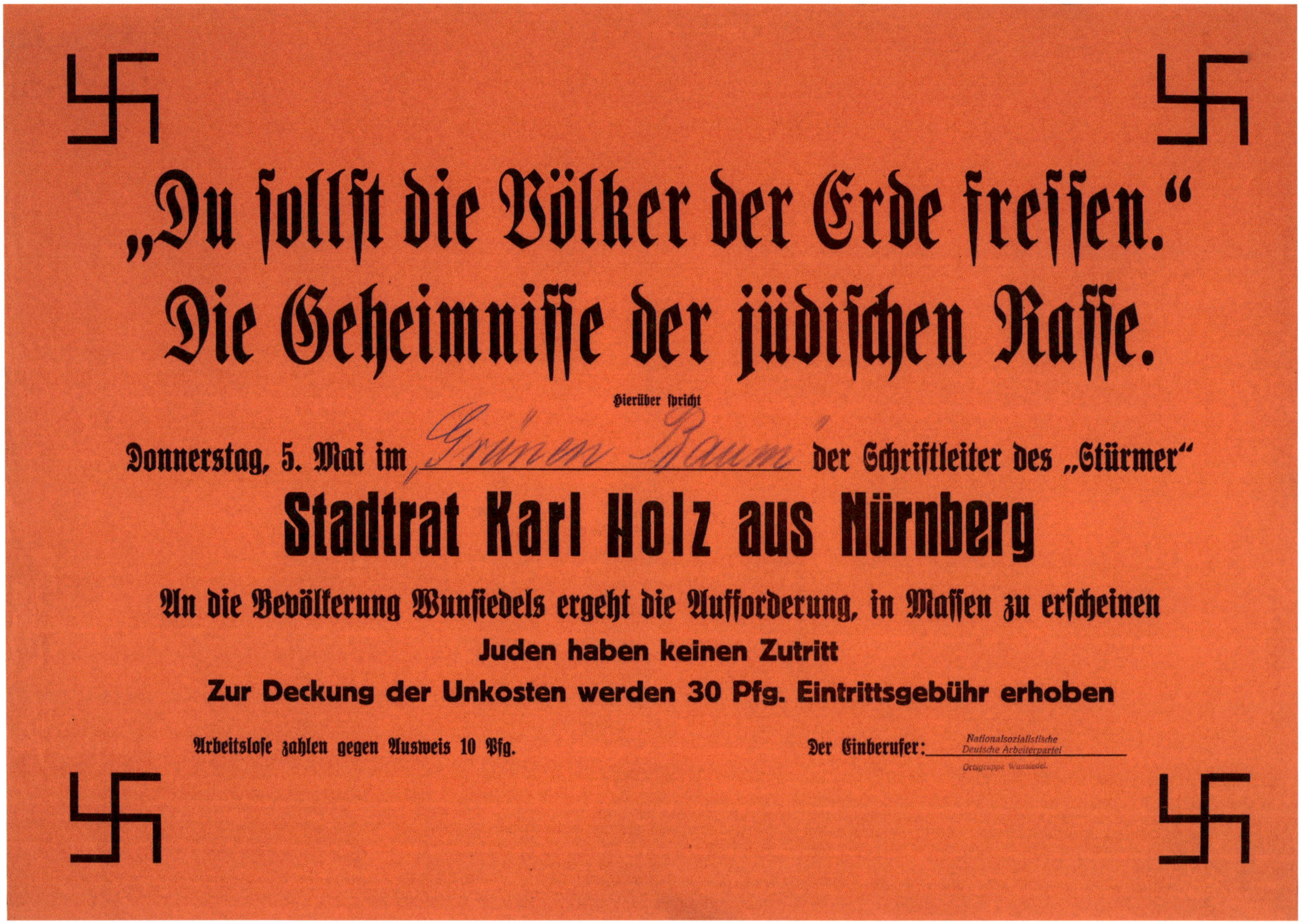

N. N.
»Du sollst die Völker der Erde fressen.«
Die Geheimnisse der jüdischen Rasse. *
Deutsches Reich, Wunsiedel, 1927
Buchdruck
50,4 × 70,2 cm
Deutsches Plakat Museum im Museum Folkwang

Paul Helwig-Strehl (1889–nach 1945?)
Rettet die deutsche Familie
Wählt National-Sozialisten Liste 8
Deutsches Reich, 1928
Farblithografie
84 × 58,5 cm
Plakatsammlung Maximilian Karagöz

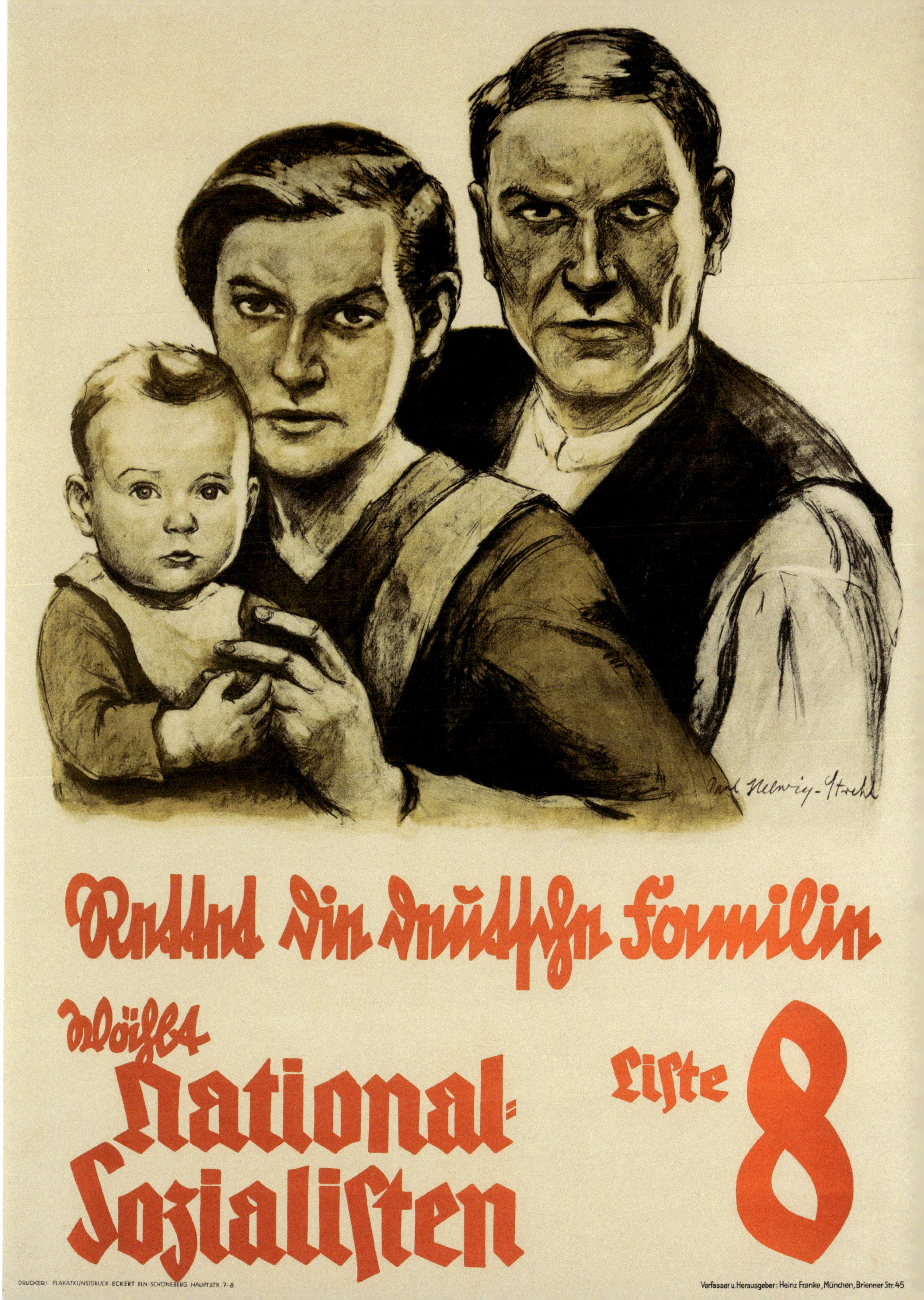
Rettet die deutsche Familie
wählt
National-
Sozialisten
Liste
8
DRUCKER: PLAKATKUNSTDRUCK ECKERT BLN-SCHÖNEBERG HAUPTSTR. 7-8
Verfasser u. Herausgeber: Heinz Franke, München, Brienner Str. 45

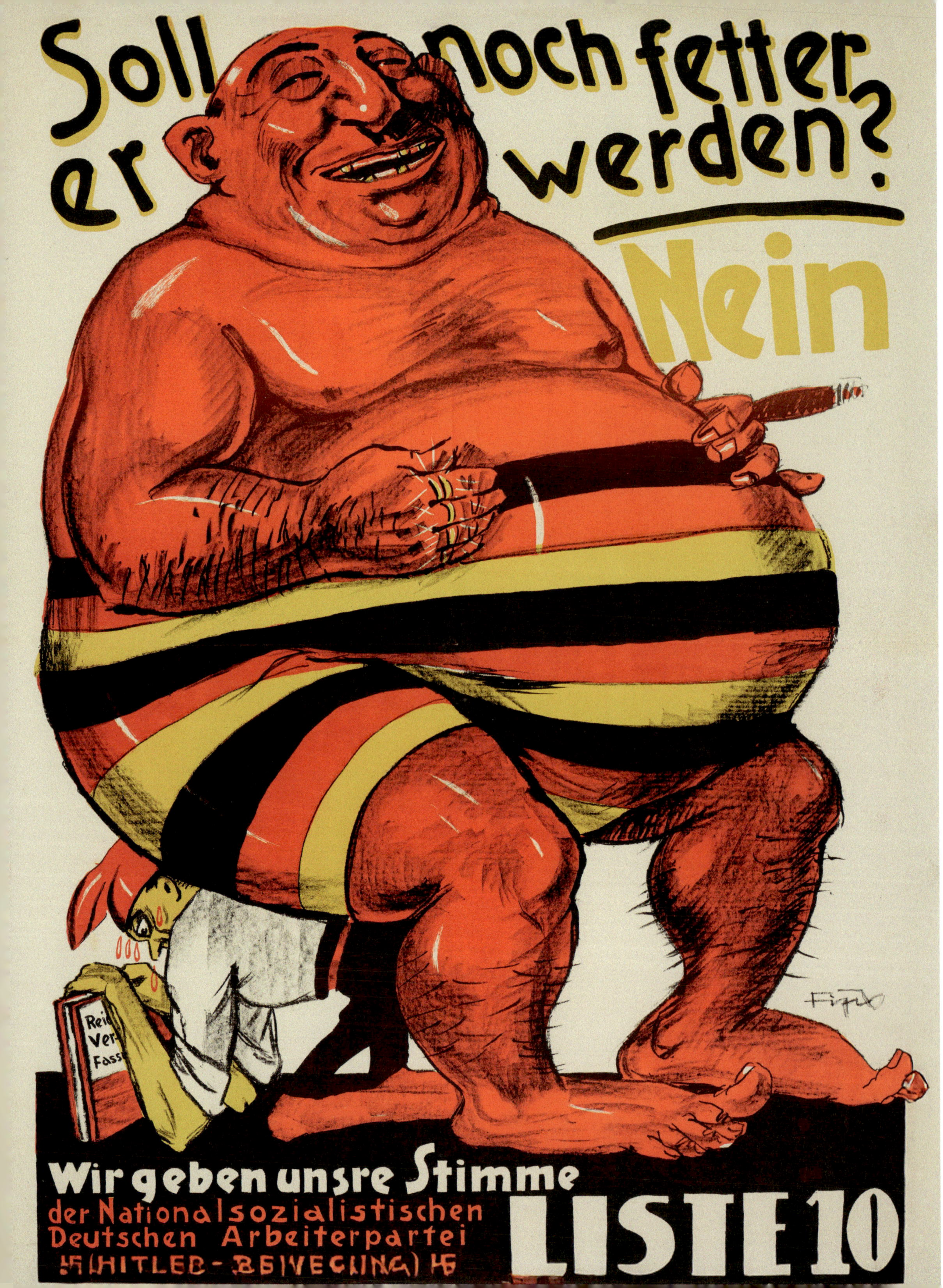
Soll er noch fetter werden?
Nein
Wir geben unsre Stimme
der Nationalsozialistischen
Deutschen Arbeiterpartei
(HITLER-BEWEGUNG)
LISTE 10

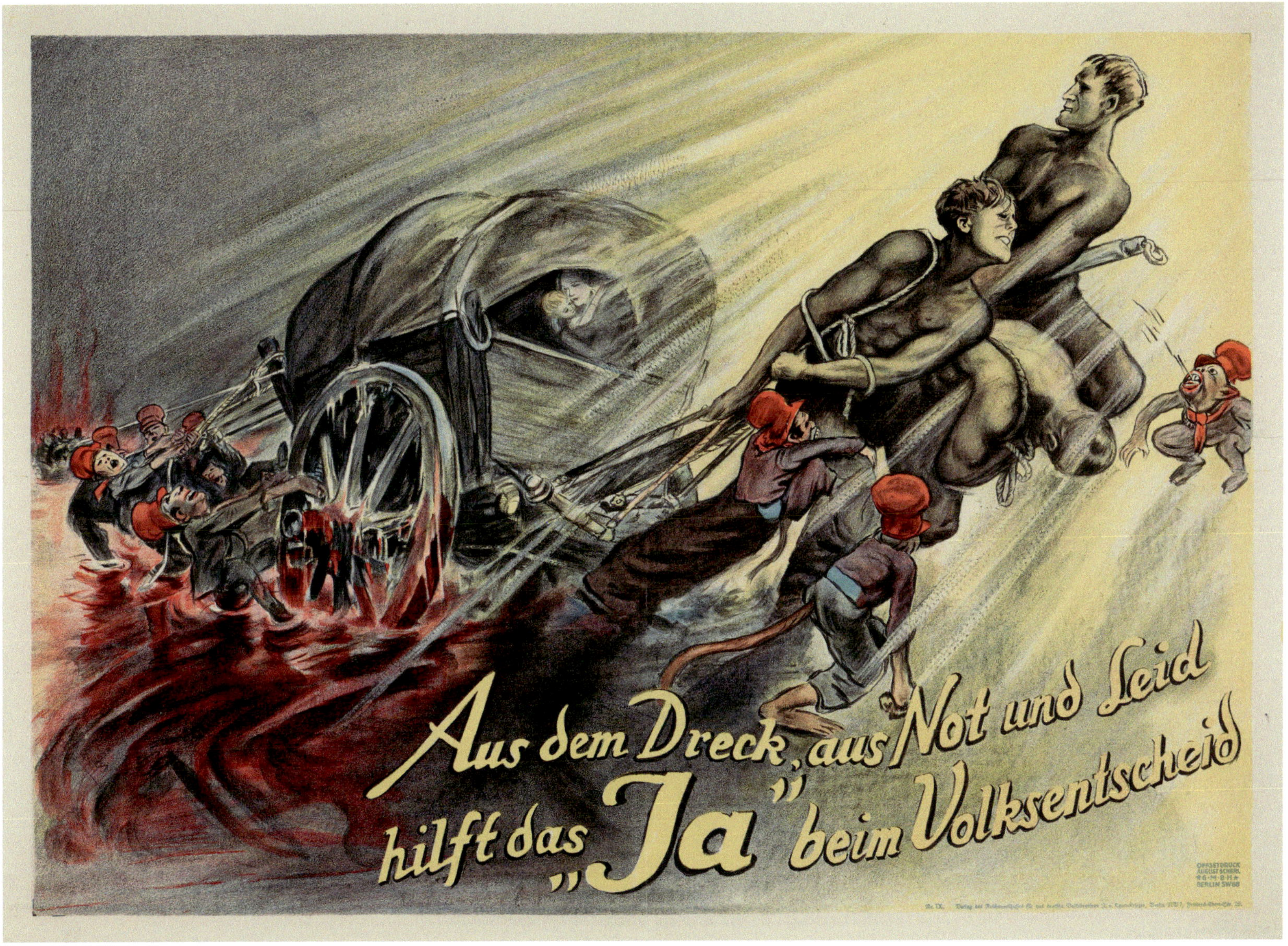

Fips (Philipp Rupprecht, 1900–1975)
Soll er noch fetter werden? Nein
Wir geben unsere Stimme
der Nationalsozialistischen Deutschen Arbeiterpartei
Liste 10 *
Deutsches Reich, 1928
Farblithografie
96,2 × 72,2 cm
Deutsches Plakat Museum im Museum Folkwang

Theo Matejko (1893–1946)
Aus dem Dreck aus Not und Leid hilft das »Ja« beim Volksentscheid *
Deutsches Reich, 1929
Farblithografie
72,5 × 96,4 cm
Deutsches Plakat Museum im Museum Folkwang

Rückwärts

Ludwig Hohlwein gehört zu den profiliertesten Plakatgestaltern im Deutschland des frühen 20. Jahrhunderts. Seine Fähigkeit, emotionale Bilder zu schaffen, die heitere, optimistische Menschen in einem gehobenen Umfeld zeigen, sowie seine struktur- und kontrastreiche Behandlung von Farbflächen machten ihn zu einem idealen Plakatgestalter. Er wurde mit Produkt- und Veranstaltungsplakaten berühmt. Im Ersten Weltkrieg entwarf er kurzzeitig auch Propagandaplakate. Als einer der wenigen Grafiker der Vorkriegszeit konnte er seine Arbeit in den 1920er- und 1930er-Jahren erfolgreich fortsetzen, neben Plakaten auch mit Buchumschlägen, Etiketten und Verpackungen.

Das Plakat für den Stahlhelm[1] lässt vermuten, dass seine politische Haltung deutsch-national war. Hohlwein wählte hier ein besonderes Motiv: das Gesicht eines entschlossenen Soldaten, das halb durch den Schattenwurf des Helms verdeckt ist und damit einen bestimmten Typus repräsentiert. Die schwarz-weiß-rote Flagge im Hintergrund war bis 1919 die Nationalflagge des Kaiserreichs und wurde danach mehr und mehr von demokratiefeindlichen Kräften in der Weimarer Republik genutzt. Das suggestive »Und Du?« zielt auf die Frage nach der Mitgliedschaft und Betätigung im Stahlhelm.

Am 25. April 1933 trat Hohlwein der NSDAP bei. Er arbeitete für zahlreiche NS-Institutionen wie die SA, die SS, die HJ und verschiedene Reichsministerien. Insgesamt entstanden bis 1939 über 40 Plakate.

Man kannte die Beschreibung des »neuen Menschen« aus den Traktaten der Ideologen, jetzt wurden ideal-typische Bilder als Zukunftsvision und überzeugendes Versprechen gebraucht. Hohlwein konzentrierte sich auf die Darstellung der glühenden Zustimmung der Anhängerschaft zum NS-Gedankengut durch Gesten, durch vorbildhaftes Aussehen und Handeln. Seine in der Produktwerbung erprobte Fähigkeit der emotionalen Ansprache setzte er nun in den Plakaten für die NS-Propaganda ein: Er wurde zu einem entscheidenden Bildgeber.

Seine visuelle Verführungskunst zeichnet das Bild einer Volksgemeinschaft, die frohen Herzens dem Führer folgt. Mit Kriegsausbruch 1939 hörte sein öffentliches Wirken auf. Am 16. Juli 1944 fiel sein Münchner Atelier Luftangriffen zum Opfer. Nach Kriegsende wurde er wegen seiner entscheidenden Prägung der NS-Propaganda angeklagt und kurzzeitig mit Berufsverbot belegt. Ludwig Hohlwein starb im Herbst 1949.

René Grohnert

1 Der Stahlhelm. Bund der Frontsoldaten wurde am 25. Dezember 1918 als Wehrverband gegründet, der der demokratiefeindlichen DNVP nahestand. Er war der größte Zusammenschluss ehemaliger Frontsoldaten und nahm aktiv am Kampf gegen die Weimarer Republik teil. Der Stahlhelm (M1916) war das Symbol des Soldaten im Ersten Weltkrieg, 1916 als Nachfolger der Pickelhaube eingeführt. Neben der unverkennbaren Form waren es die beiden Stahlbolzen, die den Charakter des Helmes bestimmten, sie waren für die Anbringung einer zusätzlichen Schutzplatte gedacht.

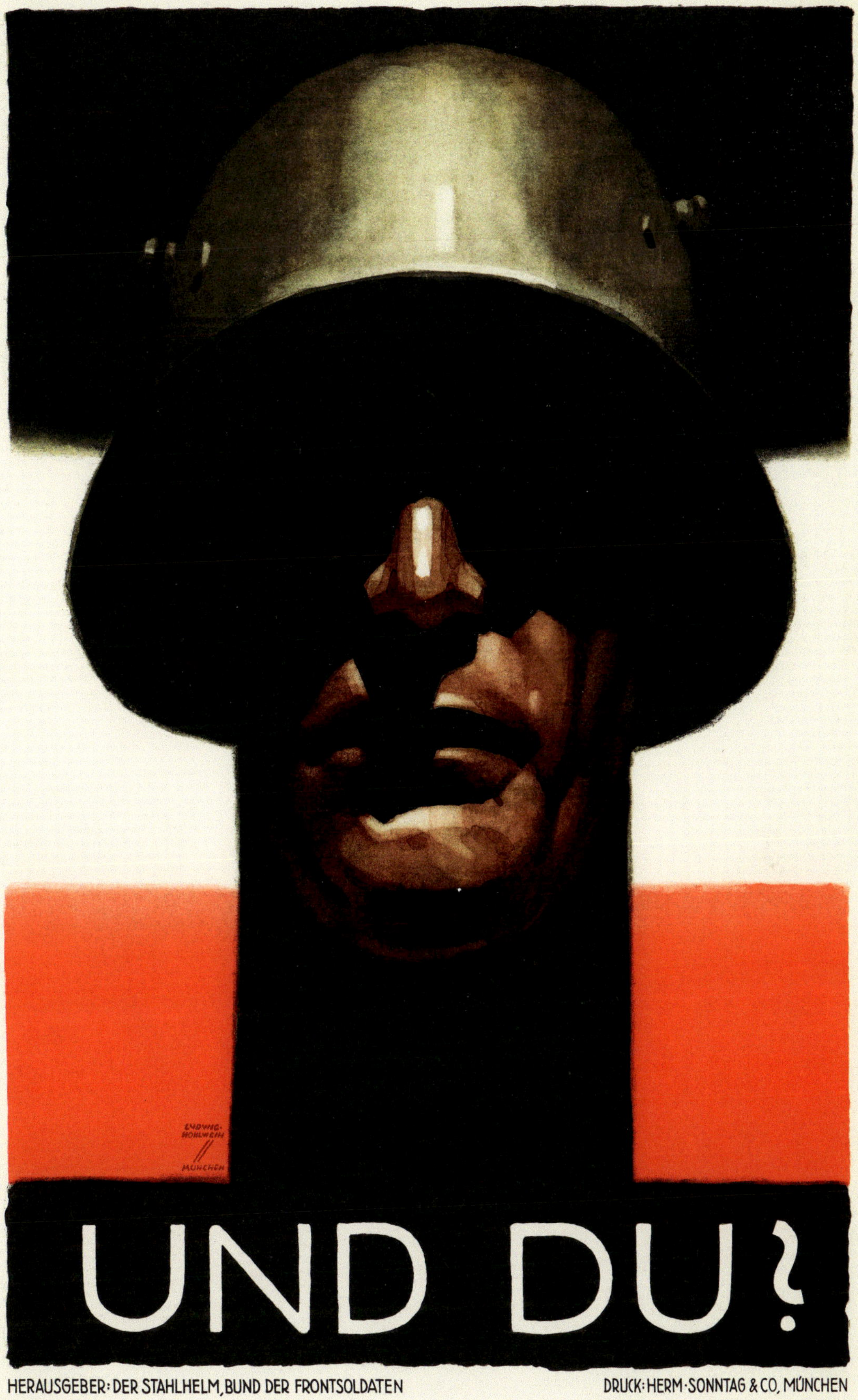

Ludwig Hohlwein (1874–1949)
Und Du? (Stahlhelm) *
Deutsches Reich, 1929
Farblithografie
118 × 83,2 cm
Deutsches Plakat Museum
im Museum Folkwang

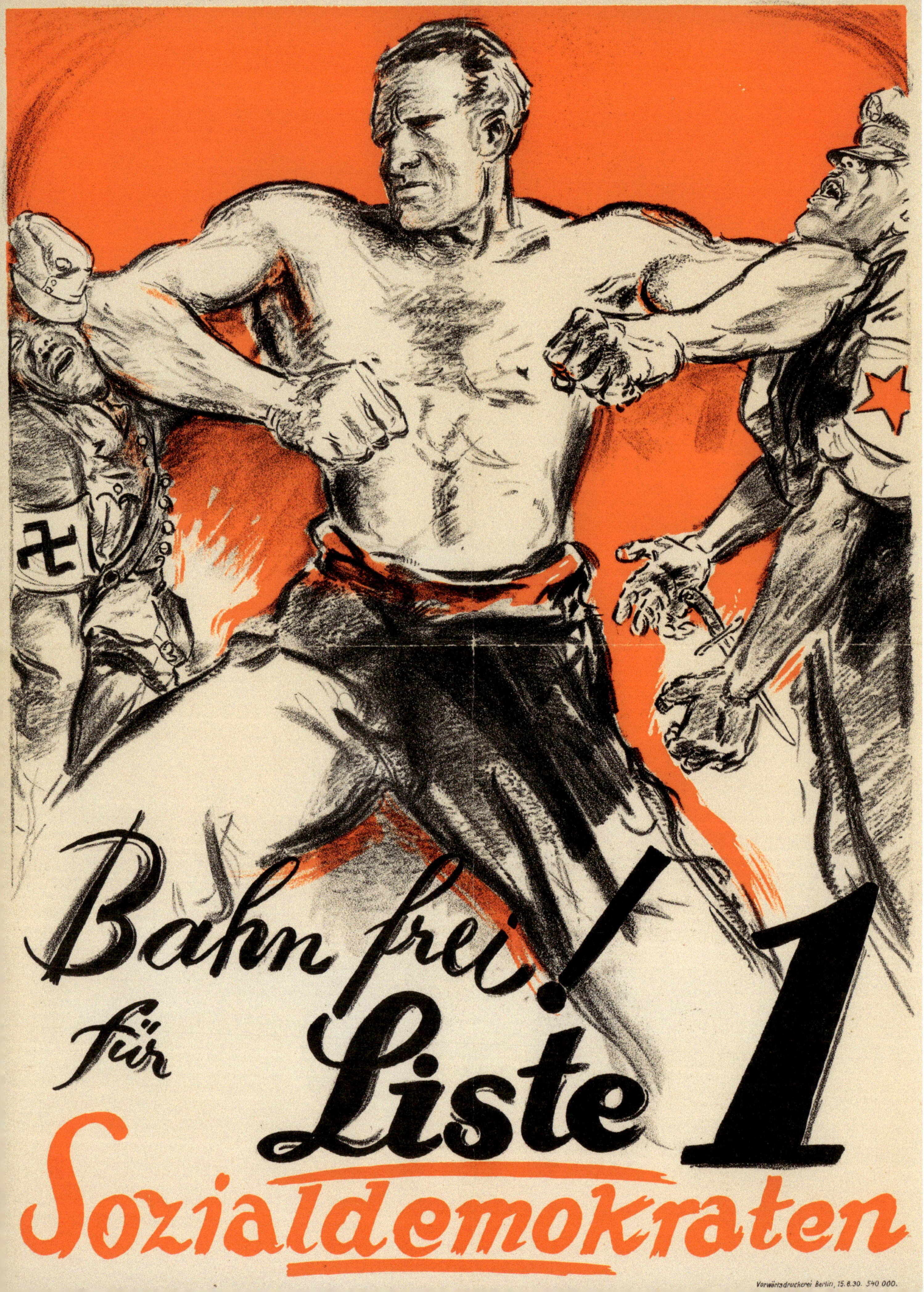

N. N.
Bahn frei! für Liste 1
Sozialdemokraten
Deutsches Reich, 1930
Farblithografie
42,3 × 30,1 cm
Plakatsammlung
Maximilian Karagöz

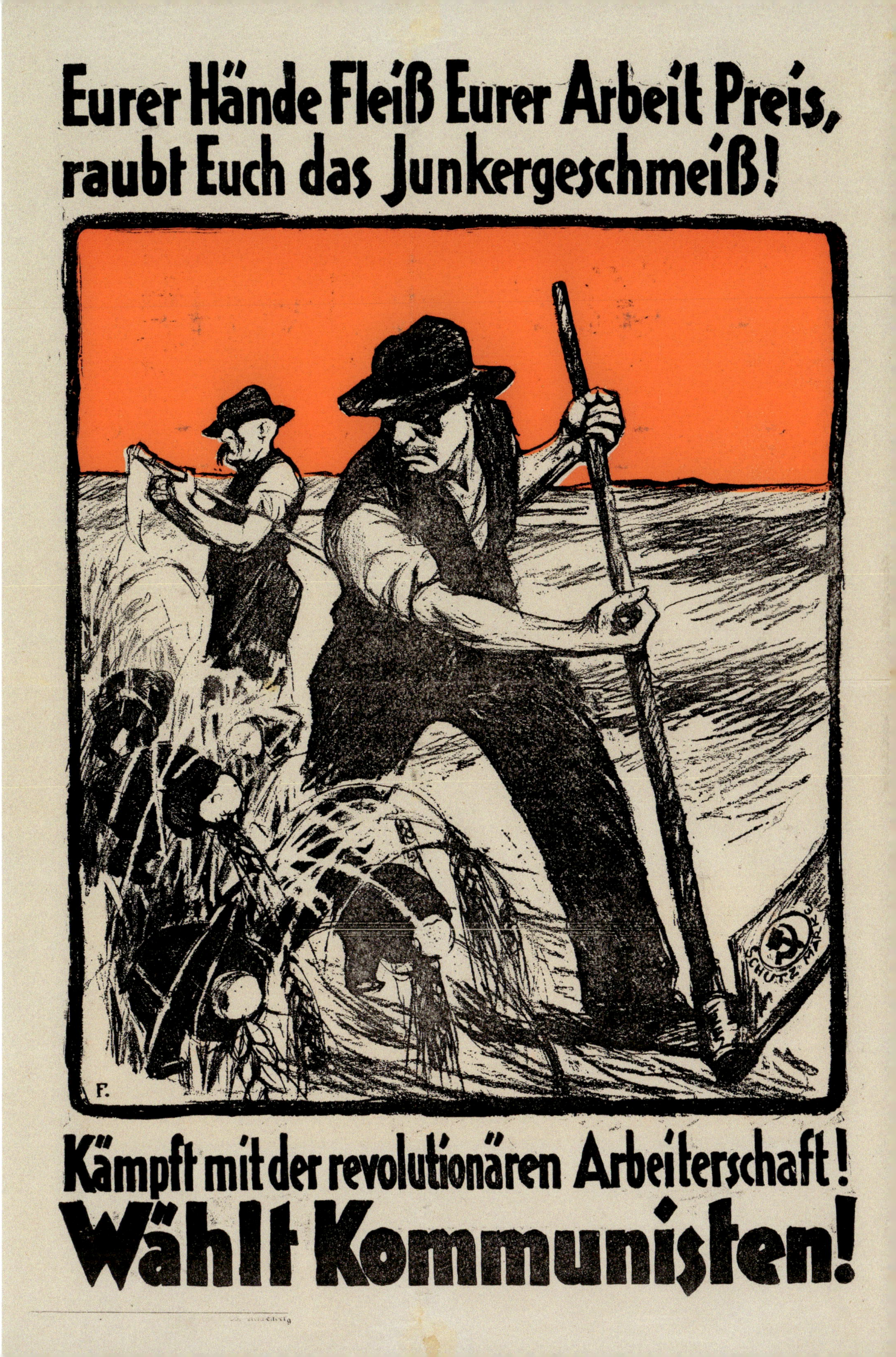

Monogramm F.
Eurer Hände Fleiß –
Eurer Arbeit Preis,
raubt Euch
das Junkergeschmeiß!
Wählt Kommunisten!
Deutsches Reich, 1931
Farblithografie
48,5 × 32 cm
Plakatsammlung
Maximilian Karagöz

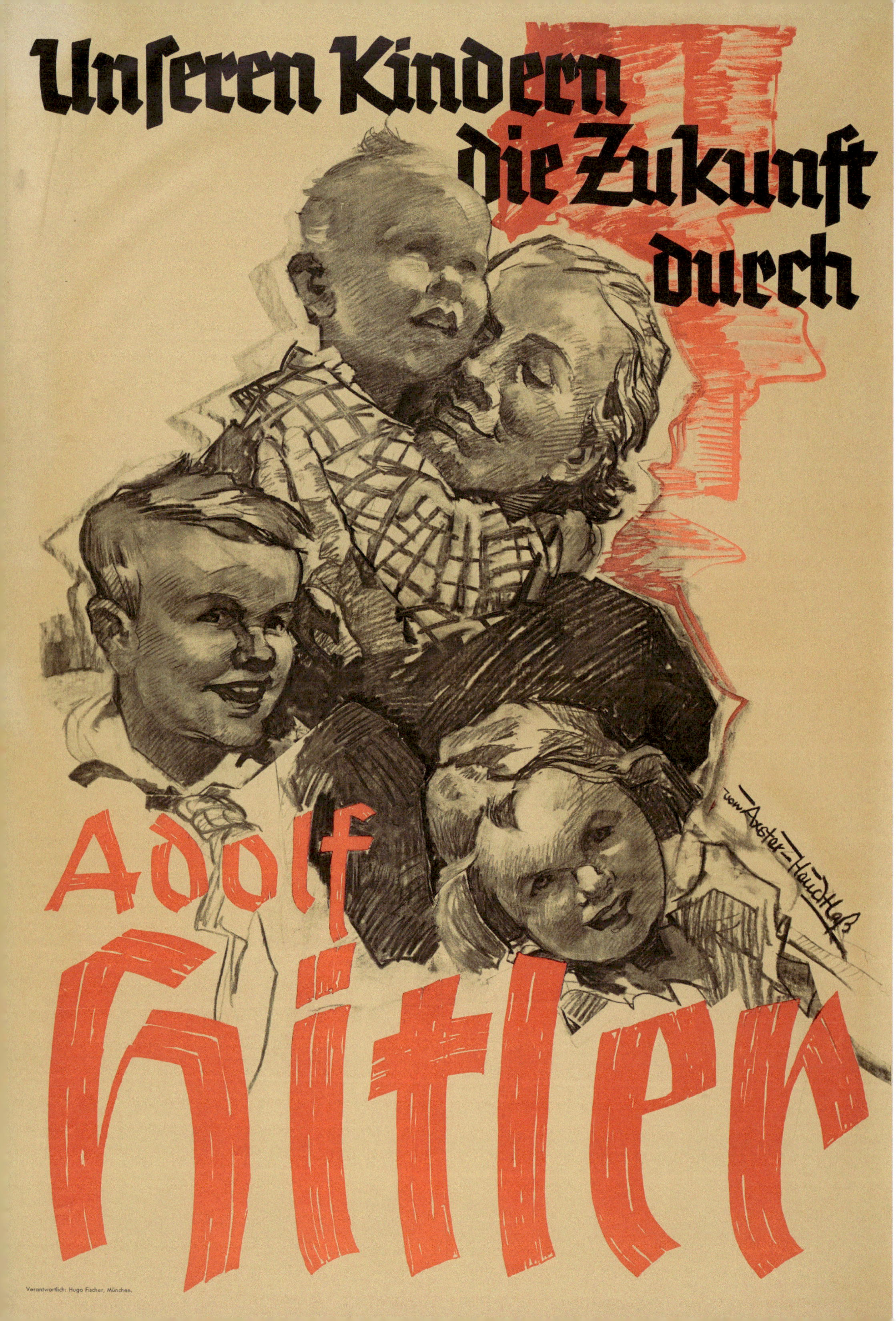

Werner von Axster-Heudtlaß
(1898–1949)
Unseren Kindern
die Zukunft
durch Adolf Hitler *
Deutsches Reich, 1932
Farblithografie
121 × 85,7 cm
Deutsches Plakat
Museum im
Museum Folkwang

Mjölnir
(Hans H. Schweitzer,
1901–1980)
Gegen Hunger und
Verzweiflung!
Wählt Hitler! *
Deutsches Reich, 1932
Lithografie
120 × 85 cm
Deutsches Plakat
Museum im
Museum Folkwang

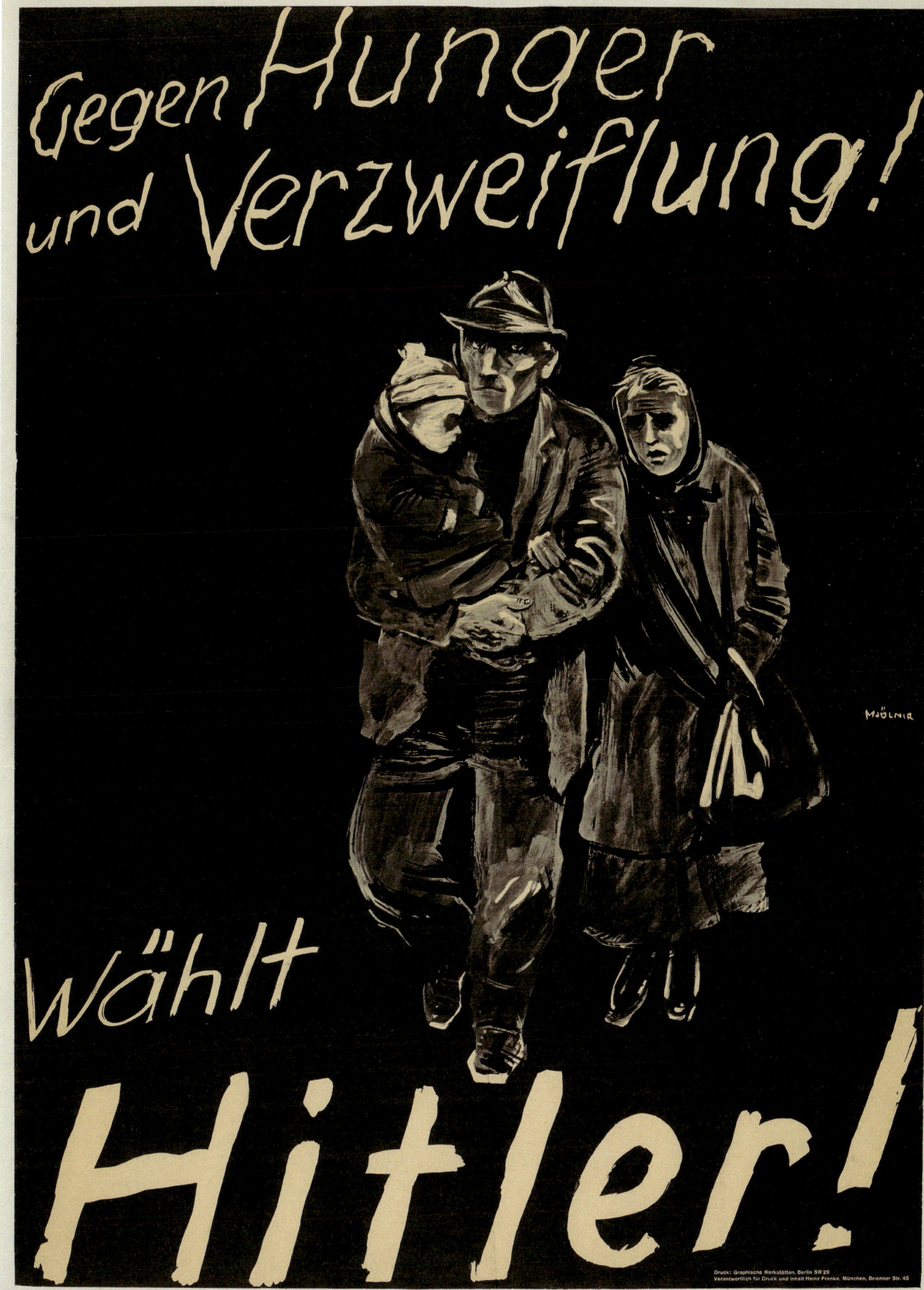
Gegen Hunger
und Verzweiflung!
MJÖLNIR
Wählt
Hitler!
Druck: Graphische Werkstätten, Berlin SW 29
Verantwortlich für Druck und Inhalt Heinz Franke, München, Brienner Str. 45

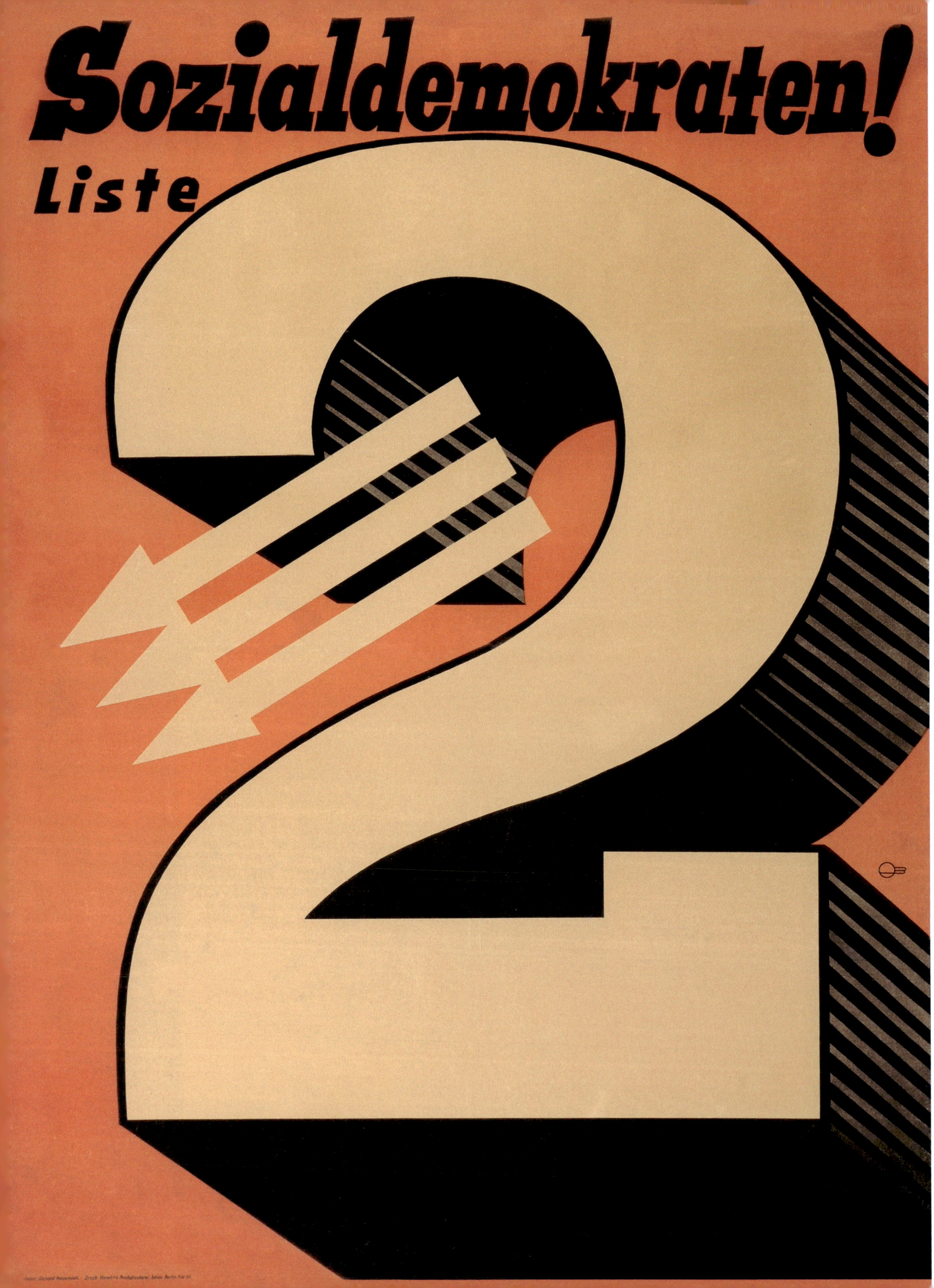

Monogramm
nicht eindeutig
(GB, OB, GM?)
Sozialdemokraten!
Liste 2 *
Deutsches Reich, 1932
Farblithografie
116,5 × 83,5 cm
Deutsches Plakat
Museum im
Museum Folkwang

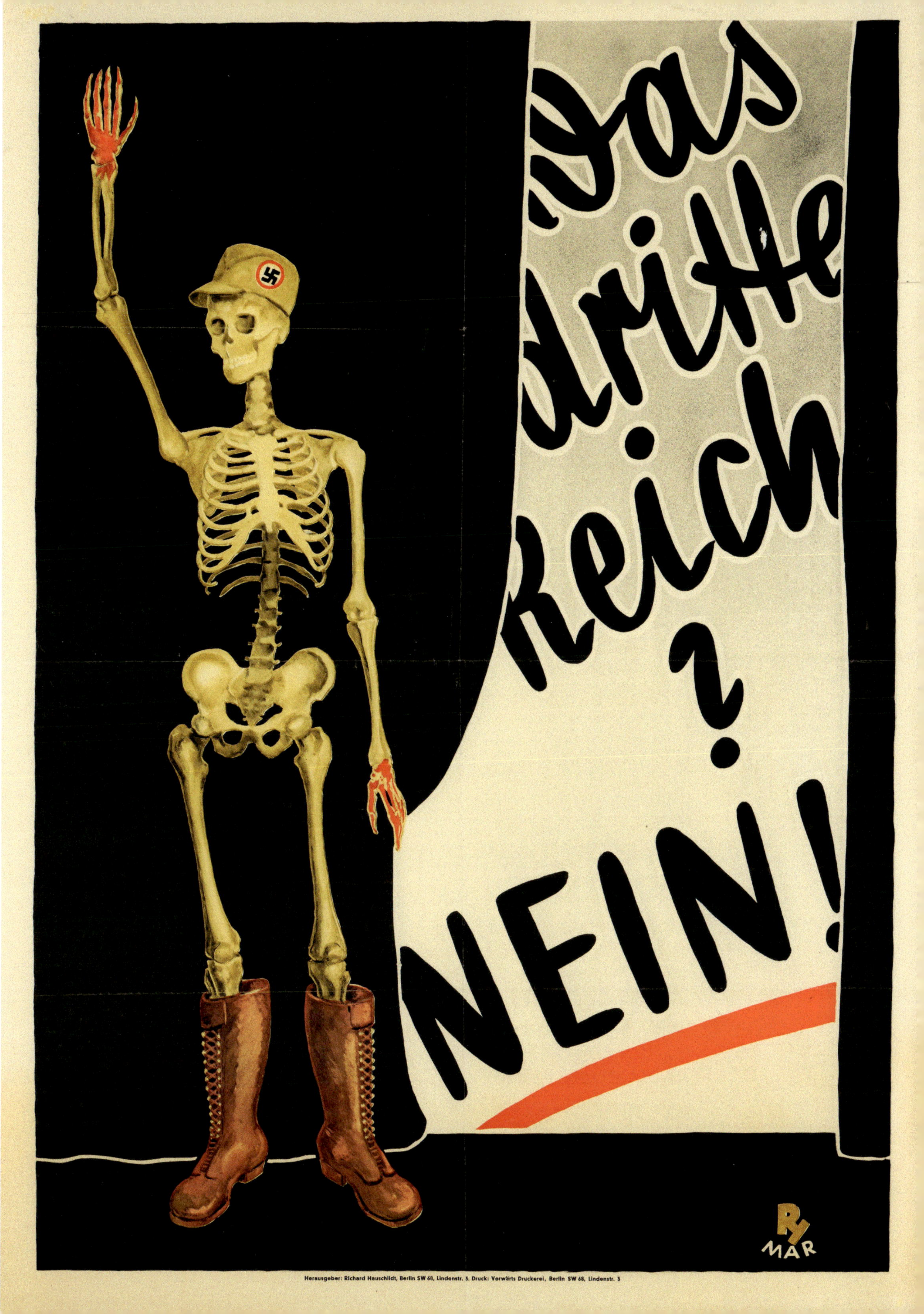

Monogramm Ry Mar
Das dritte Reich? Nein!
Deutsches Reich, 1932
Farblithografie
83,9 × 59,3 cm
Plakatsammlung
Maximilian Karagöz

Tag von Potsdam

Nach dem Brand des Reichstagsgebäudes am 27./28. Februar 1933 verlegte man den geplanten Staatsakt zur Eröffnung des Reichstags[1] am 21. März 1933 an einen preußisch-historisch bedeutenden Ort, in die Potsdamer Garnisonskirche. Der sogenannte »Tag von Potsdam« war als große Propagandashow angelegt. Die Feierlichkeiten wurden den ganzen Tag live im Radio übertragen und von Berichten in zahlreichen Zeitungen und Zeitschriften begleitet. Inszeniert wurden die Feierlichkeiten als Staffelübergabe, in jedem Fall sollten sie Kontinuität suggerieren und die Legitimation des neuen Regimes befördern. Die Reputation des 86-jährigen Reichspräsidenten Paul von Hindenburg spielte dabei eine wesentliche Rolle.

Der Münchner Fotograf Friedrich Franz Bauer, NSDAP-Mitglied seit 1922, hatte als einer der wichtigsten NS-Fotografen Zugang zu allen offiziellen Feierlichkeiten. Er montierte seine Aufnahmen für das Plakat. »Es zeigte ein Doppelportrait, auf dem sich der ›Gefreite‹ des Weltkrieges, der ›unbekannte Soldat‹ Hitler mit dem ›Marschall‹, dem ›Retter‹ Hindenburg, als väterlichem Mentor präsentierte. [...] Nunmehr, so die Botschaft des Plakates, stünden der kaiserliche Generalfeldmarschall und der in Hitler personifizierte, einfache Soldat des Weltkrieges einträchtig, fast freundschaftlich nebeneinander, um gemeinsam für Deutschlands Zukunft zu kämpfen. Deutlich wird anhand dieses Wahlplakates die Nutzung des im Ersten Weltkrieg entstandenen Hindenburg-Mythos durch die NS-Propaganda.«[2]

René Grohnert

1 Der Termin war gut gewählt, fand doch die erste Reichstagssitzung am 21. März 1871 statt. So sollte historische Kontinuität gezeigt werden. Der Staatsakt bezog sich auf die (unfreie) Reichstagswahl vom 5. März 1933. Die eigentliche Eröffnung des Reichstags fand am Nachmittag desselben Tages in der Berliner Kroll-Oper statt.

2 Jesko von Hoegen: *Der »Marschall« und der »Gefreite«. Visualisierung und Funktionalisierung des Hindenburg-Mythos im »Dritten Reich«*, in: kunsttexte.de, Berlin 2009, S. 1–16, hier: S. 1 (= Politische Ikonographie, 1/2009, Publikation der Humboldt-Universität).

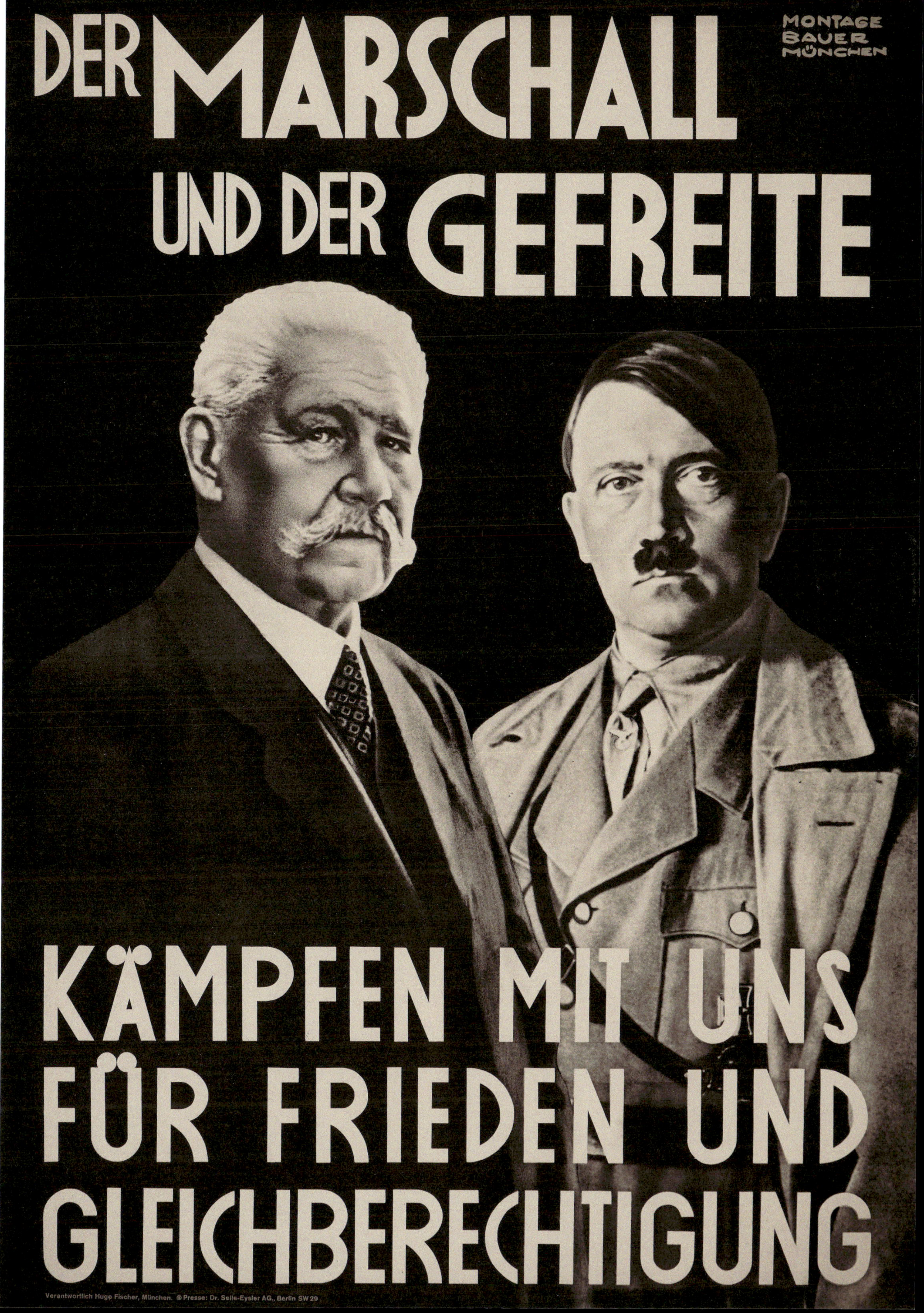

Friedrich Franz Bauer
(1903–1972)
Der Marschall und
der Gefreite kämpfen
mit uns für Frieden
und Gleichberechtigung
Deutsches Reich, 1933
Offsetdruck
83,7 × 59,3 cm
Plakatsammlung
Maximilian Karagöz

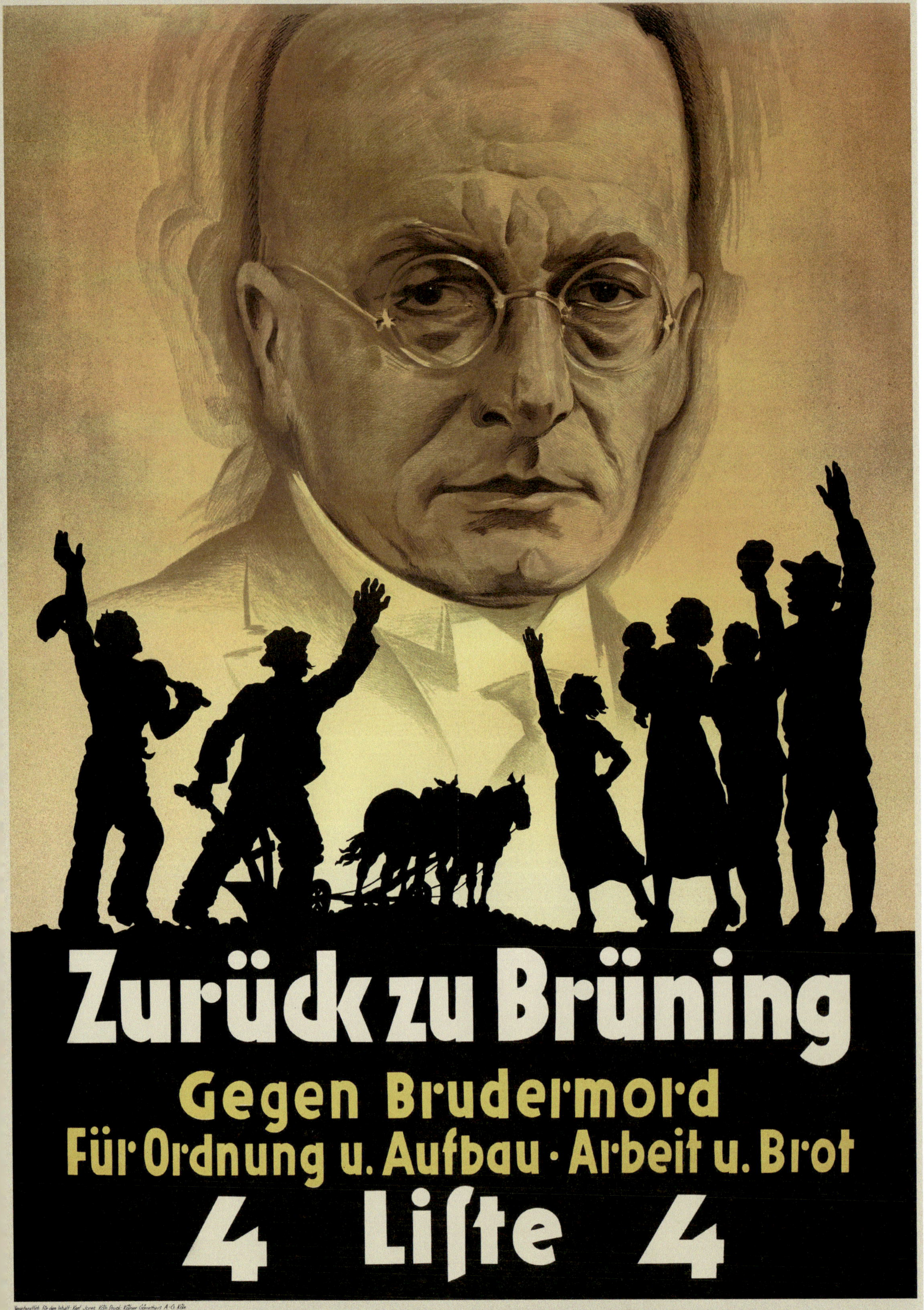

N. N.
Zurück zu Brüning.
Gegen Brudermord.
Für Ordnung u. Aufbau,
Arbeit u. Brot.
Liste 4 *
Deutsches Reich, 1933
Farblithografie
117 × 83 cm
Deutsches Plakat Museum
im Museum Folkwang

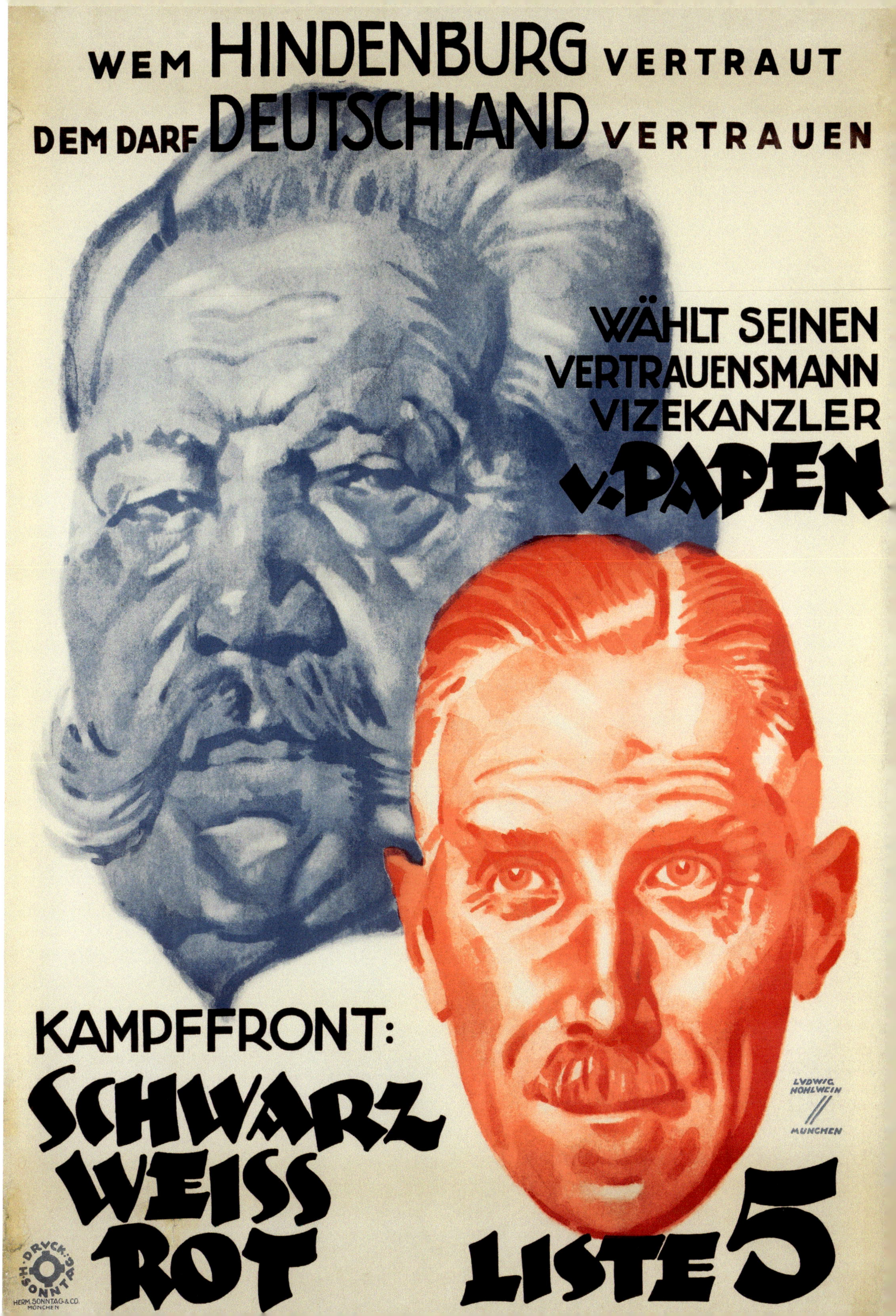

Ludwig Hohlwein (1874–1949)
Wem Hindenburg vertraut,
dem darf Deutschland vertrauen.
Wählt seinen Vertrauensmann
Vizekanzler v. Papen
Deutsches Reich, 1933
Farblithografie
119,5 × 84,2 cm
Plakatsammlung
Maximilian Karagöz

Frauen gestalten
Frühe politische Plakate

Petra Eisele

Gleichberechtigung und Gleichstellung stellen heute zu Recht zentrale Forderungen dar, die gesellschaftlich eingelöst werden müssen und eingelöst werden. Frauen machen sich und ihre Forderungen sichtbar, treten in die Öffentlichkeit und engagieren sich politisch. Auch Designerinnen und Künstlerinnen setzten und setzen ihre gestalterische Expertise für gesellschaftspolitische Themen ein, indem sie beispielsweise Plakate oder umfangreiche Plakatkampagnen gestalten, mit denen öffentliche Aufmerksamkeit auf politische Themen gelenkt wird.

Allerdings unterschied sich lange Zeit die Beteiligung von Frauen an der Gestaltung von Plakaten mit politischem Inhalt, zum einen bezogen auf die Inhalte, zum anderen bezogen auf die Anzahl der Frauen im Verhältnis zu ihren männlichen Kollegen. Werden einschlägige historische Plakatsammlungen und Kataloge durchforstet, sind nur wenige Plakatgestalterinnen verzeichnet.[1] Nur wenige Designerinnen sind überhaupt namentlich bekannt. Und diejenigen, die sich als Entwerferin einen Namen gemacht haben, waren (und sind auch heute oft noch) eher im unpolitischen werbegrafischen Bereich tätig, gestalteten Plakate im Rahmen von Markenerscheinungsbildern und/oder für den kulturellen Sektor, beispielsweise für Theater, Ausstellungen oder andere öffentliche Veranstaltungen.[2]

Entsprechend marginal erscheinen die gestalterischen Beiträge von Frauen zu politischen Themen. Die Gründe dafür sind vielfältig, lassen sich im Kern jedoch auf politische und gesellschaftliche Barrieren zurückführen, die bis heute Auswirkungen zeitigen. Politische Meinungsäußerungen von Frauen waren in Deutschland lange Zeit gesellschaftlich nicht erwünscht. Sich politisch zu engagieren, war Frauen im 19. Jahrhundert zunächst sogar juristisch untersagt. Doch auch noch nach Einführung des Wahlrechts wurde Frauen politisches Engagement aufgrund patriarchaler Wertvorstellungen, die Politik als »Männersache« verstanden und die Rolle von Frauen auf Ehe, Mutterschaft und Haushalt beschränkten, gesellschaftlich abgesprochen – eine Entwicklung, die bis in unsere Tage nachwirkt.[3] Schließlich werden Frauen, die in der Politik eine hohe Sichtbarkeit erlangen, auch heute noch häufig aufgrund ihres Geschlechts diskreditiert.[4]

Die Geschichte der Emanzipationsbewegung zeigt, wie langsam und mühevoll sich die Befreiung aus derart verfestigten Rollenerwartungen und Vorurteilen darstellt. Sie verdeutlicht einzelne Höhepunkte, aber auch, dass konservative Widerstände immer wieder politische Rückschritte bedingen, wobei gesellschaftliche Gleichberechtigung und politisches Engagement zwischen 1949 und 1989 in den beiden deutschen Staaten unterschiedlich gelebt und erlebt wurden.[5]

Entsprechend gilt es zu bedenken, dass es für Gestalterinnen nicht immer einfach war, politisch Position zu beziehen. Sie hatten gegen erhebliche gesellschaftliche Vorurteile zu kämpfen. Umso bedeutender erscheint es, dass bereits unter den frühen Plakaten politisch starke Meinungsäußerungen von Frauen zu finden sind.

Die Künstlerin Julie Wolfthorn, die ab 1890 Malerei und Grafik zunächst in Berlin und dann in Paris studiert hatte und bestens in der Kunstszene vernetzt war, gestaltete nicht nur Titelblätter für die Zeitschrift *Jugend*, sondern gründete zusammen mit anderen Künstlerinnen und Künstlern auch die genossenschaftliche Organisation Deutsche Placatausstellung G.m.b.H. Als Plakatkünstlerin war sie für die Berliner Lithografische Anstalt Hollerbaum & Schmidt tätig und gewann zahlreiche Preise bei Plakatwettbewerben. Bereits kurz nach der Jahrhundertwende entwarf sie ein Plakat für die sozialdemokratische Zeitschrift *Vorwärts*, auf dem ein junger Mann mit nacktem Oberkörper sein Boot mit dem vom Wind aufgeblähten roten Segel kraftvoll und selbstbewusst in die Zukunft steuert (Abb. S. 74).

Käthe Kollwitz arbeitete mit dem Medium Plakat aus politischer Überzeugung. Die Künstlerin, die in Berlin und München studiert hatte und mit ihrem Mann, der Arzt war, in einem Proletarierviertel lebte, konzipierte aus ihrer persönlichen politischen Überzeugung heraus aufrüttelnde Solidaritätsplakate, so beispielsweise ihr Plakat zur *Deutschen Heimarbeit-Ausstellung*, das sie 1906 für eine Präsentation der Berliner Gesellschaft für Soziale Reform in der Alten Akademie, Unter den Linden, entwarf (Abb. S. 75).[6] Indem Kollwitz eine abgekämpfte und ausgemergelte Heimarbeiterin zeigte, prangerte sie die sozialen Missstände eindrucksvoll an. Dieses Plakat wurde damals als Provokation aufgefasst, gerade weil es die Arbeitsbedingungen der Heimarbeiterinnen ungeschönt darstellte und sich damit den zeitgenössischen bürgerlichen Genderstereotypen entgegenstellte. Wie sehr es provozierte, verdeutlicht die Reaktion der Kaiserin: Sie weigerte sich, die Ausstellung zu besuchen, solange das Plakat öffentlich aushing. Entsprechend wurde es auf allen Litfaßsäulen überklebt.

Ilse Schütze-Schur war bereits für zahlreiche Plakate ausgezeichnet worden und in bedeutenden Plakatausstellungen vertreten. Auch sie engagierte sich zunehmend für sozialdemokratische Themen und die Frauenbewegung. Aus dieser Perspektive ist wohl auch ihr Plakat für den »Verein zum Schutz der Kinder vor Ausnutzung und Misshandlung« um 1912 entstanden (Abb. S. 76).

Der Erste Weltkrieg veränderte das Leben aller, auch der Frauen. Oft wurden sie Alleinernährerin und mussten die Arbeitsplätze der Männer übernehmen: in Ämtern und Büros, im Transportwesen und Verkehr, in den Fabriken und in der Rüstungsindustrie, bei der Nahrungsversorgung, aber auch in der Kommunikation und in Druckereien, da die Setzer und Drucker entweder zum Kriegsdienst oder zum »vaterländischen Hilfsdienst« eingezogen worden waren. Ab 1916 wurden Frauen durch das Hilfsdienstgesetz zum nationalen Arbeitsdienst verpflichtet.

Aber es fanden während des Krieges immer noch Plakatwettbewerbe statt, an denen sich Frauen erfolgreich beteiligten. Auch der Auf- beziehungsweise Ausbau einer professionellen Karriere war möglich. Mit Kriegsbeginn wurde die Reduktion der Motive bis ins Zeichenhafte, wie sie für die Plakat- und Reklamegestaltung vor dem Krieg typisch gewesen war, fast ausnahmslos zugunsten pathetischer Illustrationen aufgegeben. Spendenaufrufe und Kriegspropaganda, die beispielsweise in Form von Postkarten die Siegesstimmung aufrechterhalten sollten, gehörten nun zu den wichtigsten Aufgaben der Gebrauchsgrafikerinnen und -grafiker.

Die gebrauchsgrafischen Arbeiten von Frauen dokumentieren den Kriegsverlauf nicht nur aus weiblicher Perspektive. Sie machen auch die unterschiedlichen politischen Lager deutlich: Ab 1915 veröffentlichte die Frankfurterin Lina von Schauroth patriotische Arbeiten, mit denen sie die zahlreichen Spendenaufrufe unterstützte. Auf ihren Plakaten forderte sie »Liebesgaben« für die Kriegsfürsorge, wobei sich besonders das Plakat *Liebesgaben-Donnerstag* (1915, Abb. S. 77) durch eine hohe Abstraktionsfähigkeit auszeichnet. Vor einem grasgrünen monochromen Hintergrund ist die Ausstattung für Männer an der Front arrangiert: Zigaretten, Pfeife, Taschenlampe, Portemonnaie und Hosenträger. In der gegenläufigen Diagonale verweisen die Spendenkiste der Kriegsfürsorge und das Signet des Roten Kreuzes auf die Botschaft des Plakats, für die Soldaten Geld zu spenden. Käthe Spaniers Plakat *Krieg und Küche*, das Frauen im Namen des Nationalen Frauendienstes dazu aufrief, Kochen und Ernährung an die Kriegsumstände anzupassen, zeigt, wie drastisch sich die Lage 1916 verschlechterte. Ab dem Sommer wurde die Situation noch ernster, 1916/17 erreichte die Versorgungskrise im sogenannten Steckrübenwinter einen ersten Höhepunkt. 1918 wurden Frauen und Mädchen auf einem Plakat von Julie Boje (Abb. S. 78) sogar dazu aufgerufen, ihr Haar zu spenden, um Treibriemen, Filzplatten und Dichtungen für die deutsche Kriegsindustrie herstellen zu können. Am 11. November 1918 endete der Erste Weltkrieg mit der militärischen Niederlage Deutschlands und seines Bündnispartners Österreich-Ungarn. Rund 65 Millionen Soldaten waren insgesamt eingesetzt worden, 9 Millionen von ihnen starben.

Am Ende des Ersten Weltkriegs entstanden verstärkt (partei-)politische Plakate, Flugblätter und Flugschriften als wichtige Propagandamittel, die zum Umsturz aufriefen beziehungsweise sich diesem entgegenstellten. Sie reagierten auf die militärisch zunehmend aussichtslose Situation, aber auch auf den Hunger und die existenzielle Not als Folge des über vier Jahre andauernden Krieges.

Nachdem in Berlin die Republik ausgerufen worden war und der Kaiser abgedankt hatte, legte die Reichsregierung zusammen mit dem Reichsrätekongress der Arbeiter- und Soldatenräte die Wahl zur Nationalversammlung auf den 19. Januar 1919 fest, bei der Frauen erstmals wählen durften und auch selbst gewählt werden konnten. Besonders wichtig war es dementsprechend, Informationen zur Wahl zu verbreiten, die für die Frauen ja die erste in ihrer Geschichte überhaupt war. Wahlplakate (zum überwiegenden Teil gestaltet von Männern) riefen Frauen zur Wahlbeteiligung auf und nahmen gerade ihre Lebensbedingungen in den Blick, um sie zum Urnengang zu motivieren. Insofern traf das Flugblatt von Martha Jäger zum Frauenstimmrecht mit der Devise *Eure Kinder brauchen Frieden und Brot* (Abb. S. 79) sicherlich den Nerv der weiblichen Erstwählerinnen.

Allerdings blieben die Zeiten weiterhin unruhig und unsicher: So wurde der Wahlkampf durch weitere Aufstände begleitet. Zudem waren bis Ende 1918 über 800 000 Deutsche in Kriegsgefangenschaft, für deren Freilassung und gesellschaftliche Integration sich der im Dezember 1918 gegründete Volksbund zum Schutze der deutschen Kriegs- und Zivilgefangenen einsetzte. Für ihn schuf Käthe Kollwitz die eindringliche Zeichnung eines Mannes, der die Gitterstäbe seines Gefängnisses umgreift (Abb. S. 80). Den Text des Plakats ergänzte Elisabeth Asch, deren Verlobter sich in französischer Gefangenschaft befand.[7] Vier Jahre nach Beendigung des Ersten Weltkriegs, als politische Propaganda in einer Flut von Plakaten einen Höhepunkt erreichte, bekannte sich Käthe Kollwitz zum politischen Plakat: »In solchen Augenblicken, wenn ich mich mitarbeiten weiß in einer internationalen Gemeinschaft gegen den Krieg, hab ich ein warmes, durchströmendes und befriedigendes Gefühl. Freilich, reine Kunst in dem Sinne wie z. B. die Schmidt-Rottluffs ist meine nicht. Aber Kunst doch. Jeder arbeitet, wie er kann. Ich bin einverstanden damit, dass meine Kunst Zwecke hat. Ich will wirken in dieser Zeit, in der die Menschen so ratlos und hilfsbedürftig sind.«[8]

1 Zwei bedeutende staatliche Sammlungen in Deutschland haben sich in jüngster Zeit um die kritische Aufarbeitung weiblicher Plakatgestalterinnen verdient gemacht: die Kunstbibliothek, Staatliche Museen zu Berlin, mit ihren Kollektionen »Frühe Plakate, gestaltet von Frauen, 1894–1914« sowie »Verklärt, begehrt, vergessen. Frauen in der frühen Plakatgestaltung« in der Deutschen Digitalen Bibliothek. Das Museum für Kunst und Gewerbe Hamburg zeigte 2023 die Ausstellung *THE F*WORD. Guerrilla Girls und feministisches Grafikdesign*, in der die Sammlung »Grafik und Plakat« die eigene historische Plakatsammlung genderkritisch reflektierte und kontextualisierte.

2 Die jährlich stattfindende Ausstellung *100 Beste Plakate* veranschaulicht diesen hohen Anteil der Plakatgestaltung für den kulturellen Sektor. Sie verdeutlicht aber auch, dass Plakatgestalterinnen heute noch auch im kulturellen Sektor stark unterrepräsentiert sind. Vgl. »Verzeichnis der Gestalter:innen A–Z«, in: Hermann Büchner (Hrsg.): *100 beste Plakate 23*, Karlsruhe 2024, S. 252–256.

3 Es gab konkrete gesetzliche Verbote: So war Frauen durch das Preußische Vereinsgesetz (1850) die Mitgliedschaft in politischen Vereinen verboten. Sie durften nicht an politischen Versammlungen teilnehmen oder eine politische Gruppe bilden. Mit dem »Reichsvereinsgesetz« wurde Frauen 1908 eine politische Betätigung in Vereinen erlaubt. Bis zur Einführung des aktiven und passiven Wahlrechts 1918 hatten Frauen keine politische Repräsentation.

4 Auch heute noch ist es schwierig, sich als Politikerin durchzusetzen: Obwohl Frauen etwa die Hälfte der Bevölkerung ausmachen, beträgt die Frauenquote aktuell im Deutschen Bundestag 32,4, der Frauenanteil im Hessischen Landesparlament 30,8 Prozent. Vgl. Philipp Henrich: Frauenanteil im Deutschen Bundestag nach Wahlperiode bis 2025, https://de.statista.com/statistik/daten/studie/741896/umfrage/frauenanteil-im-deutschen-bundestag-nach-wahlperiode/ (letzter Zugriff: 10. Oktober 2025), sowie Philipp Henrich: Frauenanteil in den Landesparlamenten der Bundesländer in Deutschland 2025, https://de.statista.com/statistik/daten/studie/741909/umfrage/frauenanteil-in-den-landesparlamenten-in-deutschland/ (letzter Zugriff: 10. Oktober 2025).

5 Vgl. Angelika Schaser/Uwe Puschner (Hrsg.): *Frauenbewegung in Deutschland 1848–1933*, Freiburg i. Br. 2020, sowie Alexandria N. Ruble: *Entangled Emancipation: Women's Rights in Cold War Germany*, Toronto 2023.

6 *Kollwitz*, Ausst.-Kat. Städel Museum Frankfurt am Main, hrsg. von Regina Freyberger, Berlin 2024, S. 206.

7 *Kollwitz*, Ausst.-Kat. Städel Museum Frankfurt am Main, hrsg. von Regina Freyberger, Berlin 2024, S. 208.

8 Käthe Kollwitz: »Bekenntnisse«, zit. nach Ruth Malhotra: *Politische Plakate 1914–1945*, Hamburg 1988, S. 6.

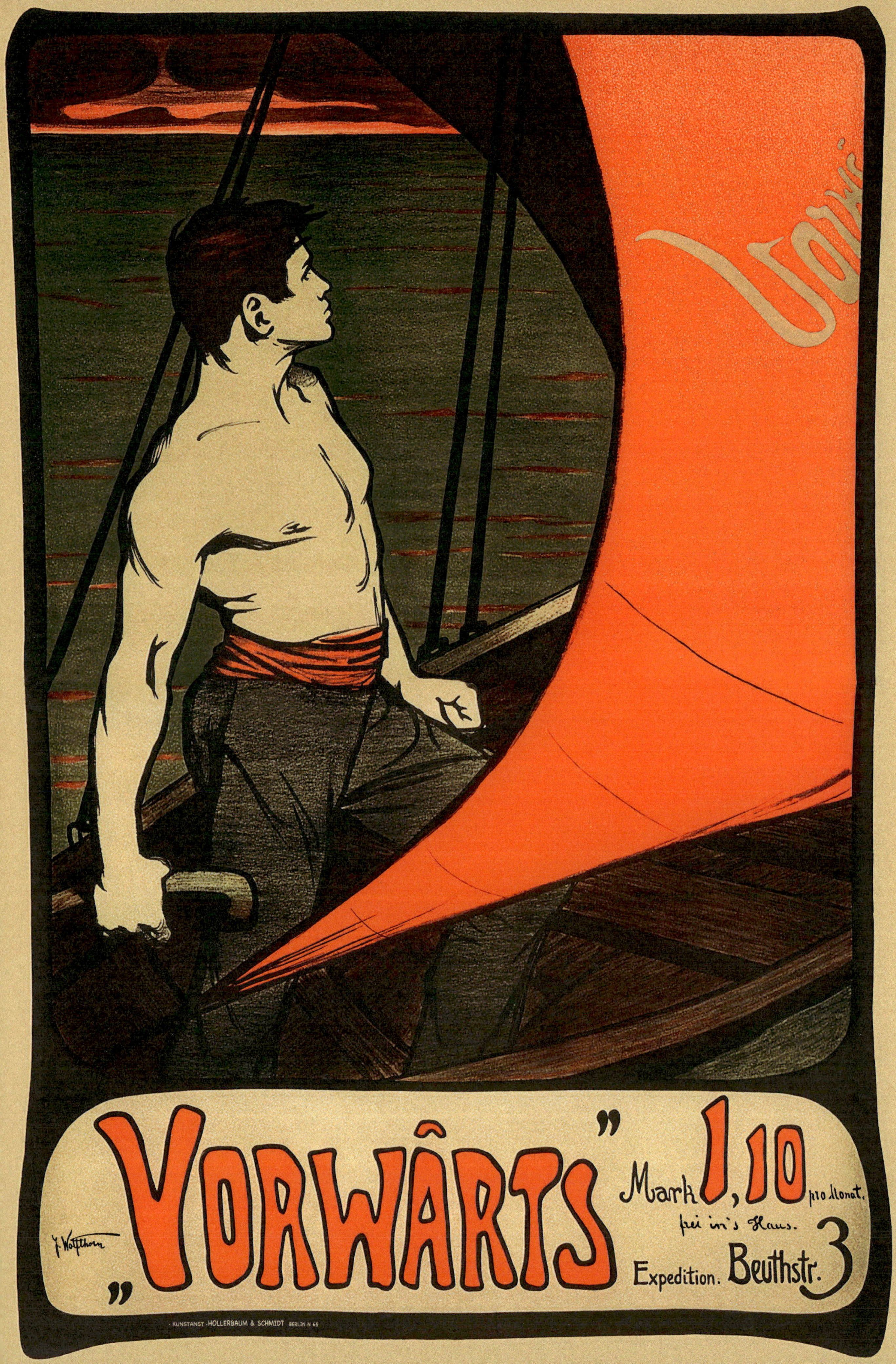

Julie Wolfthorn (1864–1944)

Vorwärts *

Deutsches Reich, 1901

Farblithografie

136 × 92,2 cm

Privatbesitz

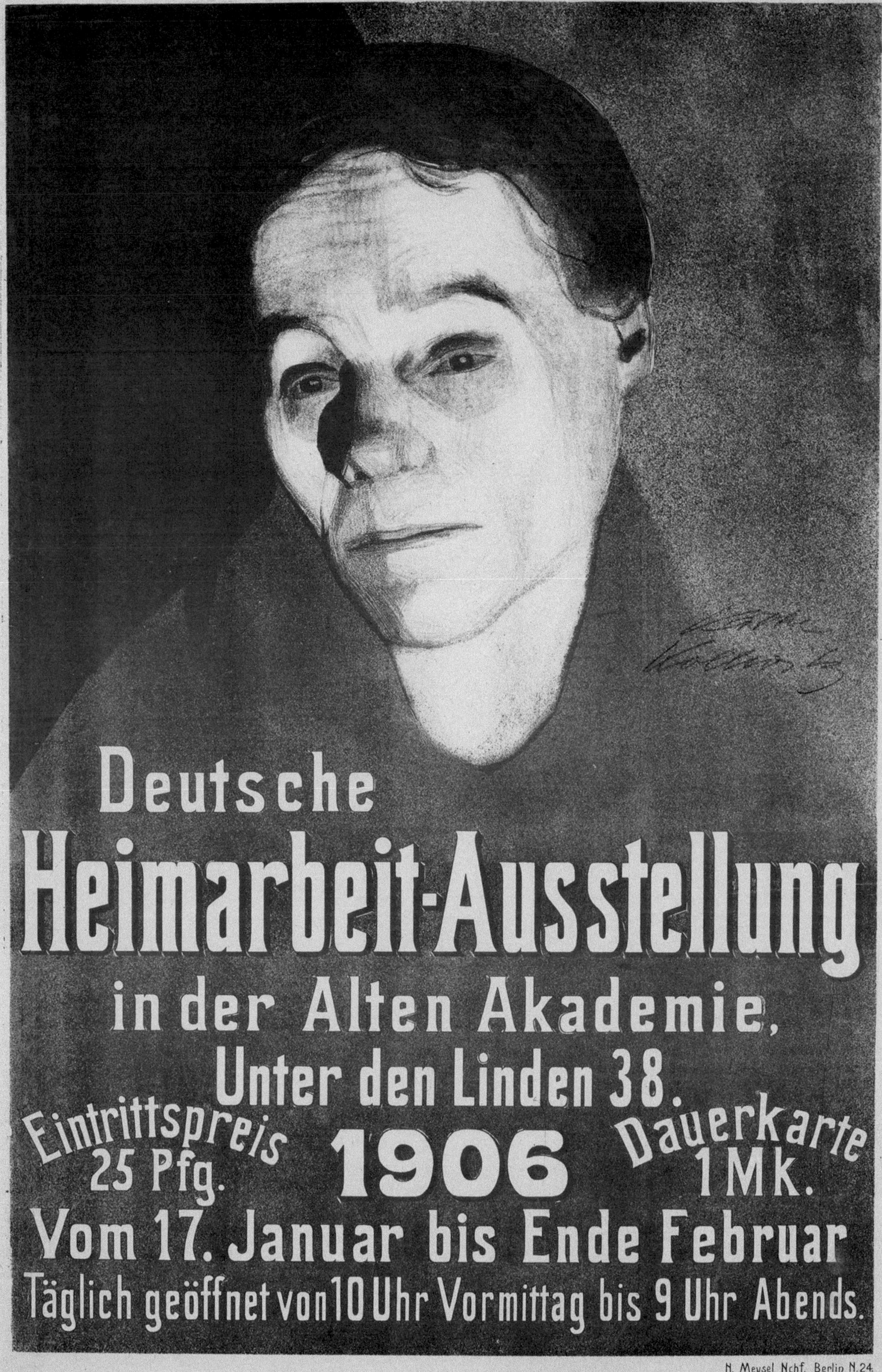

Käthe Kollwitz (1867–1945)
Deutsche Heimarbeit-Ausstellung *
1906
Kreide- und Pinsellithografie
mit Spritztechnik und Schabeisen
69,2 × 44,7 cm
Kollwitz Museum Köln

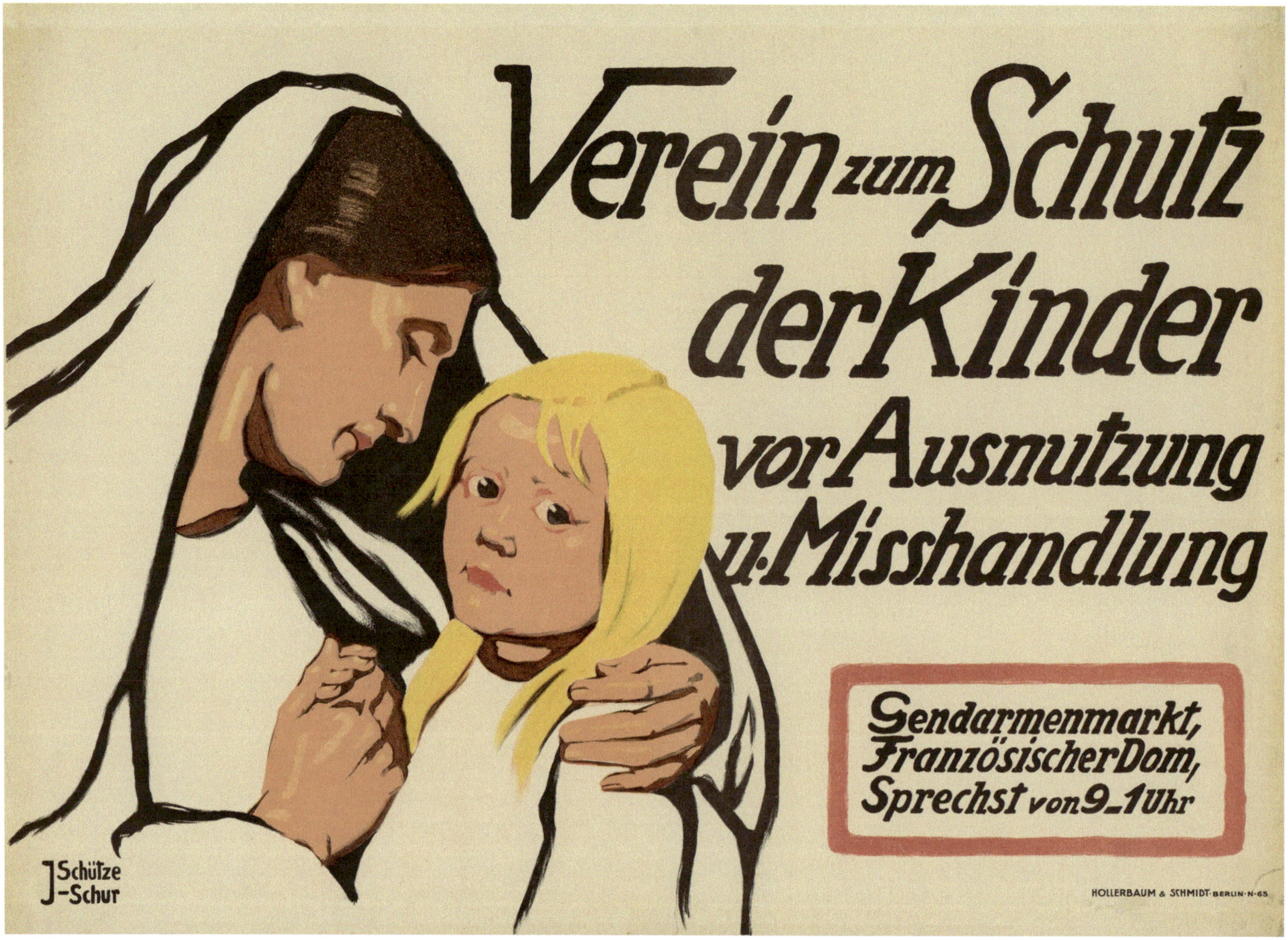

Ilse Schütze-Schur (1868–1923)

Verein zum Schutz der Kinder

vor Ausnutzung und Misshandlung *

um 1912

Lithografie

69,9 × 95 cm

Kunstbibliothek, Staatliche Museen zu Berlin

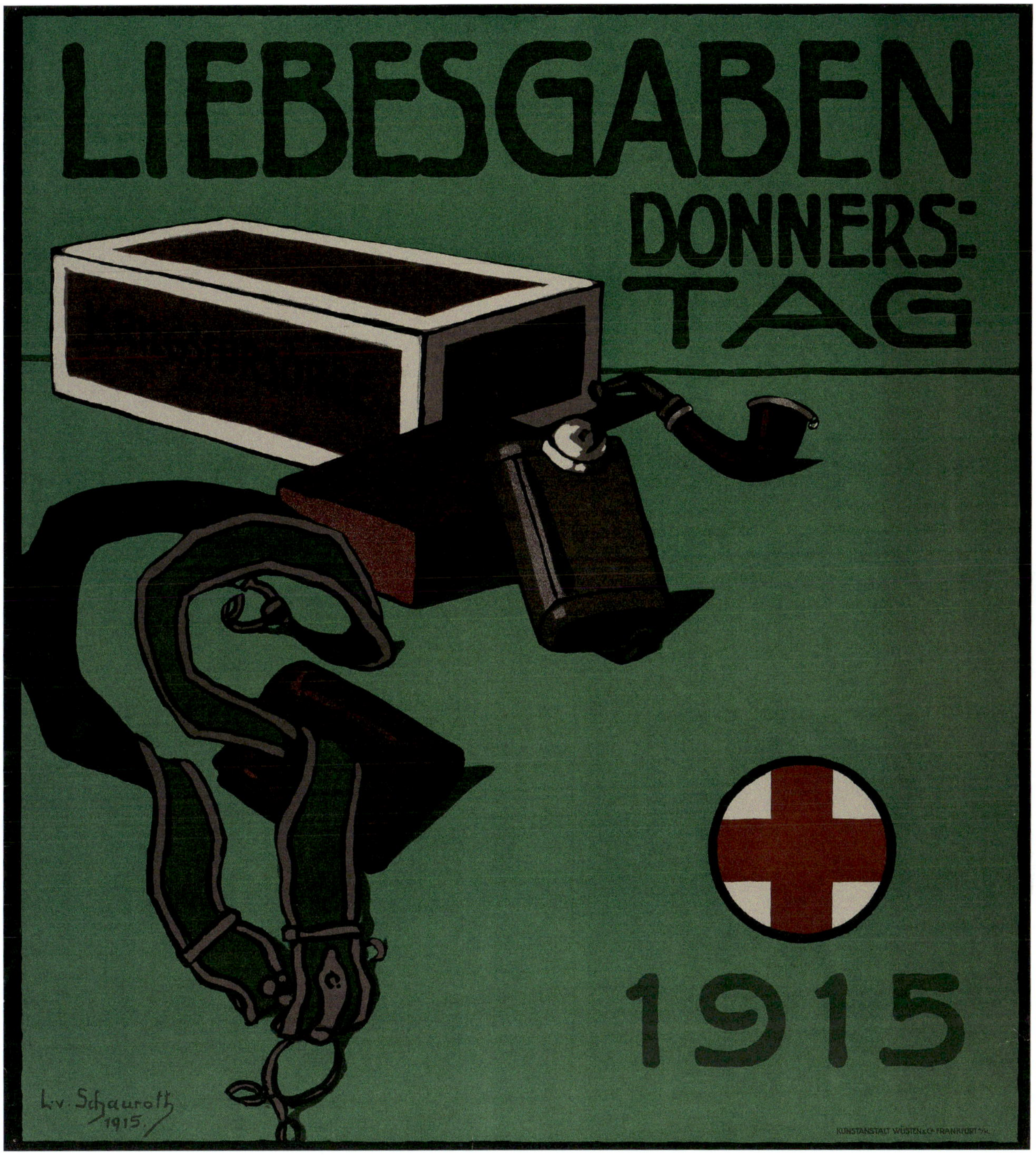

Lina von Schauroth (1874–1970)

Liebesgaben-Donnerstag

Kriegsfürsorge *

Deutsches Reich, 1915

Farblithografie

63,5 × 56 cm

Münchner Stadtmuseum, Sammlung Reklamekunst

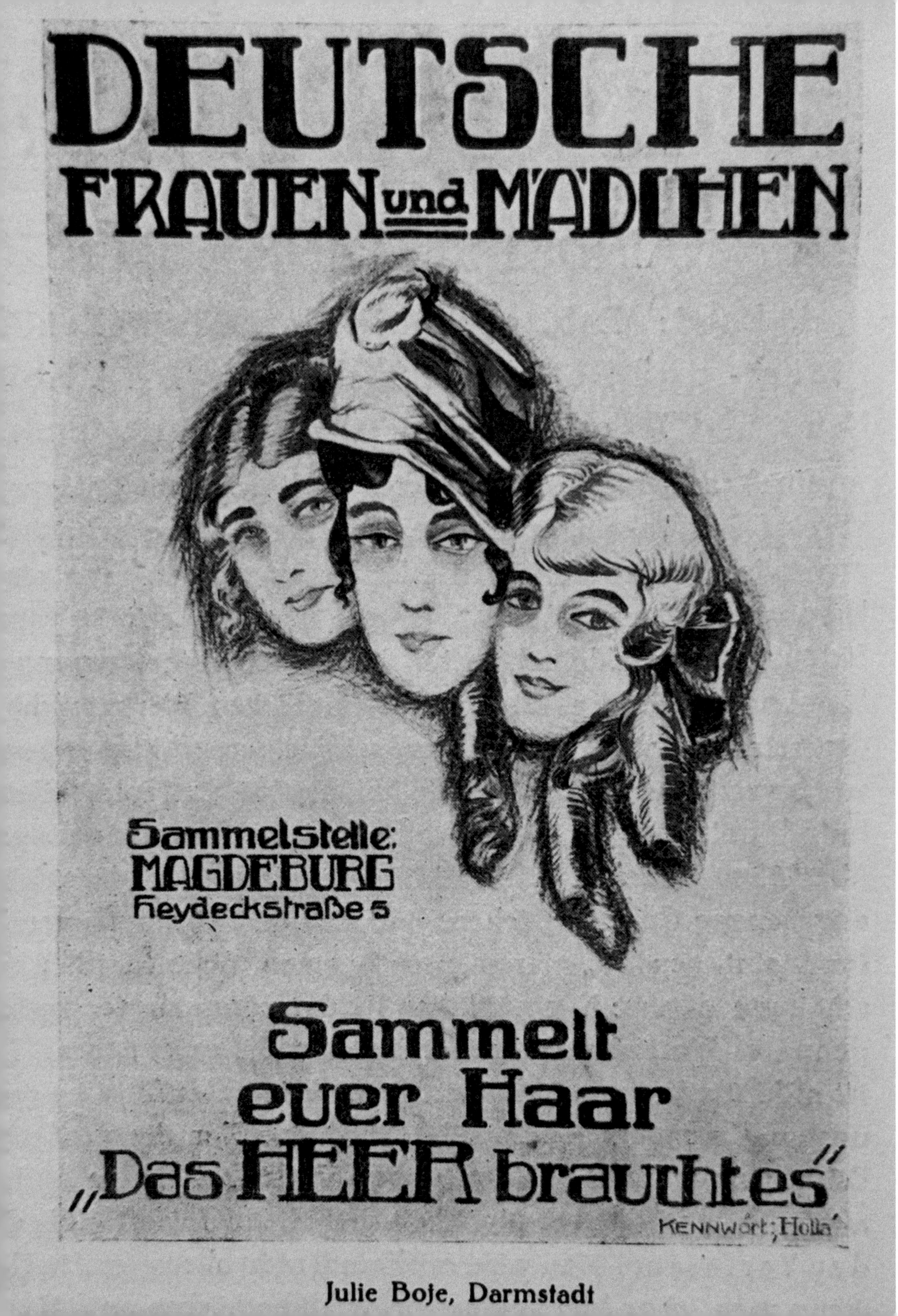

Julie Boje
(Lebensdaten unbekannt)
Spendenaufruf
»Deutsche Frauen
und Mädchen.
Sammelt euer Haar.
Das Heer braucht es« *
Deutsches Reich,
Magdeburg, 1918
(vermutlich Entwurf für
einen Wettbewerb)

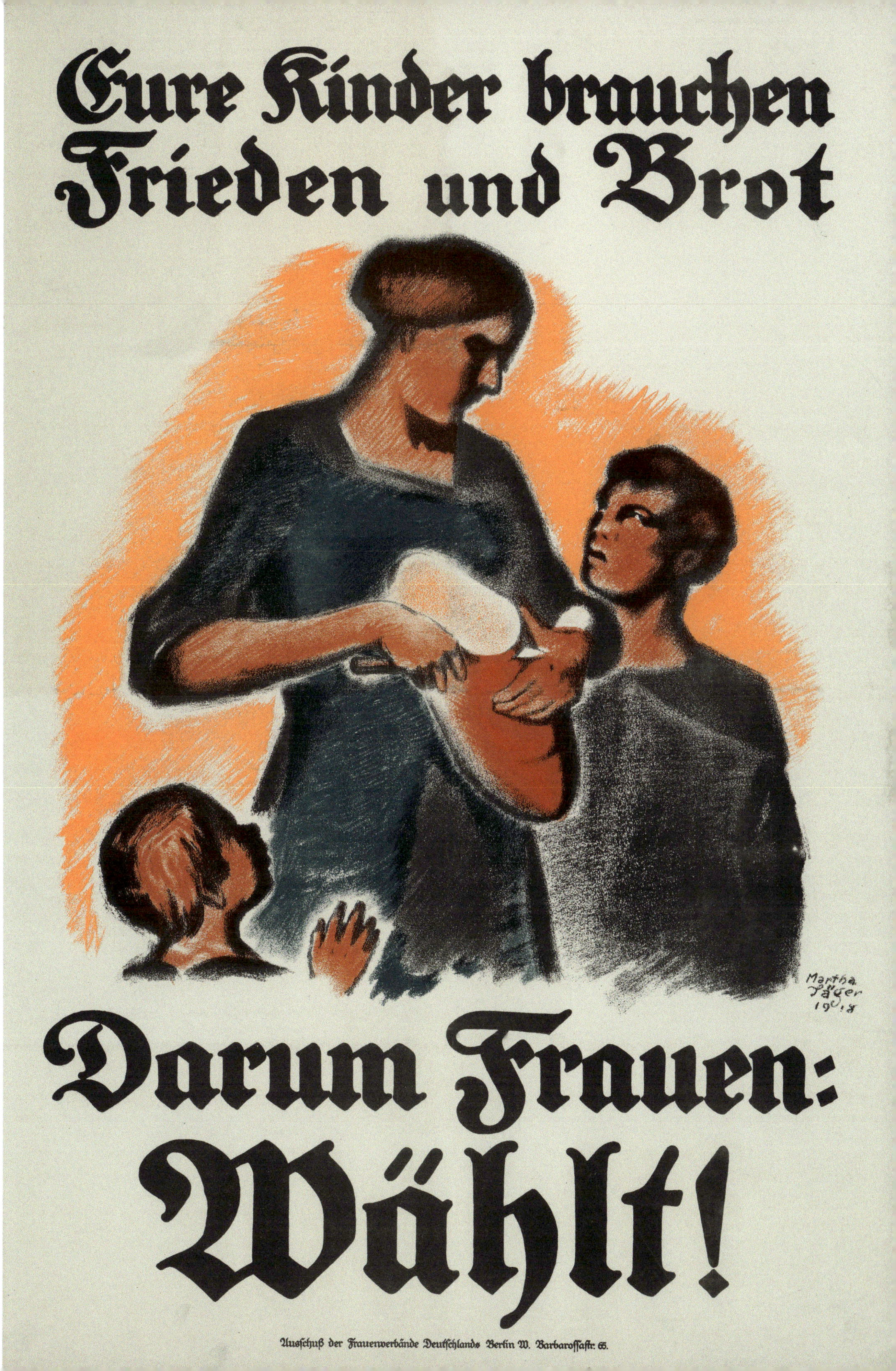

Martha Jäger (1867–1950)
Eure Kinder brauchen
Frieden und Brot.
Darum Frauen: Wählt! *
Deutsches Reich, 1918
Farblithografie
90,5 × 59 cm
Privatbesitz

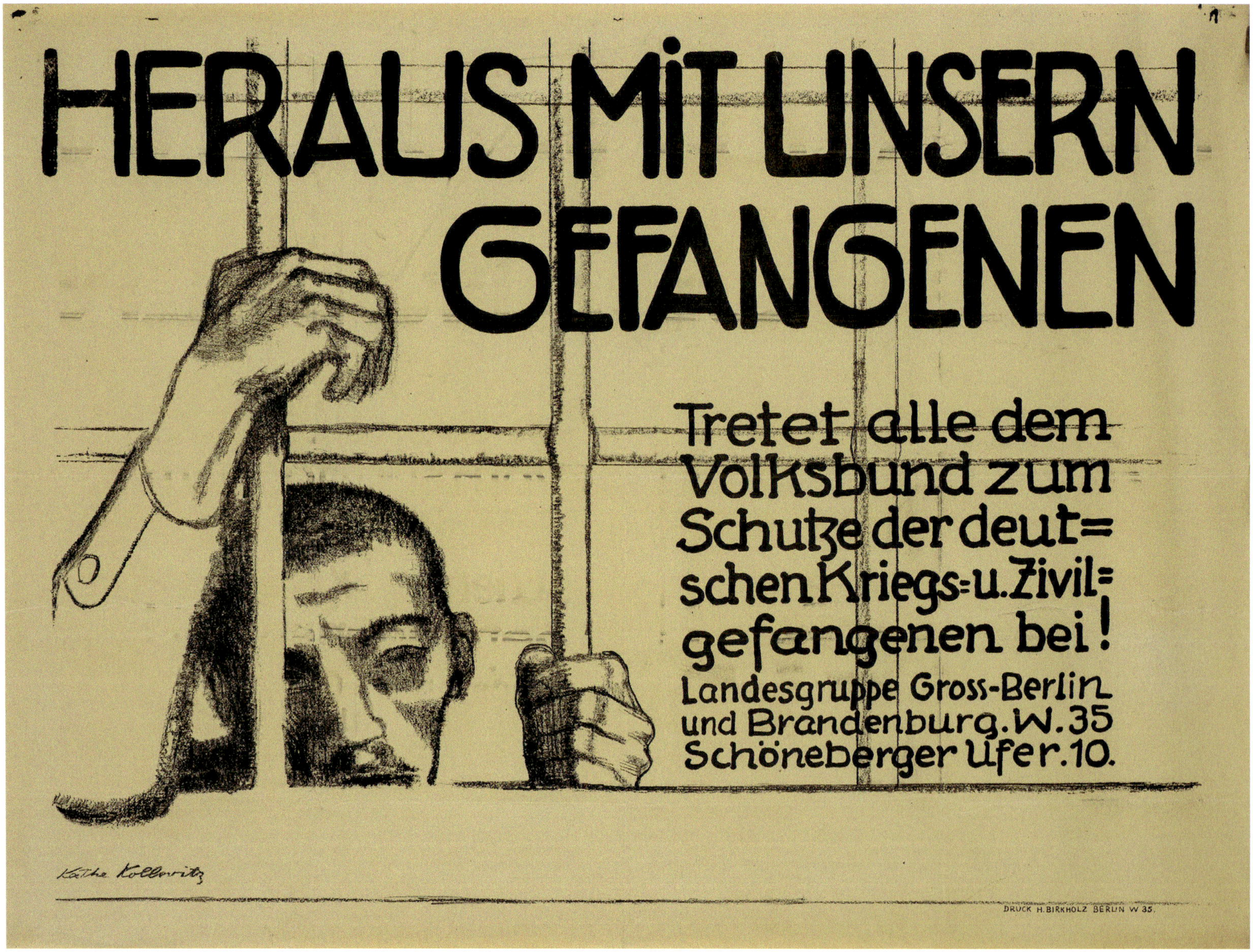

Käthe Kollwitz (1867–1945)
Heraus mit unsern Gefangenen *
1919
Farblithografie
72 × 94,6 cm
Plakatsammlung Maximilian Karagöz

Wera von Bartels (1886–1922)
! Bayern ! Euer Land steht in Flammen ! *
1919
Farblithografie
79,2 × 58,1 cm
Plakatsammlung Maximilian Karagöz

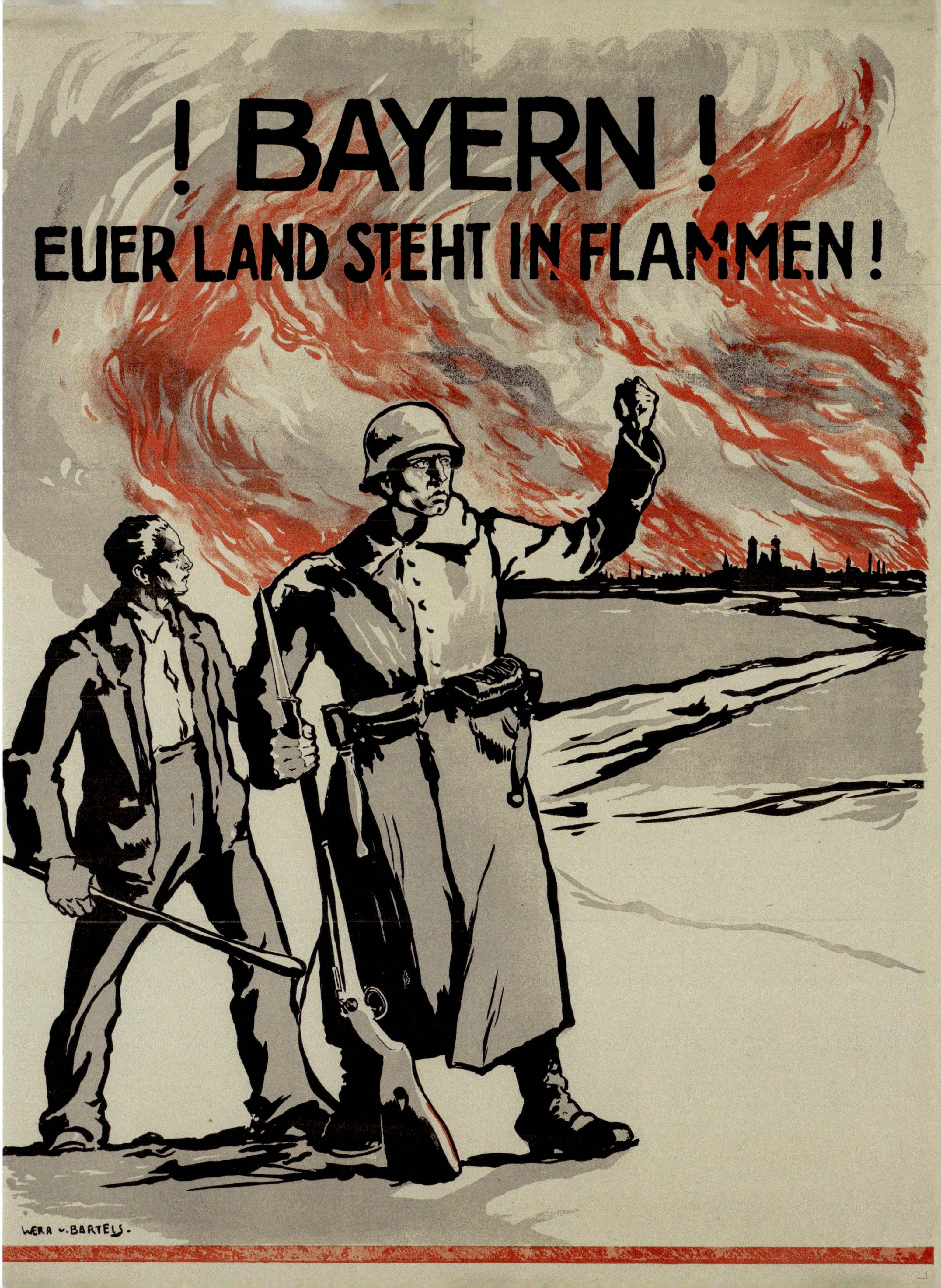
! BAYERN !
EUER LAND STEHT IN FLAMMEN !
WERA v. BARTELS.

Keine Experimente? Politische Plakate in Hessen und der Bundesrepublik zwischen Kontinuität und Wandel

Nikolas Werner Jacobs

»Keine Experimente!« ist einer der bis heute bekanntesten Slogans, der in bundesrepublikanischen Wahlkämpfen Verwendung fand. Zwei Worte, die – halb Mahnung, halb politisches Leitbild – im Zusammenspiel mit dem Namen und gemalten Konterfei Konrad Adenauers im Bundestagswahlkampf 1957 dem politischen »Weiter so« ein dynamisches Element verliehen (Abb. S. 88).[1] Mit Erfolg: Die absolute Mehrheit der Wählerinnen und Wähler wollte tatsächlich nicht experimentieren, sondern stattdessen weiter mit Wirtschaftsminister Ludwig Erhard den »Wohlstand für alle« (Abb. S. 89) sichern und mit Außenminister Heinrich von Brentano die »Einheit für Deutschland« vorantreiben (Abb. S. 113).

Keine Experimente? Aus dem Ausrufe- wird ein Fragezeichen, wenn man aus dem politischen ein ikonografisches Motto mit Blick auf die Entwicklung der politischen Plakate in der Bundesrepublik von deren Gründung bis zur deutschen Wiedervereinigung im Jahr 1990 formen wollte.

Gerade in der frühen Nachkriegszeit erschienen manchem Beobachter nicht allein die politischen Plakate, sondern die politischen Bilder Westdeutschlands allgemein wenig innovativ. So meinte etwa Henri Nannen im Jahr 1964 im Editorial der von ihm herausgegebenen Zeitschrift *Stern*: »Politiker hinter Schreibtischen und Rednerpulten sind wie abgenutzte Klischees, die kaum noch einen Eindruck hinterlassen. Was unser Auge tausendmal sah, danach hungert es nicht, das konsumiert es kaum noch mit Bewußtsein. Erhards Zug an der Zigarre, Willy Brandts Blick ins deutsche Auge, Erlers beim Reden skandierende Rechte, Lübkes Griff nach dem Manuskript, das sind eingefahrene Gesten, die kaum noch etwas über ihren Urheber aussagen.«[2]

Nannen zog aus seiner in Teilen zutreffenden Analyse einen Schluss, der die Absicht und Wirkung politischer Bilder grundlegend verkannte: Nicht obwohl, sondern gerade weil unsere Augen etwas tausendmal gesehen haben, hinterlässt es einen Eindruck. Das gilt insbesondere für das politische Wahlplakat: Sein prinzipiell serielles und ikonografisch repetitives Wesen beruht auf Wiederholung und Wiedererkennbarkeit.

Das optische Stereotyp, das einem sich nach Originellem sehnenden Journalisten wie Nannen verständlicherweise zuwider war, ist denn auch ein zentrales Funktionselement politischer Bilder: Was man (wiederer-)kennt, kann man als Rezipient schnell ein- und zuordnen. So irrte sich Nannen gerade in Bezug auf den visuellen Wert von Symbolen einzelner Politiker: Noch ein halbes Jahrhundert nach Erhards Zigarre belegen Beispiele wie die von Angela Merkel zu einer Raute geformten Hände, dass mit einem Politiker verknüpfte Klischees nicht nur Aufmerksamkeit generieren können, sondern in der Wahlwerbung mitunter sogar Pars pro Toto für den Kandidaten stehen.

Weitet man die Perspektive und betrachtet nicht nur die im Zitat aufgeführten Beispiele, so lässt sich Nannens Appell für mehr Experimentierfreude differenzierter beurteilen. Denn in der Tat zeigt bereits ein erster Blick auf die politischen Wahlplakate seit dem Kriegsende bis zur Wiedervereinigung, wie viel Innovation und Wandel in gut vier Jahrzehnten gestalterisch und motivisch zu beobachten sind. Zugleich lässt sich mit einem vergleichenden zweiten Blick belegen, dass trotz neuer Formen und Formate die Bildsprache und die mit ihr verbundenen Narrative über lange Zeiträume erstaunliche Kontinuitäten aufweisen. Die gestalterisch oft neu anmutenden Schläuche enthielten insofern nicht selten argumentativ und ikonografisch alten Wein.

Einen bis heute kaum abgeänderten Klassiker unter den Wahlplakattypen stellt das Kandidatenplakat dar. Oftmals nur mit dem Kopf und dem Namen des Spitzenkandidaten sowie dem Parteilogo versehen, bildet es seit den frühen 1950er-Jahren eine Konstante in Wahlkämpfen auf allen politischen Ebenen. In Westdeutschland handelte es sich hierbei tatsächlich ganz überwiegend um Plakate von männlichen Kandidaten, da Kandidatinnen in den ersten Jahrzehnten der Bundesrepublik eine Seltenheit darstellten.

In den 1950er-Jahren dominierten noch – wie in der Werbung dieser Zeit allgemein – aus technischen und tradierten stilistischen Gründen gemalte Kandidatenbildnisse. So präsentierte bei der Bundestagswahl 1957 nicht nur die CDU, sondern auch die SPD ihren Kandidaten mit einem nach einer fotografischen Vorlage gemalten Porträt (Abb. S. 90). Bereits wenige Jahre später schien den Verantwortlichen diese Form der Darstellung jedoch antiquiert, sodass die Zeichnungen auf den Plakaten bald durch schwarzweiße und schließlich durch farbige Fotografien ersetzt wurden. Später rahmten Gestaltungsmasken diese Fotografien der Kandidaten, sodass die gesamte Kampagne einer Partei einer einheitlichen Linie folgte und durch spezifische Elemente – etwa einen Slogan oder das Wappentier des Landes – regional angepasst werden konnte (Abb. S. 91).

Die Wahlkämpfe in der Bundesrepublik zeigten früh eine Tendenz zur Personalisierung.[3] Während dem klassischen Themenplakat im ersten Jahrzehnt noch eine große Bedeutung zukam, wurde es später sukzessive vom Kandidatenplakat verdrängt. Ein frühes Beispiel aus Hessen zeigt Ministerpräsident Georg August Zinn auf einem Plakat zur Landtagswahl 1954, bei dem das Konterfei des Regierungschefs in einem Wappenschild parallel zum Hessenwappen präsentiert wurde (Abb. S. 95). Zinn wurde auf diese Weise als Identifikations- und Integrationsfigur des noch jungen Landes Hessen präsentiert: Diese staatstragende Ikonografie unterstrich visuell den Slogan »Hessen wählt seine Regierung«.

Je stärker das politische Spitzenpersonal der Parteien die Wahlkämpfe bestimmte, desto häufiger wurden die betreffenden Politiker von der politischen Konkurrenz auf Plakaten verunglimpft. Ob Bundeskanzler Adenauer durch die SPD, Kanzlerkandidat Johannes Rau aufgrund seiner Steuerpläne durch die CDU oder gleich alle von der Flick-Affäre betroffenen Politiker von CDU, SPD und FDP durch DIE GRÜNEN: Die heute als »negative campaigning« bezeichnete Wahlstrategie setzten schon damals alle politische Parteien ein, um Politiker zu diskreditieren (Abb. S. 104, 106, 107).[4] Auch in anderer Hinsicht kam dieses Mittel zum Tragen, indem etwa populäre, aber bereits verstorbene Politiker wie Adenauer als Kronzeugen zur Mobilisierung gegen den politischen Gegner eingesetzt wurden (Abb. S. 105).

In den vom politischen Spitzenpersonal dominierten Wahlkämpfen verloren die Themenplakate zeitweise an Bedeutung. Kamen sie doch zum Einsatz, wurde ihre inhaltliche Botschaft im Vergleich zu Plakaten aus der Zeit der Weimarer Republik und unmittelbar nach dem Krieg zugunsten eines knappen Slogans stark verkürzt. »17. Juni: Wählt die Freiheit für Europa« konnten etwa die Wähler auf den Plakaten der CDU zur Europawahl 1984 über zwei nebeneinander wehenden Flaggen der Bundesrepublik und Europas lesen (Abb. S. 108). Das abstrakte Thema »Freiheit« wurde durch die Bezugnahme auf den Wahltermin, der zufällig auf denselben Tag fiel wie das Datum des Volksaufstands in der DDR 31 Jahre zuvor, konkretisiert. Doch selbst bei den Europawahlen, die in jener Zeit noch ohne europaweite Spitzenkandidaten auskamen, stachen Personen Themen auf den Plakaten oftmals aus, indem durch gemeinsame Plakate mit dem Bonner Führungspersonal deren Bekanntheit für die Mobilisierung der Wählerschaft genutzt wurde.

Das Thema Freiheit wurde von mehreren Parteien in Anspruch genommen. Zugleich lässt sich an ihm beispielhaft zeigen, wie unterschiedlich dieser Begriff im Kontext der Plakatgestaltung illustriert werden konnte – und dabei doch der Personalisierung bedurfte. Zur hessischen Landtagswahl 1991 kommunizierten die auf Freiheitsfragen spezialisierten Liberalen das Thema mit einem Porträt ihres Spitzenkandidaten Wolfgang Gerhardt, neben dem ein Zitat von Theodor Storm zu lesen war: »Kein Mensch gedeiht ohne Freiheit« (Abb. S. 110). 15 Jahre zuvor hatte die SPD zur Bundestagswahl die Freiheit zusammen mit der Gerechtigkeit als zentrale politische Ziele ausgegeben, für die der damalige Kanzler Helmut Schmidt mit seinem Namen und seiner Unterschrift unter einem Zitat einstand: »Den Nutzen unseres Volkes mehren, Schaden von ihm wenden und für

Freiheit und Gerechtigkeit sorgen. Dafür arbeiten wir weiter.« (Abb. S. 111) Schmidts Gegenkandidat bei den Wahlen vier Jahre später zeigte sich auf einem Plakat gemeinsam mit seiner Tochter, ebenfalls die Freiheit – diesmal jedoch sekundiert vom Frieden – als zentrales Anliegen adressierend: »Franz Josef Strauß – Kanzler für Frieden und Freiheit« (Abb. S. 112).

Die Verknüpfung von Themen mit Personen folgte einem allgemeinen Trend der Wahlwerbung, sie war jedoch auch bereits in den frühen Jahren der Bundesrepublik nicht unüblich: So stand etwa, wie eingangs erwähnt, bereits 1957 die Person des Bundesaußenministers für das Ziel der deutschen Einheit ein. Gerade aber anhand der Themen deutsche Teilung und Einheit lässt sich ebenso belegen, wie zentral entsprechende Themenplakate ohne Personendarstellungen besonders in den Anfangsjahren der Republik waren. Die erst wenige Jahre zuvor erfolgte deutsche Teilung und die mit ihr verbundene Gefahr einer möglichen Eskalation des sogenannten Kalten Krieges ließen in jenen Jahren eindrucksvolle Plakatmotive entstehen, zu denen zum Beispiel »Wachsam bleiben!« von der CDU aus dem Jahr 1953 zählt, bei dem die Dichotomie des Landes durch einen gezackten Stacheldraht gezeigt wird, der eine grüne von einer roten Fläche trennt (Abb. S. 114). Der Schatten des kommunistischen Emblems von Hammer und Sichel über beiden Flächen versinnbildlichte die lauernde Gefahr östlich der Bundesrepublik. Je länger die Teilung währte, desto mehr erschien einer jüngeren Generation in Westdeutschland das stete Beschwören einer »roten« Gefahr unglaubwürdig. Unabhängige linke Plakatgestalter wie Klaus Staeck, die ab den 1970er-Jahren große Aufmerksamkeit und Popularität erzielten, schufen entsprechende Gegenbilder:[5] »Der kalte Krieg macht uns erst richtig heiß!«, ist vor diesem Hintergrund als ein bitterböses Satirebild zu verstehen, das neben Strauß als Politiker mit Axel Springer und Gerhard Löwenthal auch zwei konservative Journalisten für deren Haltung kritisierte (Abb. S. 116).

Grundsätzlich boten sich die Themen Wiederbewaffnung und Frieden für Themenplakate an, die häufig eine dichotome Wahl zwischen Krieg beziehungsweise Militarismus einerseits und Frieden respektive Wohlstand andererseits vor Augen führten. Insbesondere die SPD auf Bundesebene versuchte in jenen Jahren aus der Opposition heraus aus der Frage der Wiederbewaffnung eine grundsätzliche Entscheidung über Krieg oder Frieden zu machen, weshalb auf den Plakaten diese Gegensätze entsprechend miteinander kontrastiert wurden (Abb. S. 117, 118, 119). Erst in den 1980er-Jahren erlangte diese Thematik wieder eine vergleichbare Bedeutung, die nun jedoch vor allem von der neuen Partei DIE GRÜNEN auf Plakaten aufgegriffen wurde, die spielerischer und somit gänzlich anders die Bewahrung des Friedens als zentrales politische Ziel illustrierten.

Bis in die 1970er-Jahre hatten Wahlkämpfe und Plakate eine Professionalität erreicht, durch die technische Perfektion und stilistische Einheitlichkeit garantiert waren (Abb. S. 120, 121). Um im Wettbewerb um Aufmerksamkeit bestehen zu können, waren daher bald nicht mehr nur professionell gestaltete Plakate, sondern vor allem unkonventionelle Motive gefragt. Die folgenden Jahre erwiesen sich daher für die Gestaltung politischer Plakate besonders innovativ, Konventionen wurden gebrochen und Neues erprobt. Dabei war die angestrebte gestalterische Originalität kein Selbstzweck, sondern entsprach einem gesellschaftlichen Wandel, durch den sich neue Wählergruppen mit anderen Erwartungen an politische Kommunikation herausbildeten.

Pop, Selbstironie und hintersinniger Humor, die auf politischen Plakaten zuvor nicht zu finden waren, hielten nun Einzug. Die Parteien wählten diese neuen Elemente, um der gepflegten Langeweile tradierter Plakatformen auszuweichen. In diesem Geist entstanden legendäre Plakate wie jenes der hessischen CDU zur Landtagswahl 1970, auf dem Spitzenkandidat Alfred Dregger mit seiner Mannschaft dynamisch und voller Tatendrang auf den Betrachter zuschreitet und verspricht: »Wir kommen« (Abb. S. 4). Die wie die Crew von Raumschiff Enterprise erscheinende Mannschaft des oppositionellen Schattenkabinetts bildete ein Jahr nach der ersten Mondlandung eine so eindrückliche politische Ikonografie, dass das Plakat 1972 im Rahmen der *documenta 5* in Kassel ausgestellt und somit sein Kunstwert gewürdigt wurde.

Andere Parteien entwickelten ebenfalls neue Formen; etwa die FDP, die vor der hessischen Landtagswahl 1980 zu einem Sommernachtsfest in das Wiesbadener Opelbad mit einem Plakat einlud, auf dem zwei grafisch gestaltete Frauen mit manieriert länglichen Körpern in Pippi-Langstrumpf-Kleidung tanzen (Abb. S. 137), vor allem aber DIE GRÜNEN, die als neue politische Kraft nicht nur das etablierte Parteiengefüge, sondern auch die gewohnte Plakatikonografie durcheinanderwirbelten. In der Staeck'schen Tradition politisch engagierter Künstlerplakate brachen DIE GRÜNEN in ihren Anfangsjahren radikaler als alle anderen Parteien mit gestalterischen Konventionen. An die Stelle der Kandidatenplakate traten etwa Motive und Slogans mit bildungsbürgerlichen Referenzen, mit denen die Partei sowohl den eigenen Anspruch markierte als auch den Kulturbegriff des konservativen Bürgertums ironisch reflektierte. »Wie wohl ist dem, der dann und wann, DIE GRÜNEN wieder wählen kann!«, ließ etwa Lehrer Lämpel aus *Max und Moritz* von Wilhelm Busch die interessierten Betrachter auf einem Plakat wissen (Abb. S. 140). Das Plakat an sich als Medium und politisches Kommunikationsmittel grundsätzlich zur Diskussion stellte schließlich das »Wahlplakat« der GRÜNEN aus dem Jahr 1991: Das Medium selbst wurde hier zur hinterfragten Botschaft – wodurch zugleich der politische Anspruch der noch jungen Partei, einen neuen Blick auf die Dinge zu werfen und diese stetig kritisch zu beurteilen, vermittelt wurde. Angesichts eines grünen Wals auf einem Wahlplakat wurde somit spätestens 34 Jahre später bewiesen, dass »Keine Experimente« in der Bundesrepublik zwar als politisches Diktum erfolgreich war, aber keineswegs als Motto der Plakatgestaltung gelten kann (Abb. S. 87).

1 Frank Bösch: »›Keine Experimente‹. Adenauer als alternder Staatsmann«, in: Gerhard Paul (Hrsg.): *Das Jahrhundert der Bilder. 1949 bis heute*, Göttingen 2008, S. 194–201, hier S. 196–198.

2 Henri Nannen in: *Stern*, 17. Jg. (1964), Heft 22, S. 6 f.

3 Vgl. u. a. Henning Rader, Rudolf Scheutle: »Ein Bild von einem Mann«, in: Renate Höpfinger, Henning Rader und Rudolf Scheutle (Hrsg.): *Franz Josef Strauß – Die Macht der Bilder*, Ausst.-Kat. Münchner Stadtmuseum, München 2015, S. 10 f.

4 Entsprechende Bildstrategien gab es bereits in der Weimarer Republik, vgl. hierzu z. B. Manfred Görtemaker: »Bürger, Ersatzkaiser, Volkstribun. Reichspräsidenten in der Weimarer Republik«, in: Stiftung Haus der Geschichte der Bundesrepublik Deutschland (Hrsg.): *Bilder und Macht im 20. Jahrhundert*, Ausst.-Kat. Haus der Geschichte der Bundesrepublik Deutschland, Bonn, und Zeitgeschichtliches Forum, Leipzig, Bielefeld 2004, S. 28–41, hier S. 31.

5 Zur Bedeutung von Staecks Plakaten allgemein u. a. Gerhard Paul: *Das visuelle Zeitalter. Punkt und Pixel*, Göttingen 2016 (= Visual History: Bilder und Bildpraxen in der Geschichte, Bd. 1), S. 403 f.

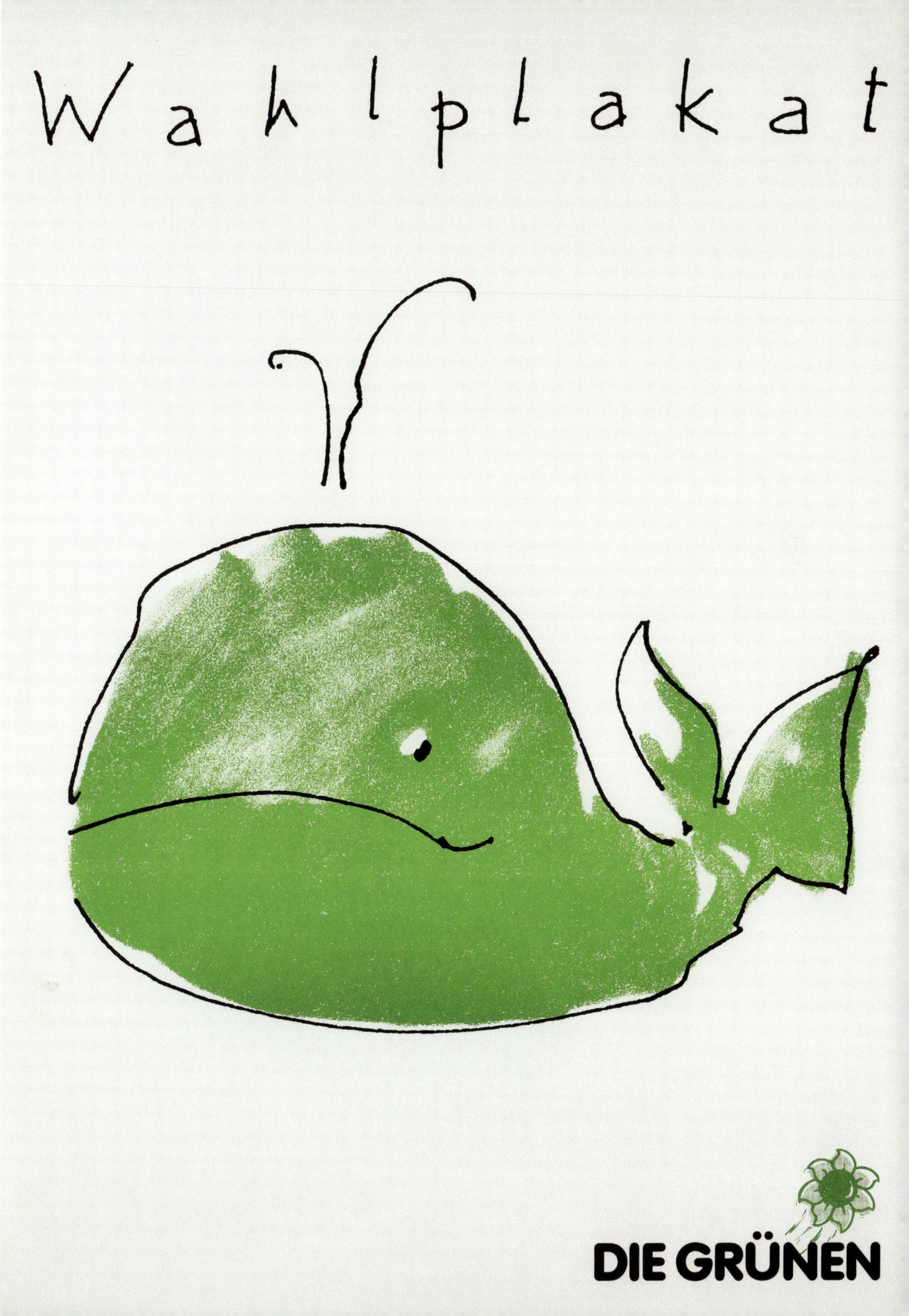

N. N.
Wahlplakat
Bundesrepublik
Deutschland, 1979/80
83,3 × 59,1 cm
Fraktion BÜNDNIS 90/
DIE GRÜNEN
im Hessischen Landtag

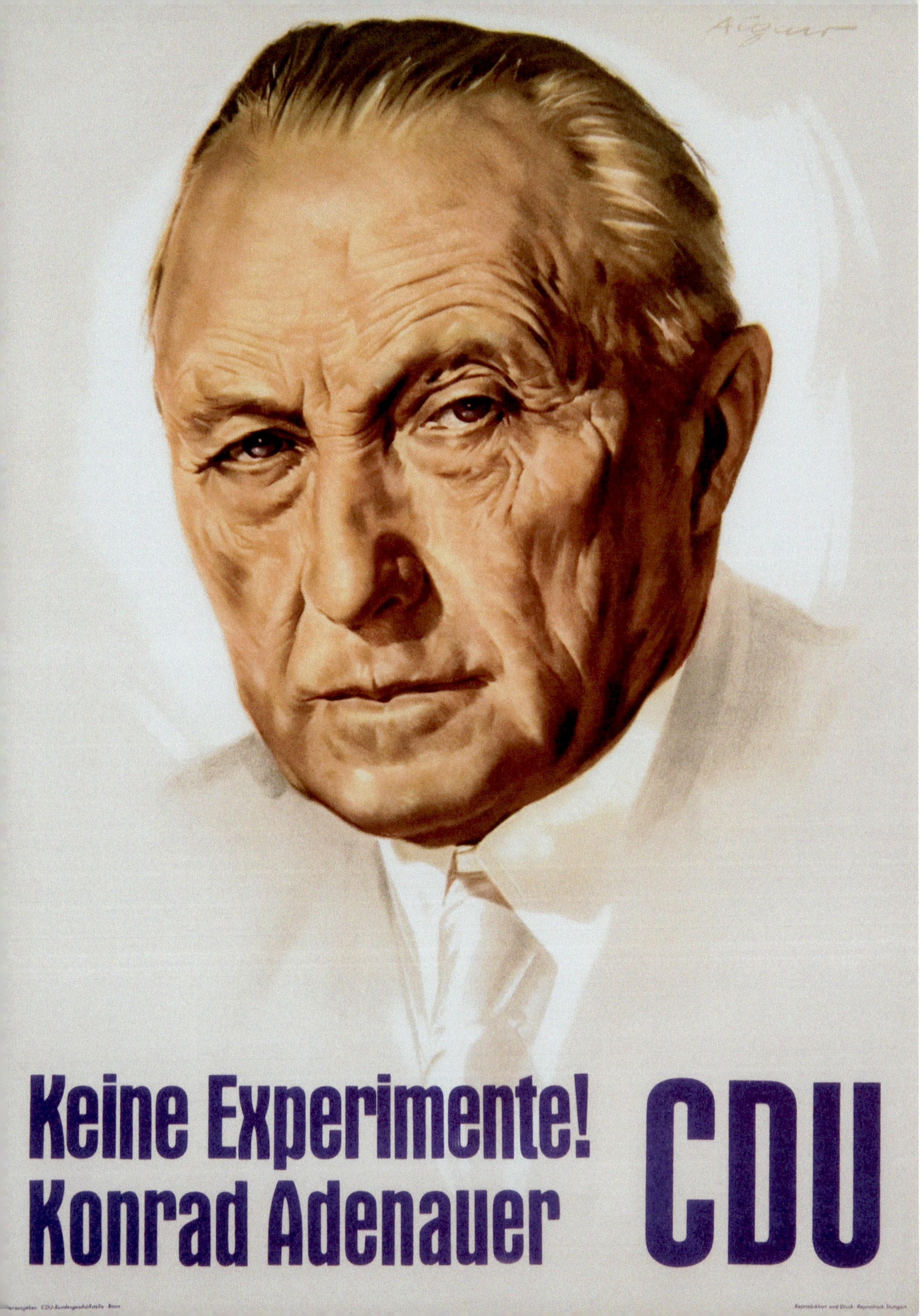

Paul Aigner
(1905–1984)
Keine Experimente!
Konrad Adenauer CDU
Bundesrepublik
Deutschland, 1957
84 × 59 cm
Konrad-Adenauer-Stiftung/
Archiv für Christlich-
Demokratische Politik

Paul Aigner
(1905–1984)
Helga Tiemann
(1917–2008)
Wohlstand für alle
Ludwig Erhard CDU
Bundesrepublik
Deutschland, 1957
84 × 59 cm
Privatbesitz

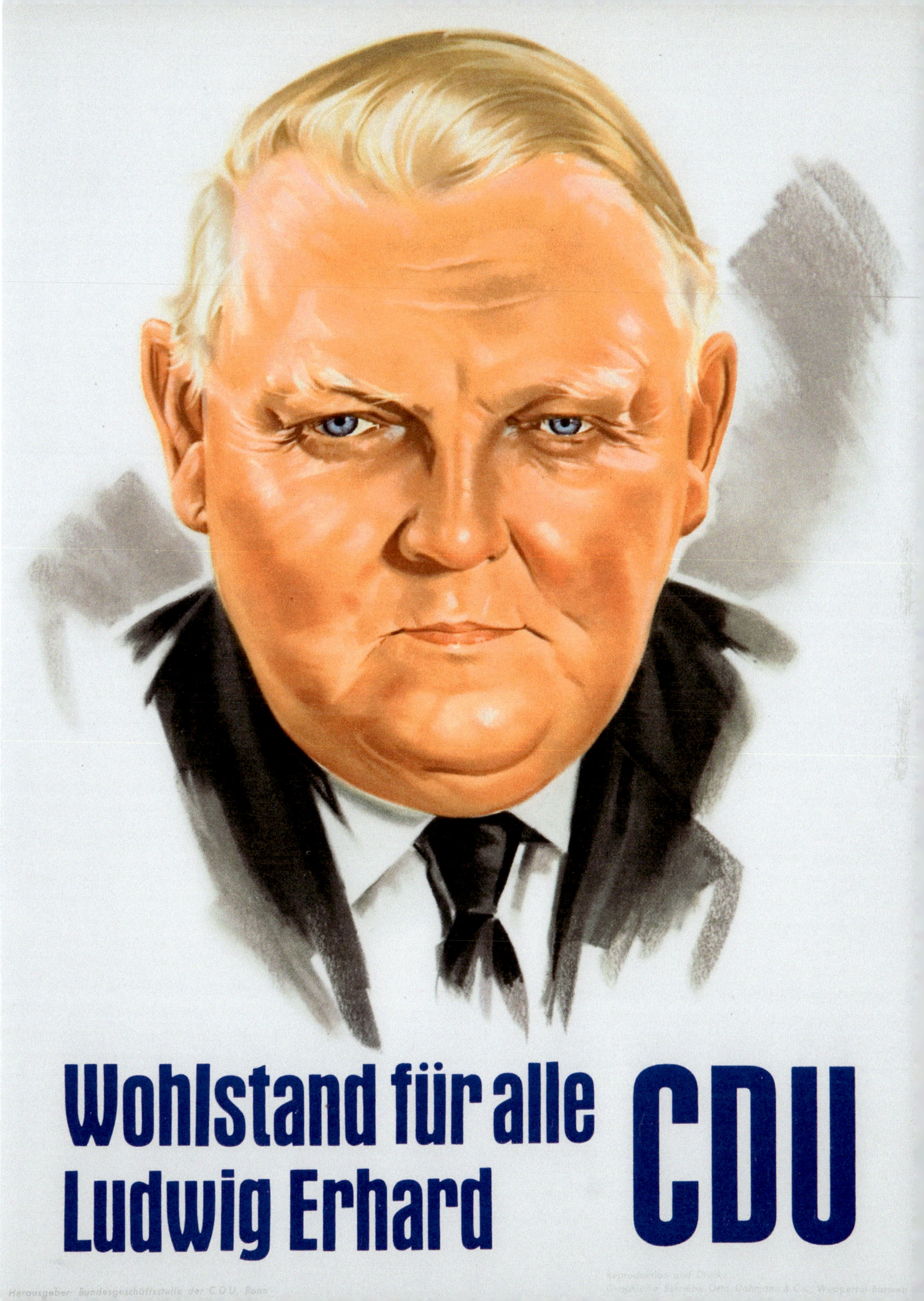

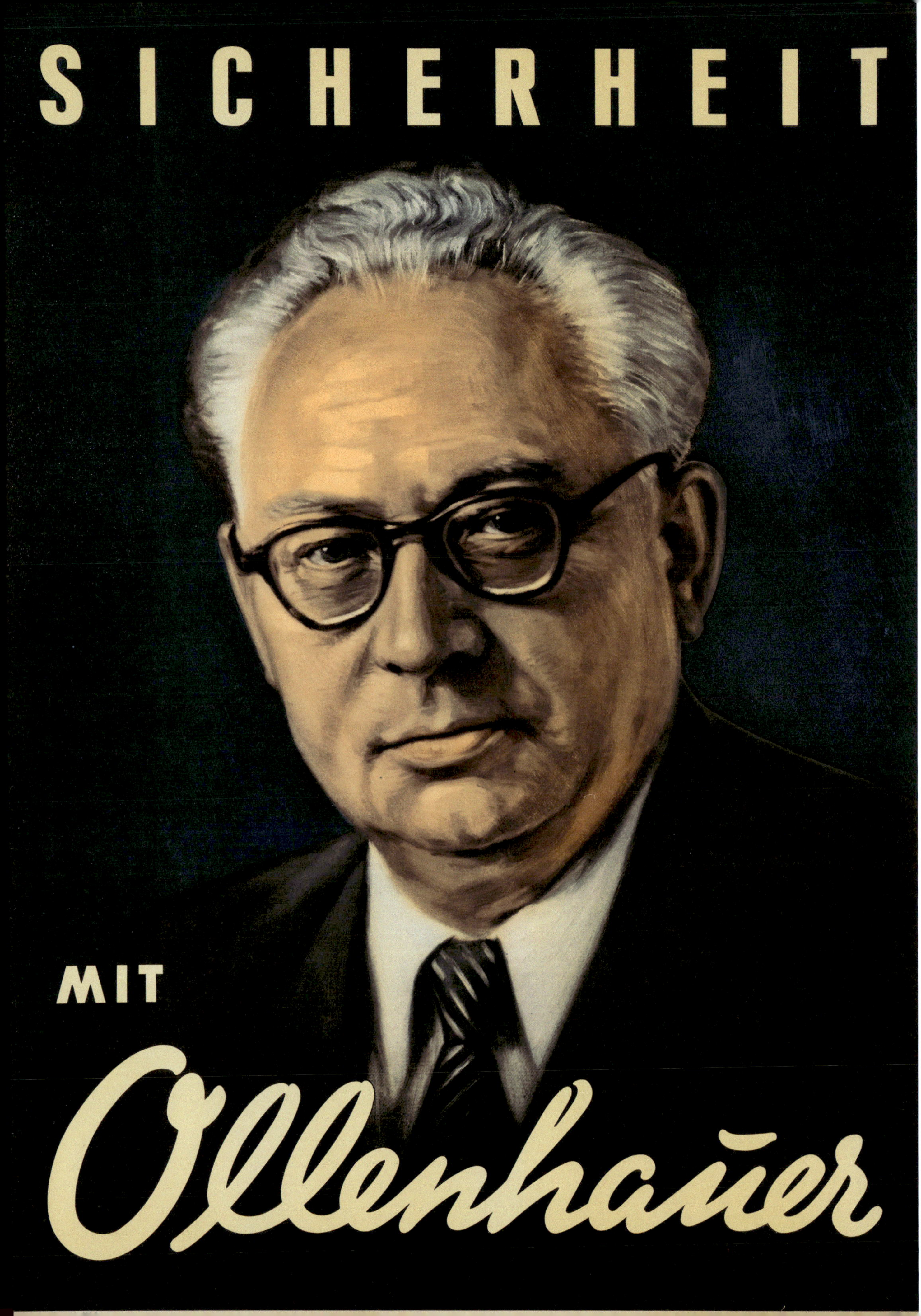

N. N.
Sicherheit mit
Ollenhauer
Bundesrepublik
Deutschland, 1957
84,7 × 59,3 cm
Plakatsammlung
Maximilian Karagöz

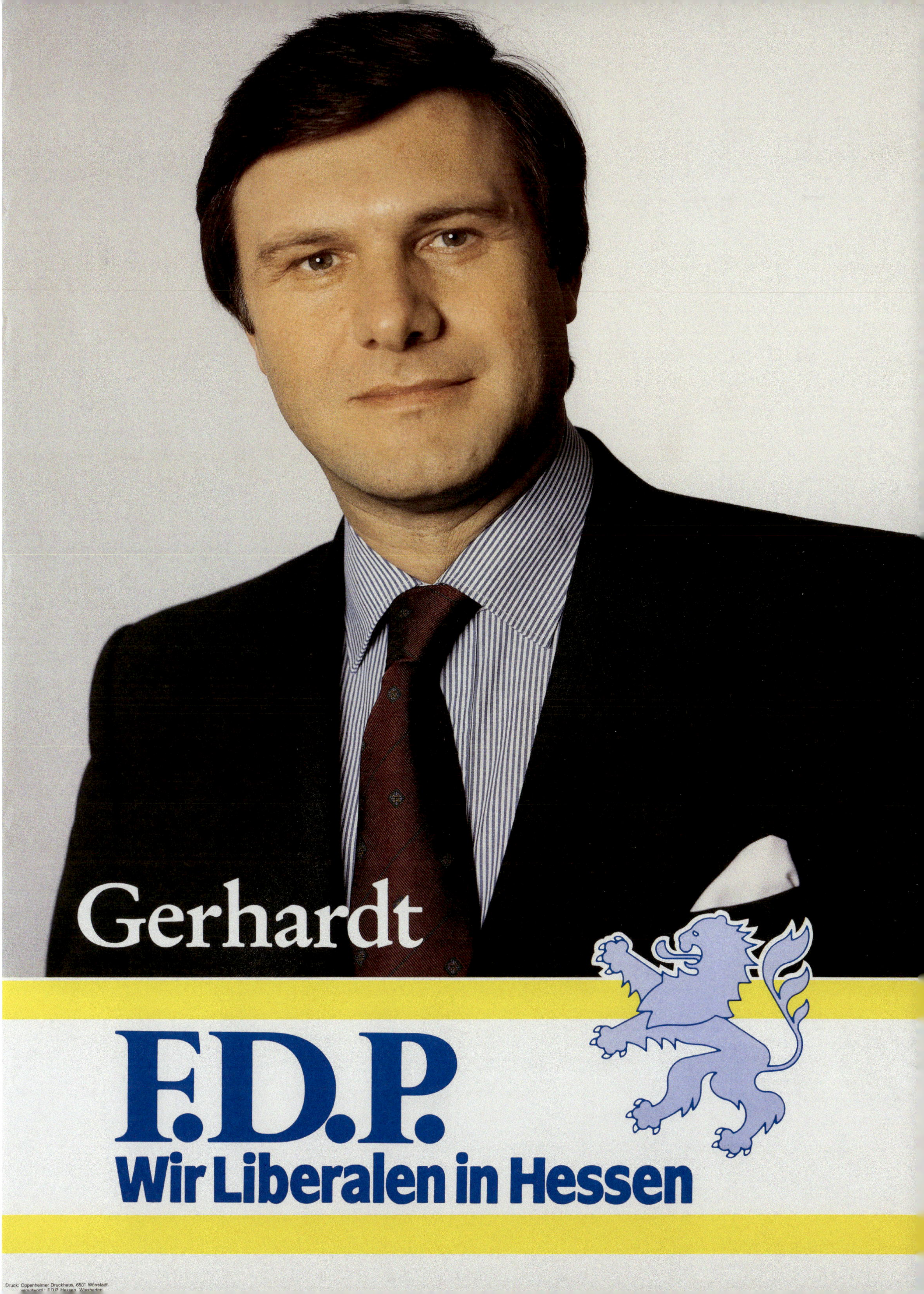

N. N.
Gerhardt F.D.P.
Wir Liberalen
in Hessen
Bundesrepublik
Deutschland, 1982
118,5 × 84 cm
Plakatsammlung
Maximilian Karagöz

Der Schreibtisch: Herrschaftsinsignie im modernen Staat

Ein spezieller, oft verwendeter Typus des Kandidatenplakats zeigt den Politiker an seinem Schreibtisch oder an einem improvisierten Arbeitsplatz. Das Motiv lässt sich bis ins 18. Jahrhundert zurückverfolgen und wurde zu Beginn von aufgeklärten Monarchen verwendet, bevor es von Politikern unterschiedlicher politischer Systeme ebenfalls genutzt wurde. In der Weimarer Republik warb bereits Reichspräsident Paul von Hindenburg auf Plakaten am Schreibtisch arbeitend für sich – ein Darstellungstopos, der in der Bundesrepublik wieder aufgegriffen wurde.[1] Mal wird der Politiker in seine Arbeit versunken gezeigt, wie im Fall des CSU-Plakats aus dem Jahr 1987 (Abb. S. 93).[2] Diese Variante visualisiert Werte wie Pflichterfüllung und Arbeitsamkeit, durch die ein Politiker wie ein »Kümmerer« erscheint. Das SPD-Plakat zur hessischen Landtagswahl 1982, das Ministerpräsident Holger Börner am Schreibtisch, aber mit auf den Betrachter gerichtetem Blick zeigt, steht für die andere Variante: Hier scheint der Politiker seine Arbeit nur kurz unterbrochen zu haben (Abb. S. 94). Motive dieser Art wurden und werden oft für offizielle und offiziöse Amtsporträts verwendet. Das hängt auch damit zusammen, dass dem (Amts-)Schreibtisch im modernen Staat eine besondere symbolische Bedeutung zukommt. Er ist am ehesten der Ort, an dem sich die Öffentlichkeit die Verrichtung politischer Arbeit im engeren Sinn – vom Aktenstudium über das Fällen weitreichender Entscheidungen bis zur Unterzeichnung von wichtigen Dokumenten – durch einen Spitzenpolitiker vorstellen kann. Der Schreibtisch hat sich auf diese Weise zu einer Art pseudorationaler Herrschaftsinsignie in modernen Staaten entwickelt.[3] Gerade in der jüngeren Vergangenheit kommt politischen Bildern mit Schreibtischen als Motiv wieder verstärkt Bedeutung zu, wobei die rituelle Unterzeichnung von Dekreten vor Publikum durch den US-Präsidenten Donald Trump an seinem Schreibtisch im Oval Office des Weißen Hauses diesem Symbolort noch einmal eine gänzlich neue Relevanz als Ikonografie einer Tatkraft demonstrierenden Exekutive verleiht.

Nikolas Werner Jacobs

1 Nikolas Werner Jacobs: »Merkel als Leviathan und Schröder im Licht der Alten Meister. Visuelle Strategien der Vertrauensbildung«, in: Philipp Ekardt, Frank Fehrenbach, Cornelia Zumbusch (Hrsg.): *Politische Emotionen in den Künsten*, Berlin/Boston 2021, S. 163–182, hier S. 166–173 (= Mnemosyne. Schriften des Internationalen Warburg-Kollegs, Bd. 7); und ders.: »Gibt es demokratische Ikonographien?«, in: Jörg Probst (Hrsg.): *Politische Ikonologie. Bildkritik nach Martin Warnke*, Berlin 2022, S. 67–84, hier S. 71–79.

2 Vgl. zur Entstehung dieses Motivtypus bei Strauß Henning Rader, Rudolf Scheutle: »Ein Bild von einem Mann«, in: Renate Höpfinger, Henning Rader und Rudolf Scheutle (Hrsg.): *Franz Josef Strauß – Die Macht der Bilder*, Ausst.-Kat. Münchner Stadtmuseum, München 2015, S. 10 f.

3 Frank Padberg: »Die Kanzler und ihre Arbeitszimmer«, in: Wolfgang Ullrich (Hrsg.): *Macht zeigen. Kunst als Herrschaftsstrategie*, Ausst.-Kat. Deutsches Historisches Museum, Berlin, Berlin 2010, S. 106–115, hier S. 106–109.

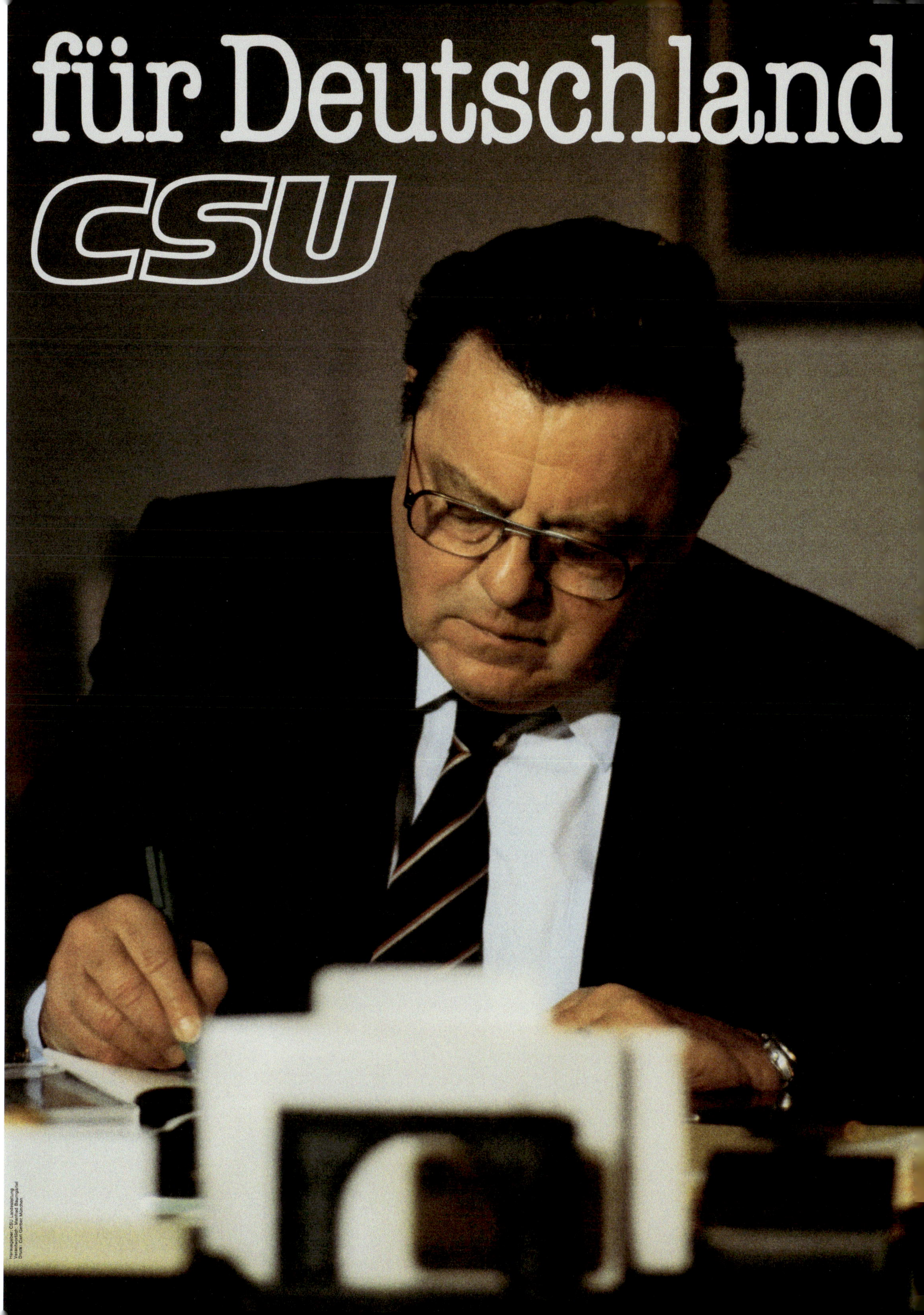

N. N.
Für Deutschland. CSU
Bundesrepublik
Deutschland, 1987
83,8 × 59,3 cm
Plakatsammlung
Maximilian Karagöz

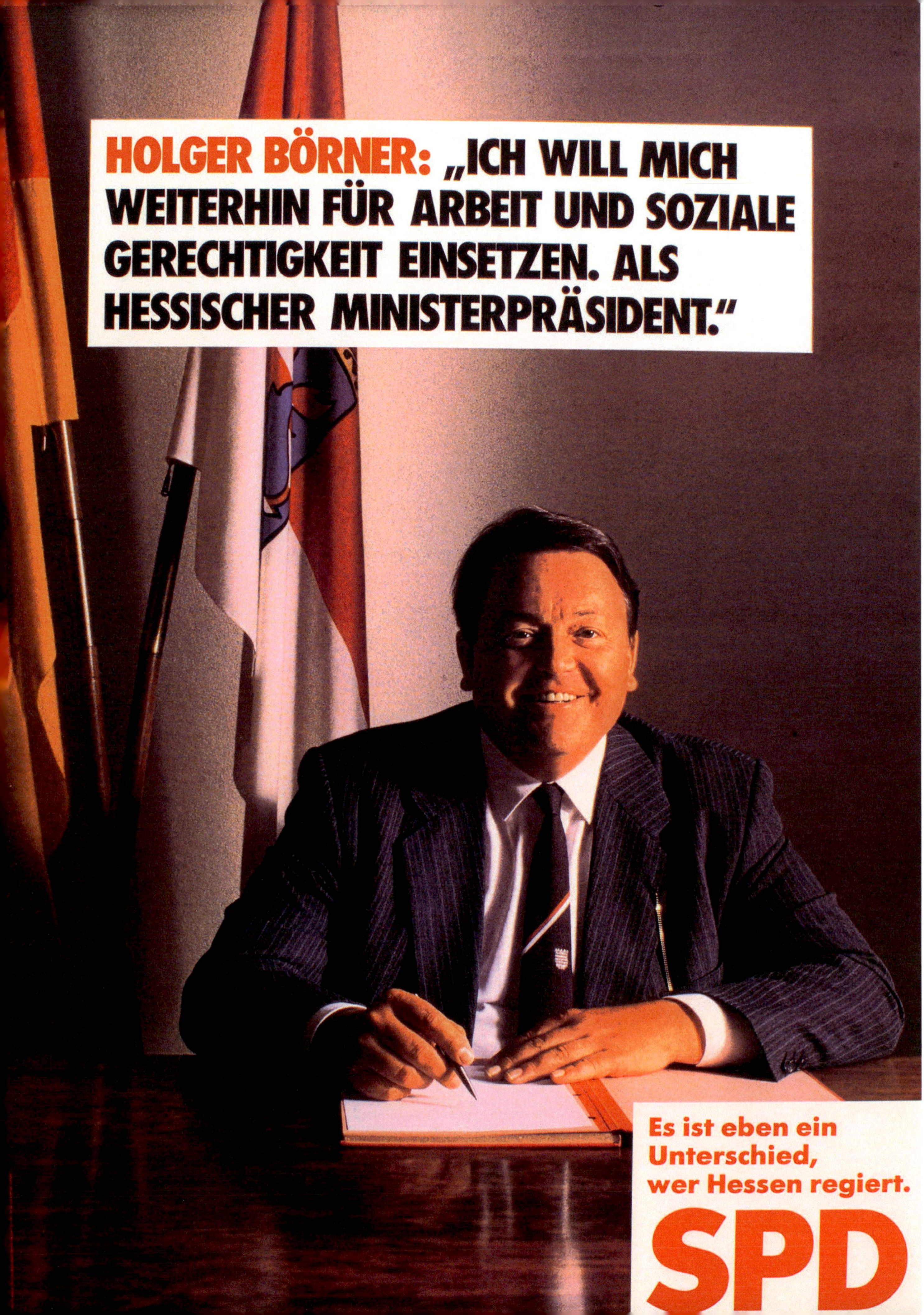

Ploog Kommunikation (Arno Ploog, 1942–2021)
Holger Börner: »Ich will mich weiterhin für Arbeit und soziale Gerechtigkeit einsetzen. Als hessischer Ministerpräsident.«
Es ist eben ein Unterschied, wer Hessen regiert. SPD
Bundesrepublik Deutschland, 1982
84,1 × 59,4 cm
Friedrich-Ebert-Stiftung e.V., Archiv der sozialen Demokratie

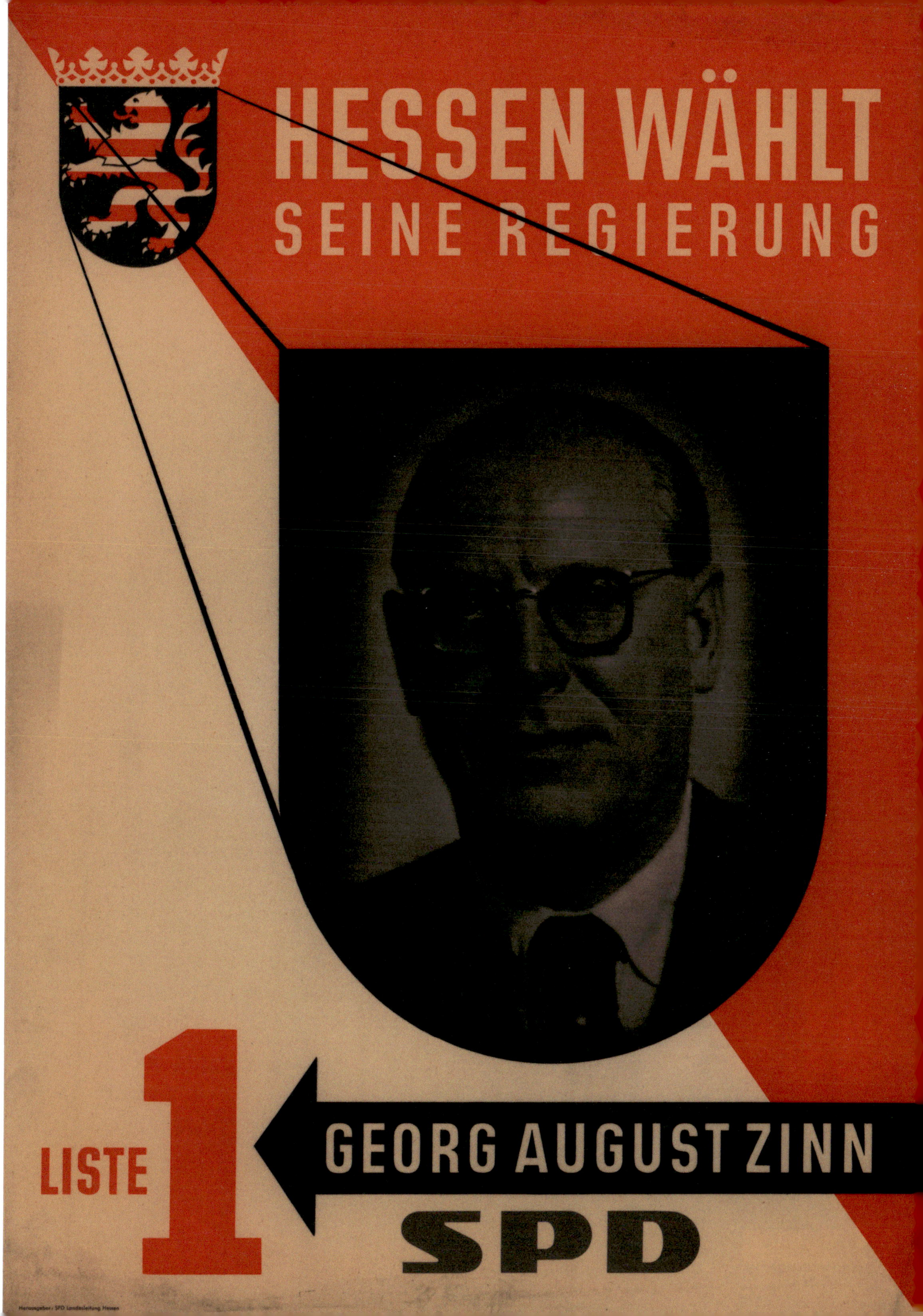

N. N.
Hessen wählt seine Regierung – Liste 1, Georg August Zinn, SPD
Bundesrepublik Deutschland, 1954
58 × 41 cm
Friedrich-Ebert-Stiftung e.V., Archiv der sozialen Demokratie

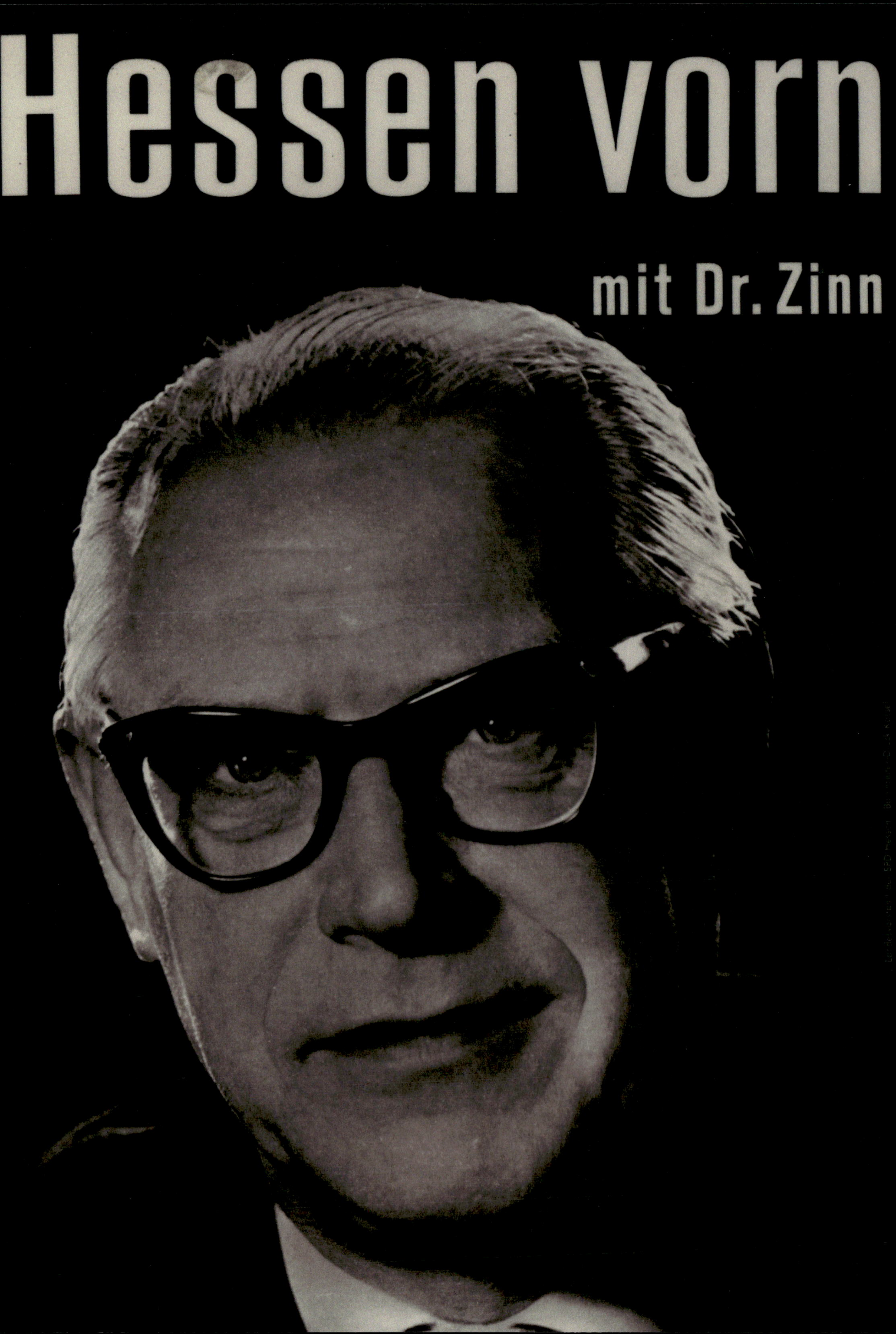

N. N.
Hessen vorn mit Dr. Zinn
Bundesrepublik
Deutschland, 1962
42 × 30 cm
Friedrich-Ebert-Stiftung e.V.,
Archiv der
sozialen Demokratie

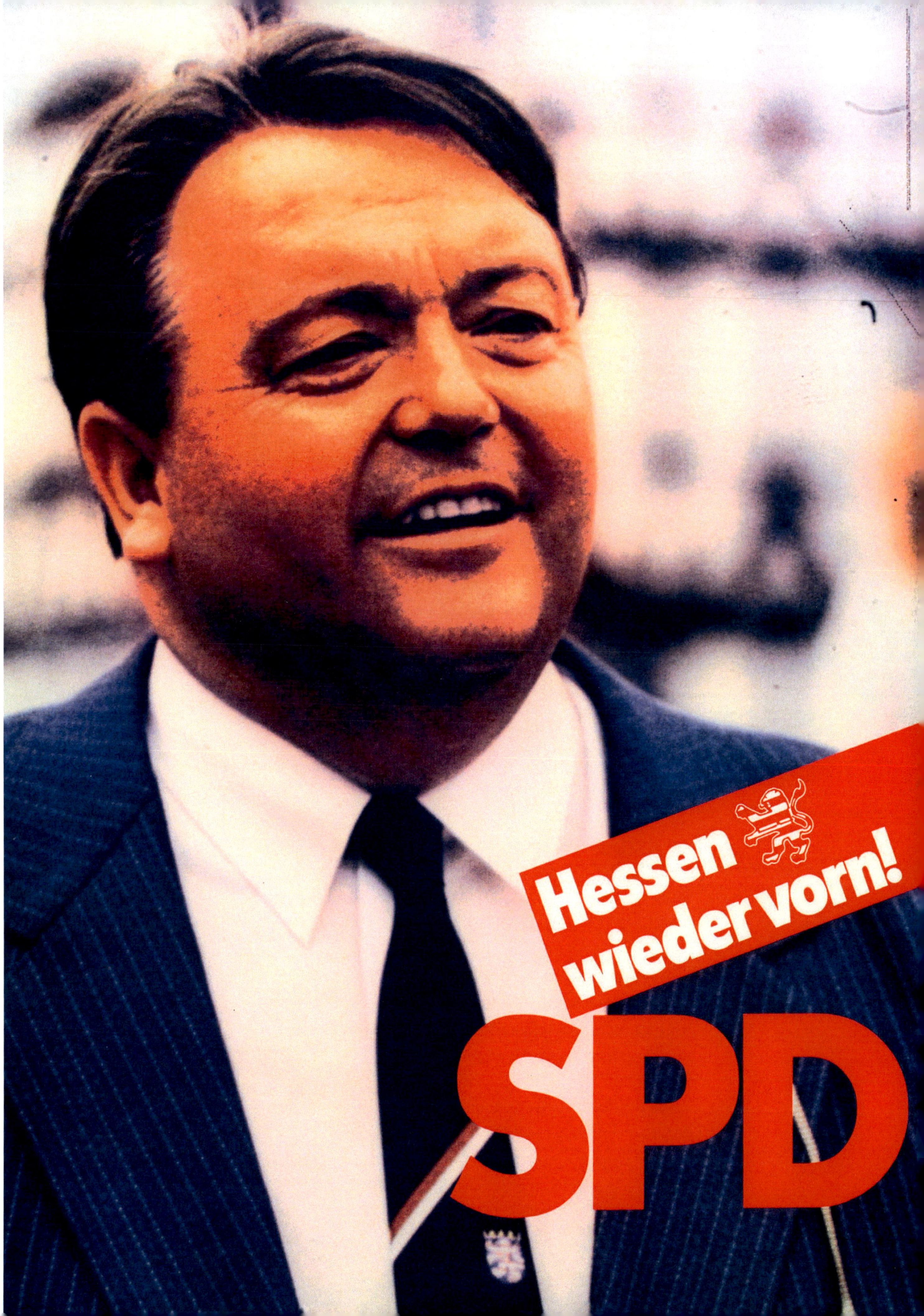

N. N.
Hessen wieder vorn! SPD
Bundesrepublik
Deutschland, 1983
84 × 59 cm
Friedrich-Ebert-Stiftung e.V.,
Archiv der
sozialen Demokratie

Legitimation politischer Erben

Jede Partei kann nach einer gewissen Zeit mit Persönlichkeiten aufwarten, die bei der eigenen Wählerschaft über einen besonderen Vertrauensnimbus verfügen. Die Popularität dieser Personen wird daher oftmals von anderen Kandidaten zur Wählermobilisierung genutzt. Was Konrad Adenauer für die CDU und Strauß für die CSU waren, das war und ist Willy Brandt in besonderer Weise bis heute für die SPD:[1] verehrter Übervater und politischer Leitstern gleich mehrerer sozialdemokratischer Generationen.

Anhand einer Auswahl seiner Plakate aus zwei Jahrzehnten lässt sich sein Aufstieg beispielhaft nachvollziehen. Während Brandts erster Kanzlerkandidatur 1961 war er es noch selbst, der im Windschatten eines anderen populären Sozialdemokraten um Sympathie bei den Wählern warb: Das Plakat zur damaligen Bundestagswahl empfahl daher das Erfolgsmodell von Georg August Zinn in Hessen auch für den Bund mit Brandt (Abb. S. 99). Zehn Jahre später stand Brandt schon längst an der Spitze der Bundesregierung und stellte sich bei den vorgezogenen Wahlen 1972 zur Wiederwahl: Als »Kanzler des Vertrauens« errang er den bis heute höchsten Wahlsieg der SPD auf Bundesebene (Abb. S. 100). Zugleich fungierte er bei dieser legendären »Willy wählen«-Wahl erfolgreich als zentrales »Zugpferd« für die einzelnen Landesverbände der Sozialdemokratie, was das gemeinsame Plakat mit dem damaligen bayerischen SPD-Parteivorsitzenden Hans-Jochen Vogel belegt (Abb. S. 101). Nach seiner Zeit als Kanzler kam Brandt noch lange jene Rolle zu, die zuvor Zinn für ihn gespielt hatte: Als Sachwalter seines politischen Erbes empfahl der populäre Amtsvorgänger auf einem Plakat zur Bundestagswahl 1976 den Bürgerinnen und Bürgern die Wahl des sozialdemokratischen Kandidaten: »Ich bitte um Ihre Stimme für Bundeskanzler Helmut Schmidt« (Abb. S. 102). Und auch viele Jahre später nahmen und nehmen selbst nach Brandts Tod bis heute »politische Enkel« für sich in Anspruch, das Erbe des Politikers lebendig zu halten.

Der Versuch, bereits erworbenes politisches Vertrauen von dem einen auf den anderen Politiker zu übertragen, erinnert an vormoderne dynastische Erbfolgen. Begriffe wie »politischer Enkel« oder »politischer Ziehvater« passen in diese Semantik einer parteipolitischen Abstammungslehre. Dabei zeigen die Plakatbeispiele, dass die »Erbfolge« unterschiedlich visualisiert werden kann: durch gemeinsame Fotografien, Empfehlungszitate, Vergleiche – oder durch das Wiederaufgreifen eines markanten Slogans. Letzteres versuchte Hessens Ministerpräsident Holger Börner bei der Wahl 1983 als »legitimer Erbe« der Politik Zinns. Mit »Hessen wieder vorn!« knüpfte er an den legendären Slogan »Hessen vorn« an, mit dem die SPD unter Zinn erstmals 1962 geworben und dabei die absolute Mehrheit erzielt hatte (Abb. S. 96, 97).

Die grundsätzliche Idee, aktuelle politische Programme und Kandidaten durch populäre Führungspersonen aus der Vergangenheit zu legitimieren, karikierte Klaus Staeck auf satirische Weise, indem er die »alten Herren« der Union – Erhard, Barzel, Kiesinger und Strauß – nebeneinander auf einem Biedermeiersofa sitzend als Männer von gestern präsentierte und entsprechend spöttisch kommentierte: »Nostalgie ist noch lange kein Grund CDU zu wählen« (Abb. S. 103).

Nikolas Werner Jacobs

1 Nikolas Werner Jacobs: »Merkel als Leviathan und Schröder im Licht der Alten Meister. Visuelle Strategien der Vertrauensbildung«, in: Philipp Ekardt, Frank Fehrenbach, Cornelia Zumbusch (Hrsg.): *Politische Emotionen in den Künsten*, Berlin/Boston 2021, S. 163–182, hier S. 165 (= Mnemosyne. Schriften des Internationalen Warburg-Kollegs, Bd. 7).

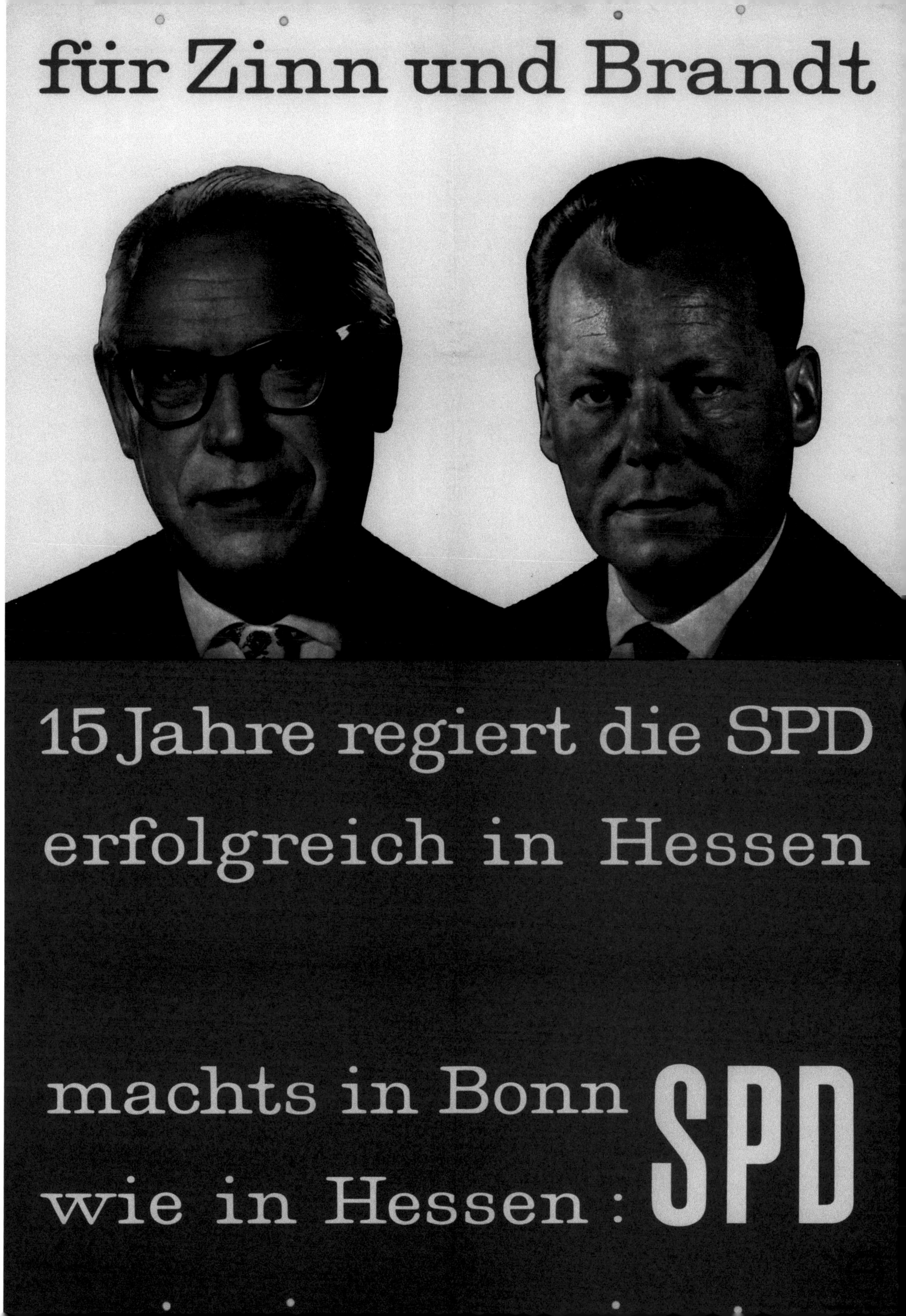

N. N.
für Zinn und Brandt –
15 Jahre regiert die SPD
erfolgreich in Hessen –
machts in Bonn
wie in Hessen: SPD
Bundesrepublik
Deutschland, 1961
84 × 59 cm
Friedrich-Ebert-Stiftung e.V.,
Archiv der
sozialen Demokratie

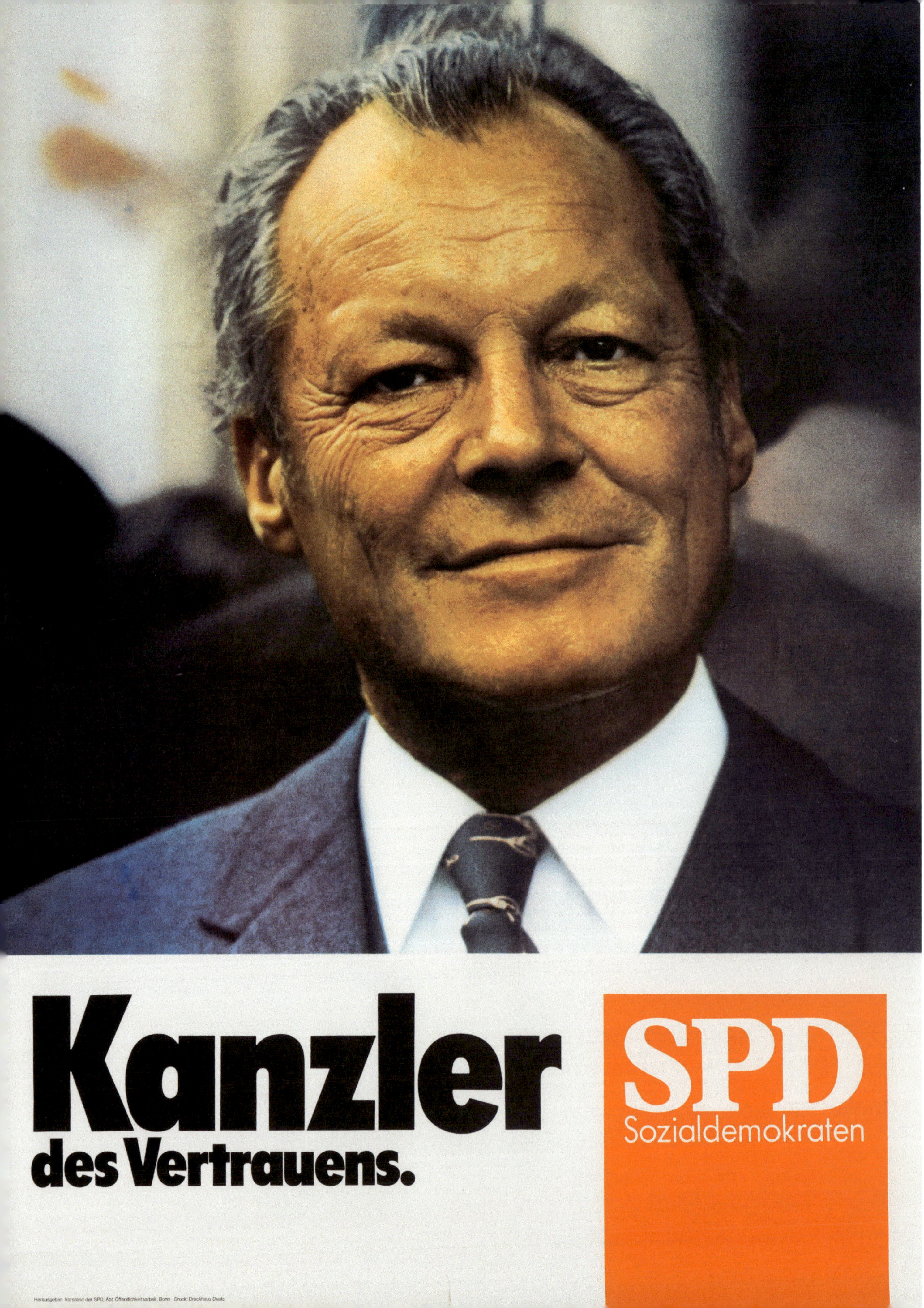

ARE (Harry Walter,
1929–2013), Düsseldorf
Kanzler des Vertrauens
SPD
Bundesrepublik
Deutschland, 1972
83,7 × 59,4 cm
Plakatsammlung
Maximilian Karagöz

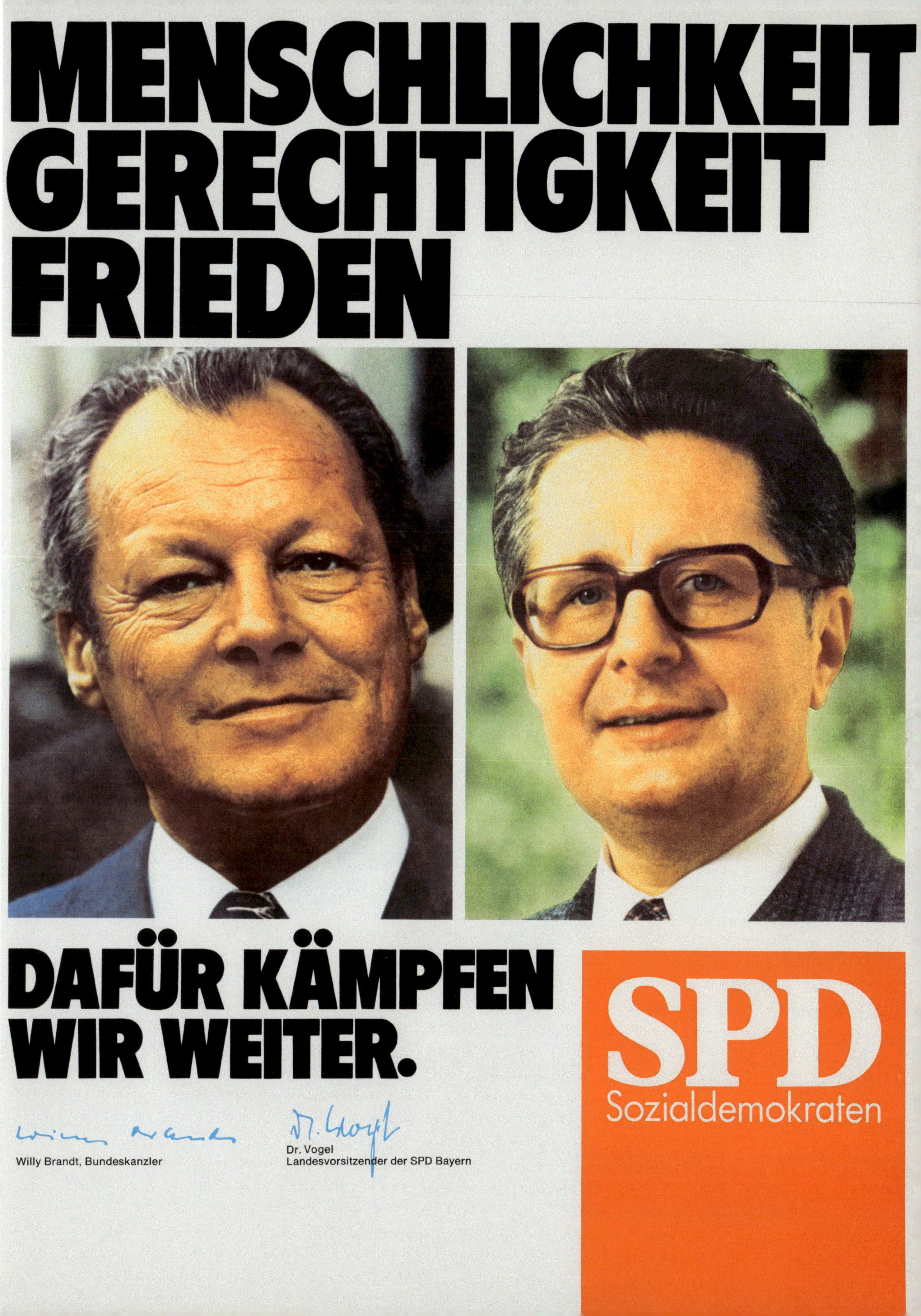

ARE (Harry Walter, 1929–2013), Düsseldorf
Menschlichkeit, Gerechtigkeit, Frieden. Dafür kämpfen wir weiter.
SPD
Bundesrepublik Deutschland, München, 1972
84 × 59,3 cm
Plakatsammlung Maximilian Karagöz

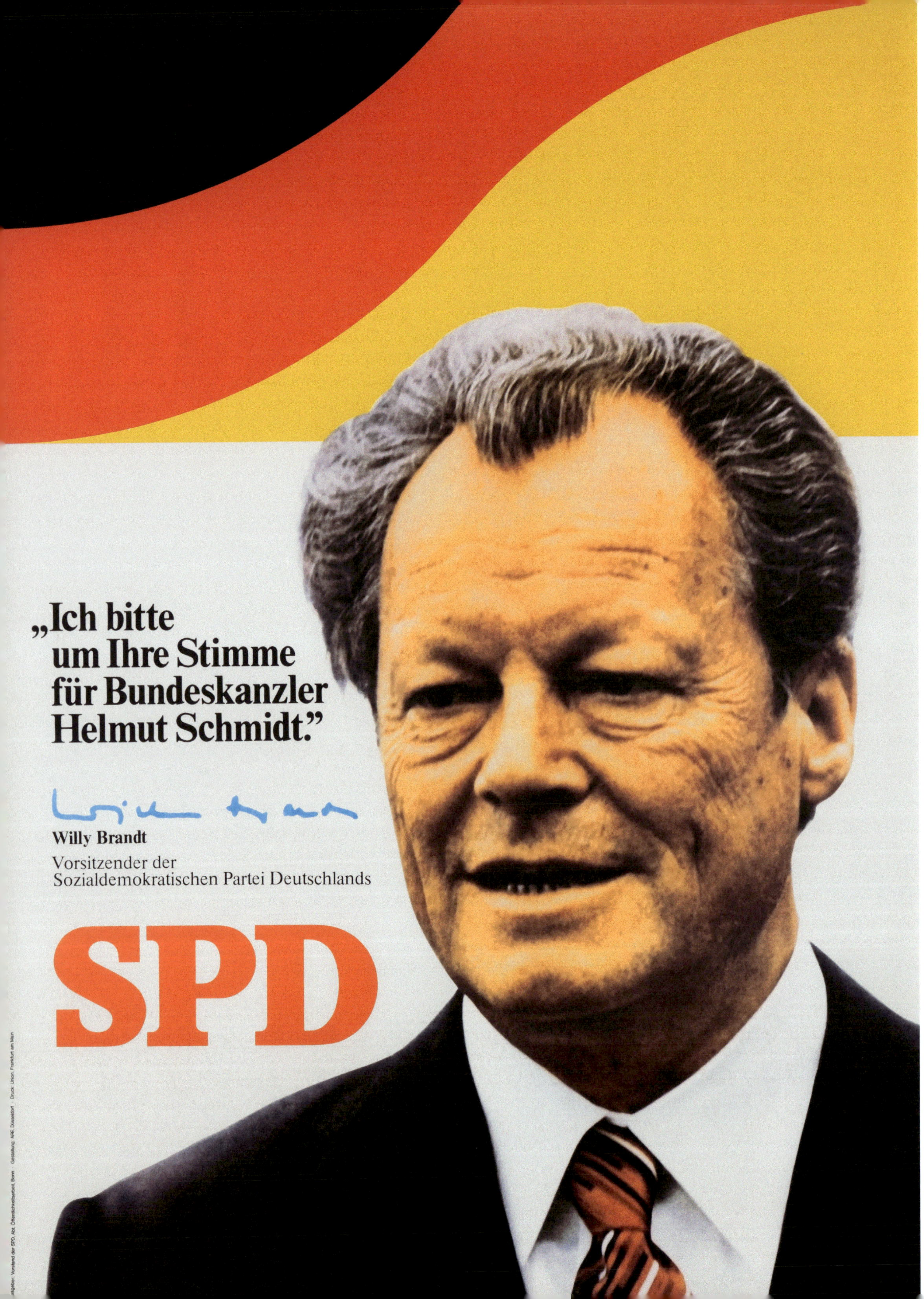

ARE (Harry Walter, 1929–2013), Düsseldorf
Ich bitte um Ihre Stimme für Bundeskanzler Helmut Schmidt
Willy Brandt. SPD
Bundesrepublik Deutschland, 1976
84 × 59,5 cm
Plakatsammlung Maximilian Karagöz

Klaus Staeck (*1938)
Nostalgie ist
noch lange kein Grund
CDU zu wählen
Bundesrepublik
Deutschland, 1974
83,8 × 59,2 cm
Plakatsammlung
Maximilian Karagöz

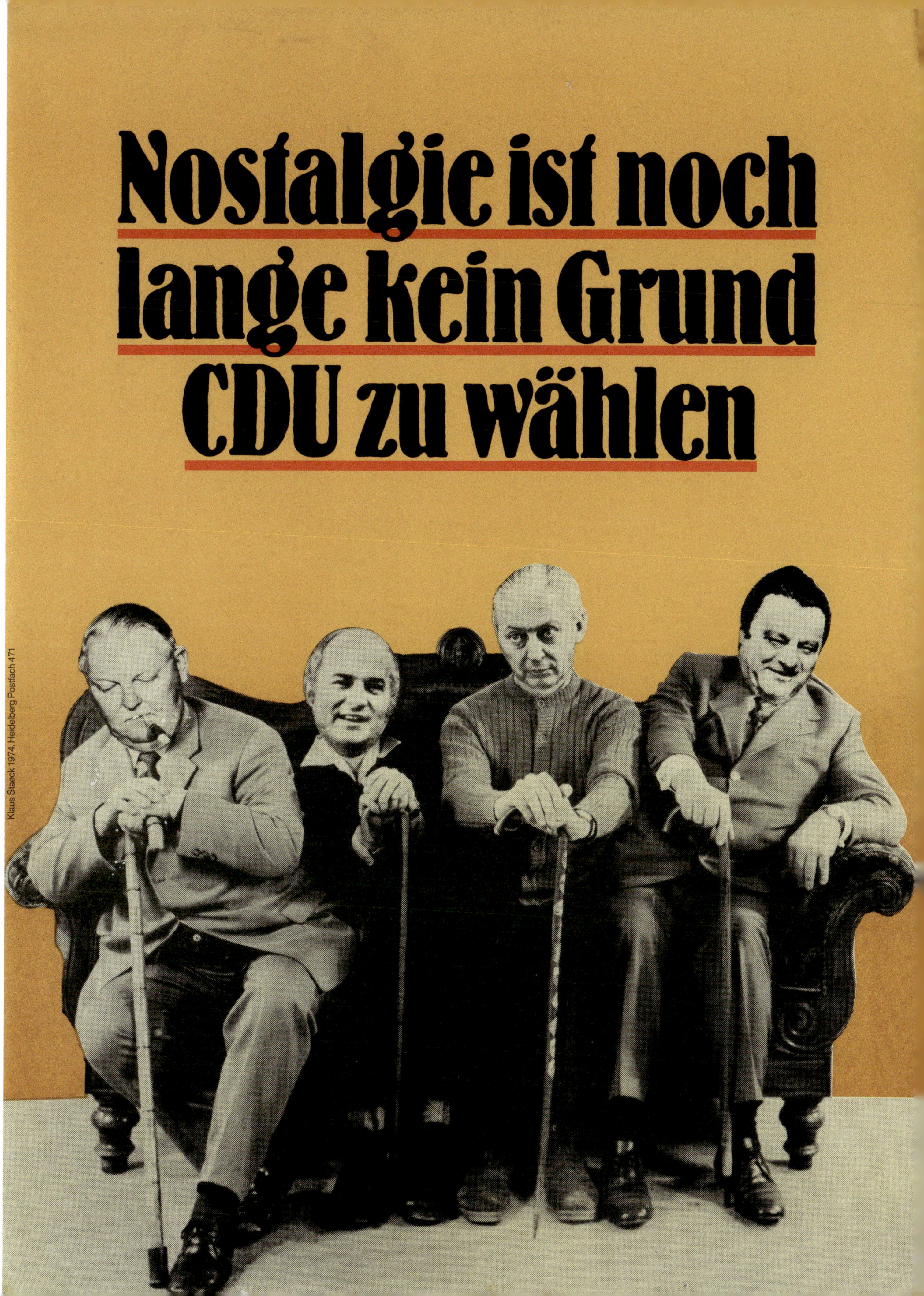

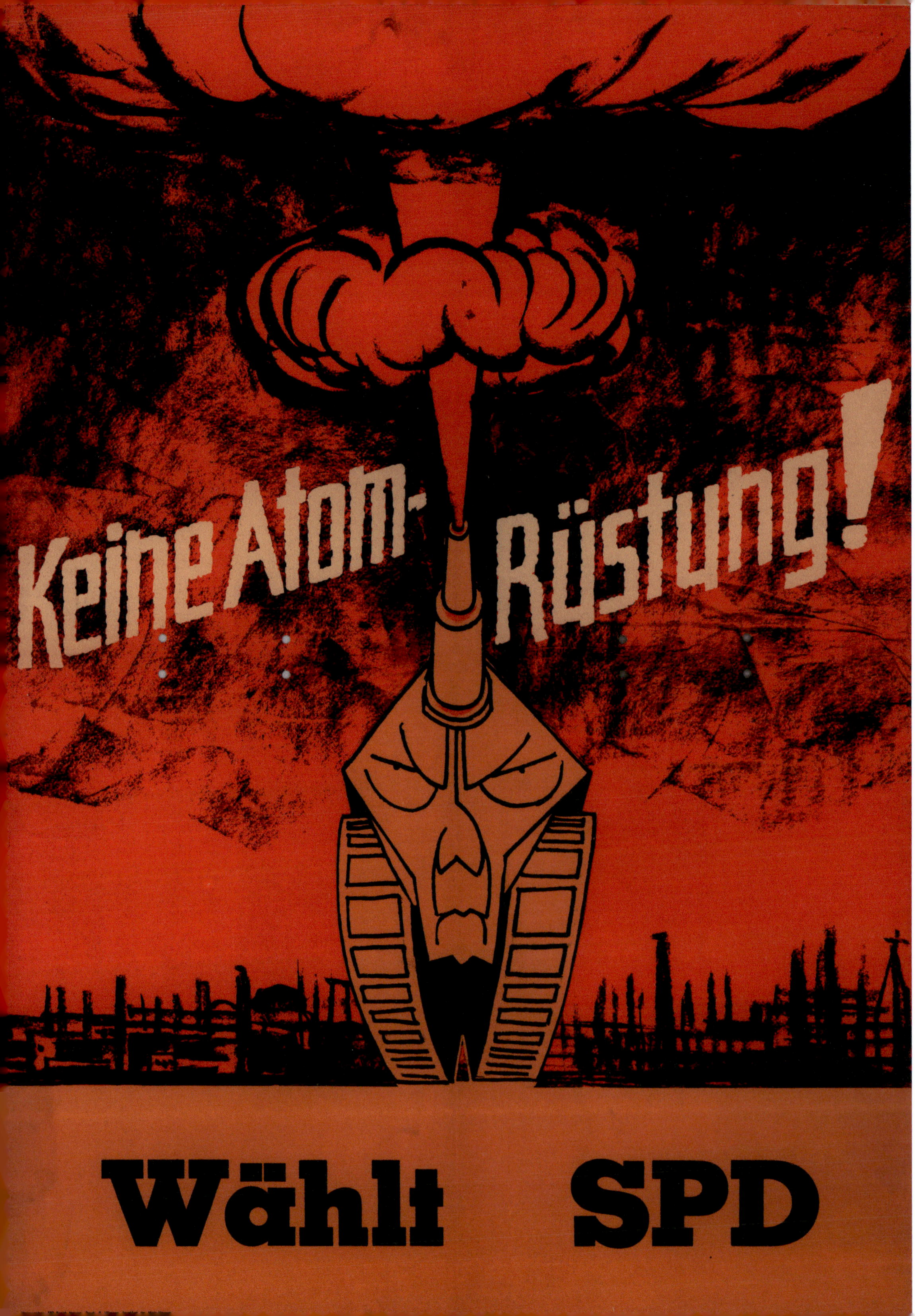

Henry Meyer-Brockmann
(1912–1968)
Keine Atom-Rüstung!
Wählt SPD
Bundesrepublik
Deutschland, 1957
84 × 59 cm
Friedrich-Ebert-Stiftung e.V.,
Archiv der
sozialen Demokratie

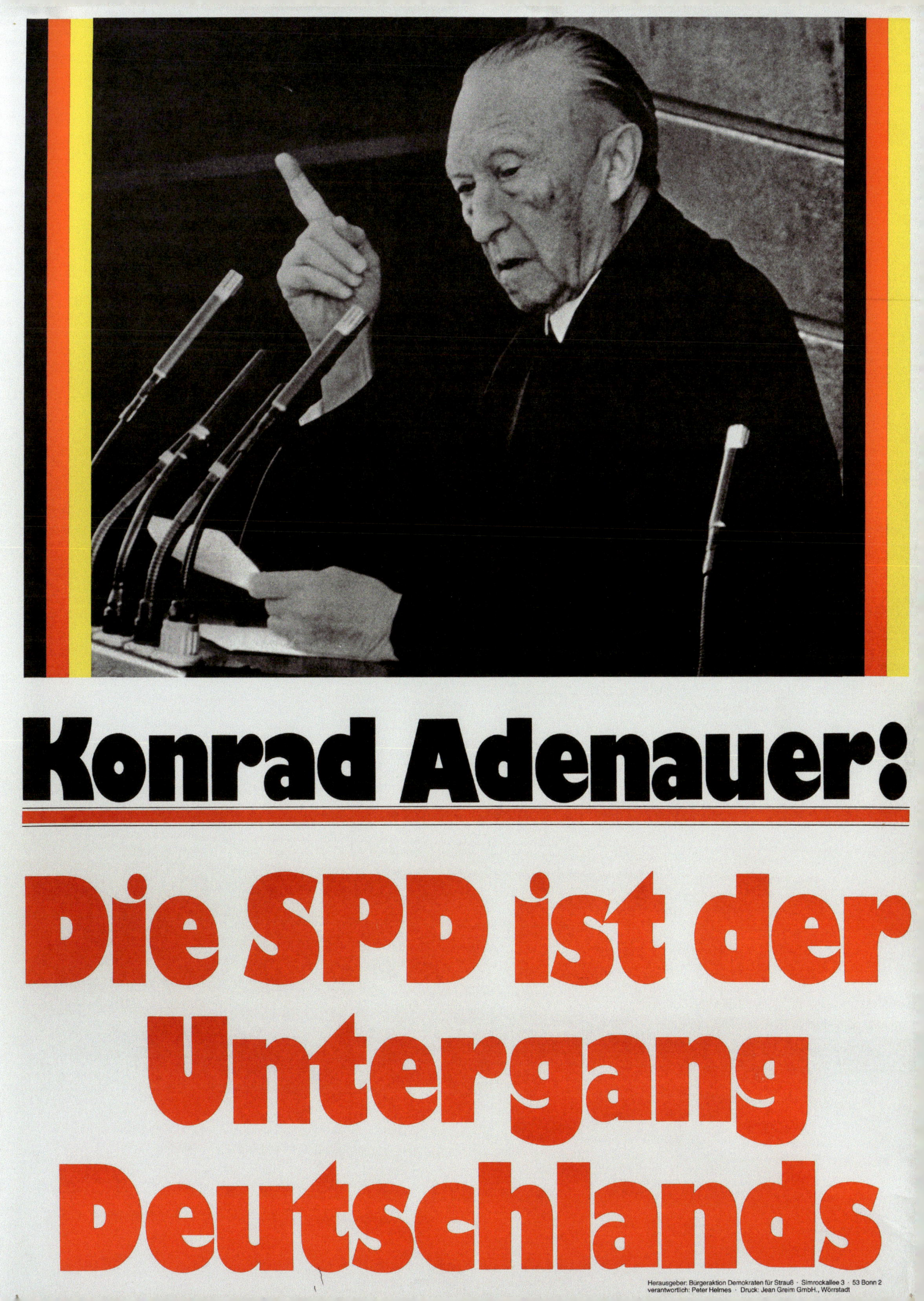

N. N.
Konrad Adenauer:
Die SPD ist der
Untergang
Deutschlands
Bundesrepublik
Deutschland, 1980
83,9 × 59,5 cm
Plakatsammlung
Maximilian Karagöz

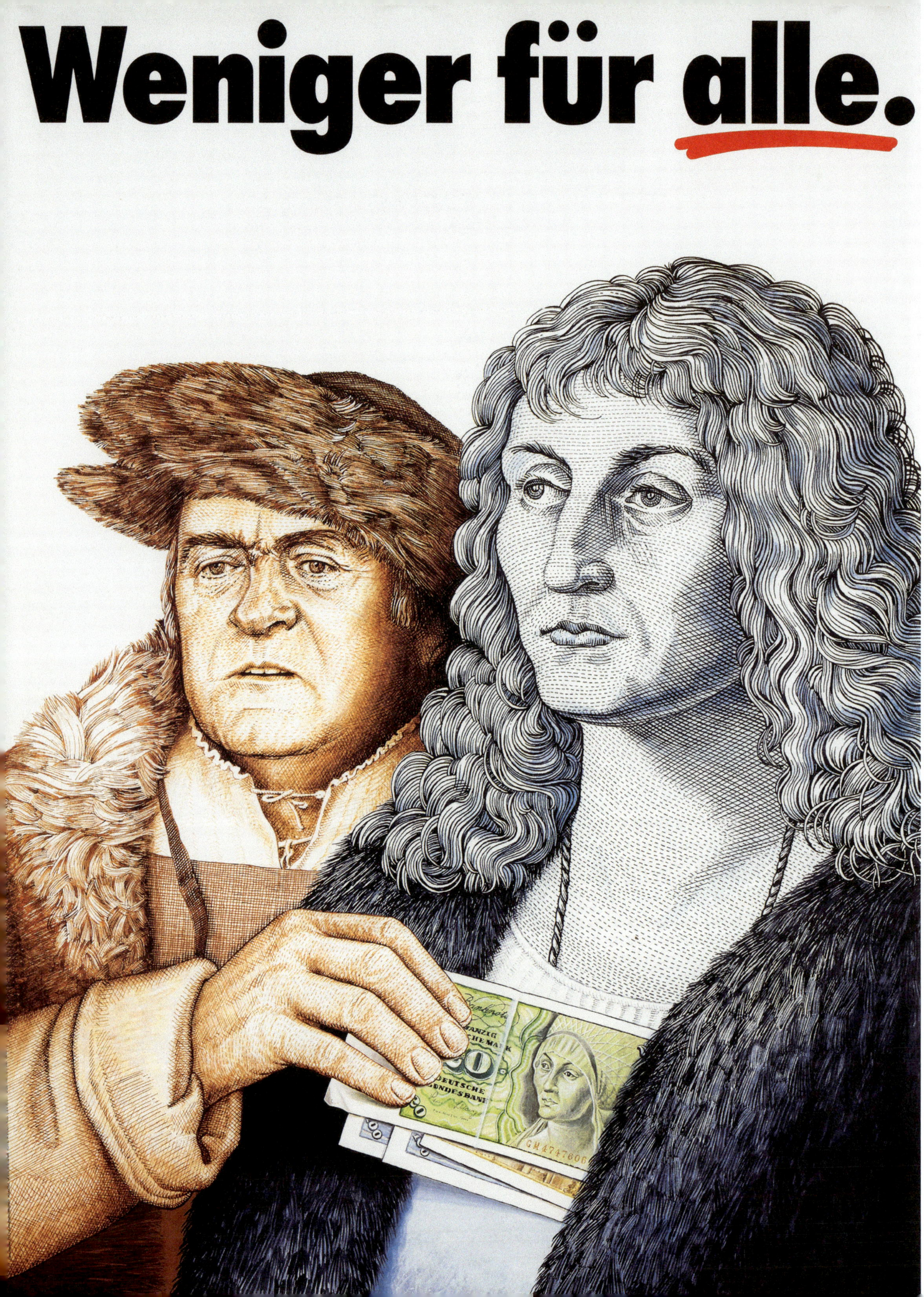

N. N.
Weniger für alle.
Bundesrepublik
Deutschland, 1987
84 × 59 cm
Plakatsammlung
Maximilian Karagöz

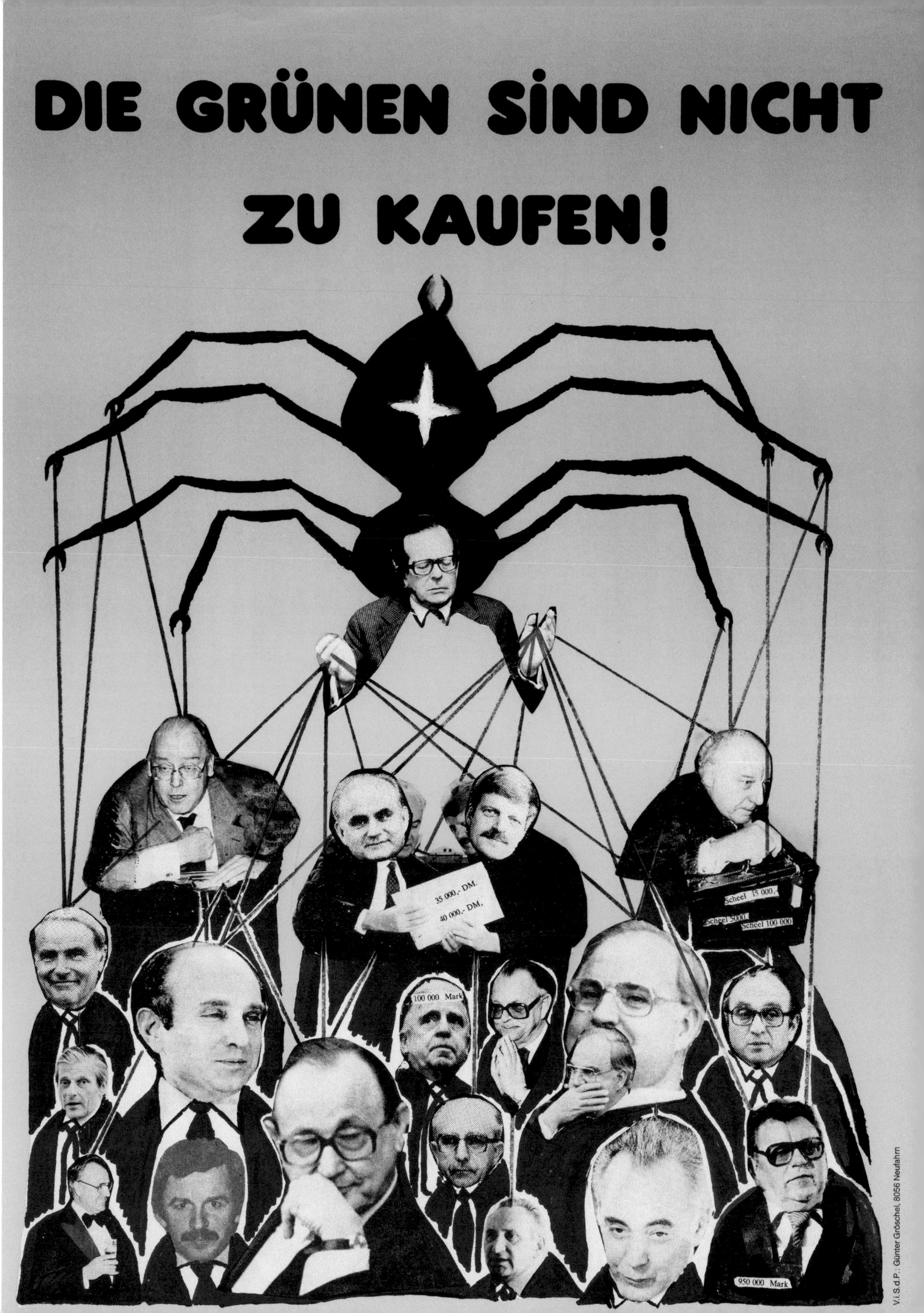

N. N.
DIE GRÜNEN sind
nicht zu kaufen!
Bundesrepublik
Deutschland, vor 1998
69,2 × 47,2 cm
Plakatsammlung
Maximilian Karagöz

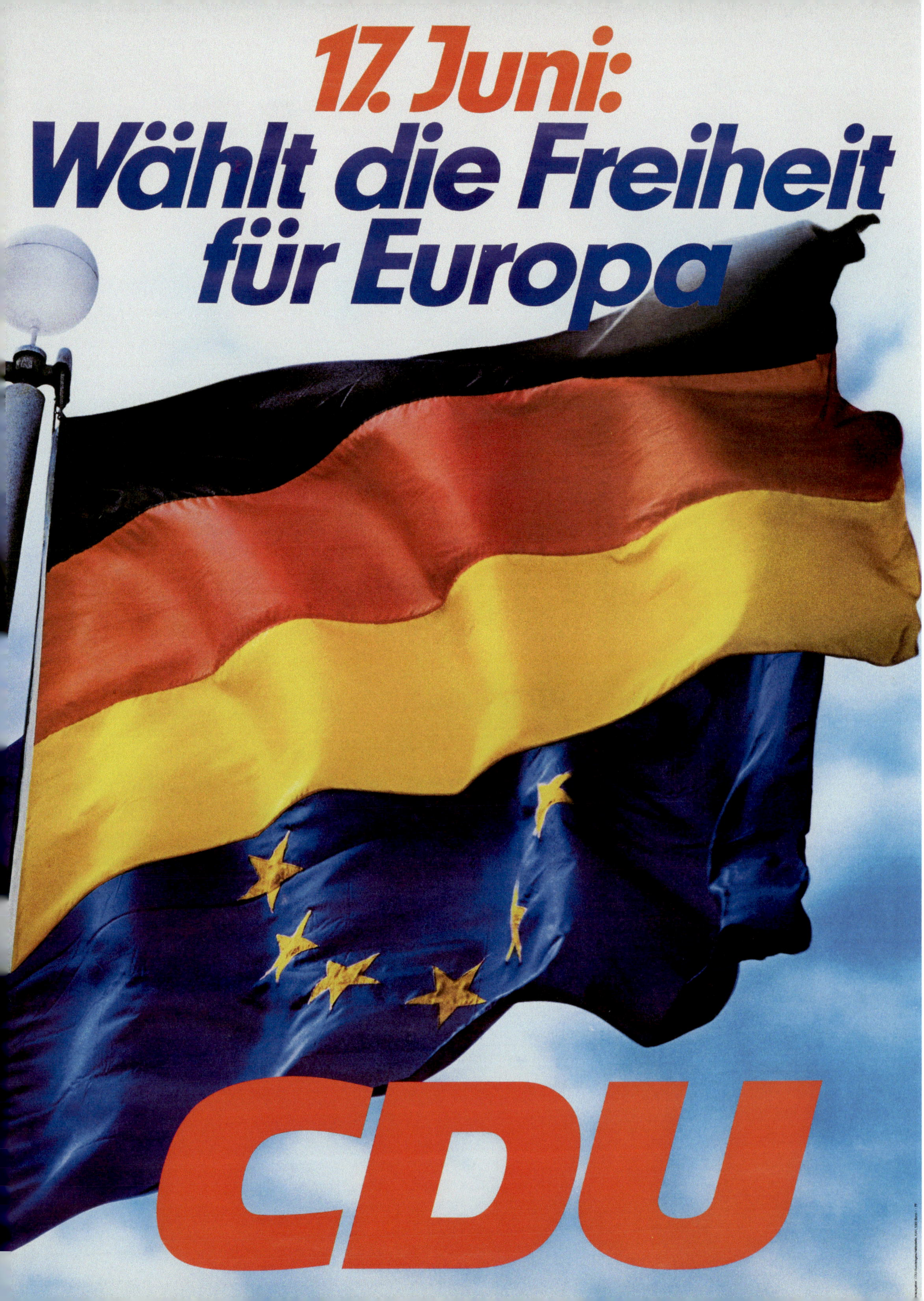

N. N.
17. Juni:
Wählt die Freiheit
für Europa. CDU
Bundesrepublik
Deutschland, 1984
83,8 × 59,3 cm
CDU-Fraktion
im Hessischen Landtag

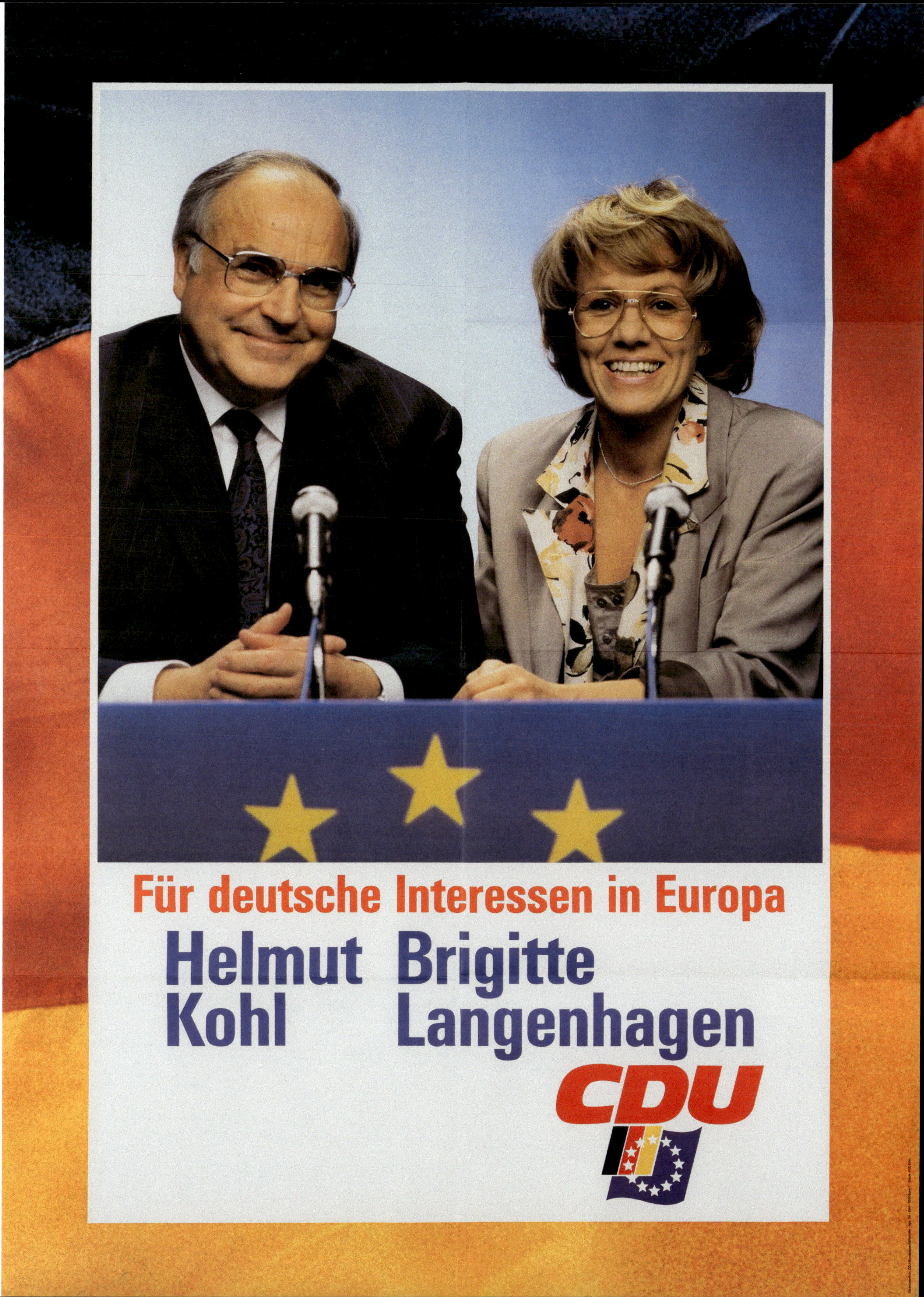

N. N.
Für deutsche Interessen
in Europa. Helmut Kohl
Brigitte Langenhagen
CDU
Bundesrepublik
Deutschland, 1989
118,5 × 83,9 cm
Plakatsammlung
Maximilian Karagöz

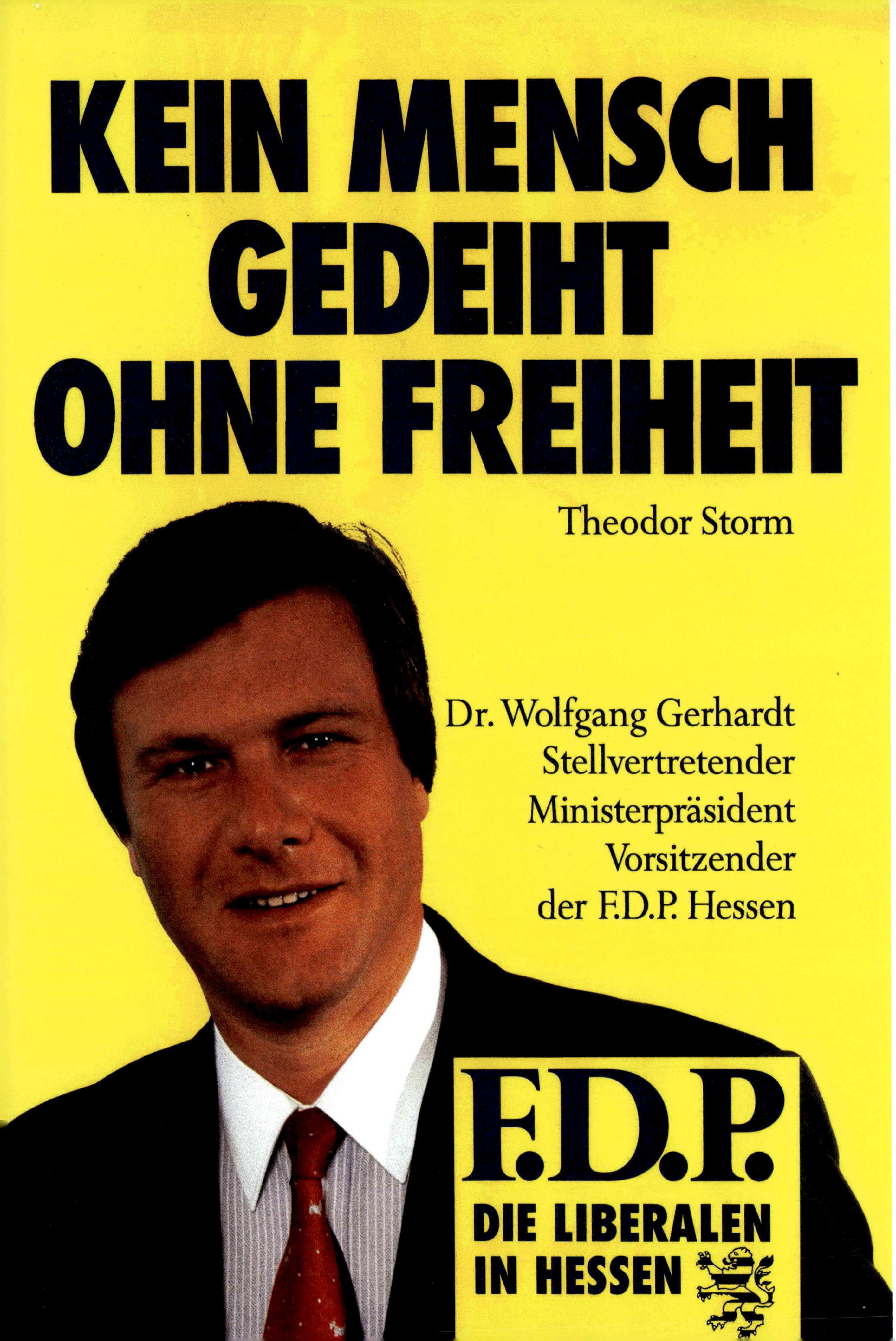

N. N.
Kein Mensch gedeiht
ohne Freiheit
Theodor Storm
Dr. Wolfgang Gerhardt
Stellvertretender
Ministerpräsident
Vorsitzender
der F.D.P. Hessen
F.D.P. Die Liberalen
in Hessen
Bundesrepublik
Deutschland, 1991
59,4 × 84,1 cm
Friedrich-Naumann-
Stiftung für die Freiheit,
Archiv des Liberalismus,
Plakatsammlung

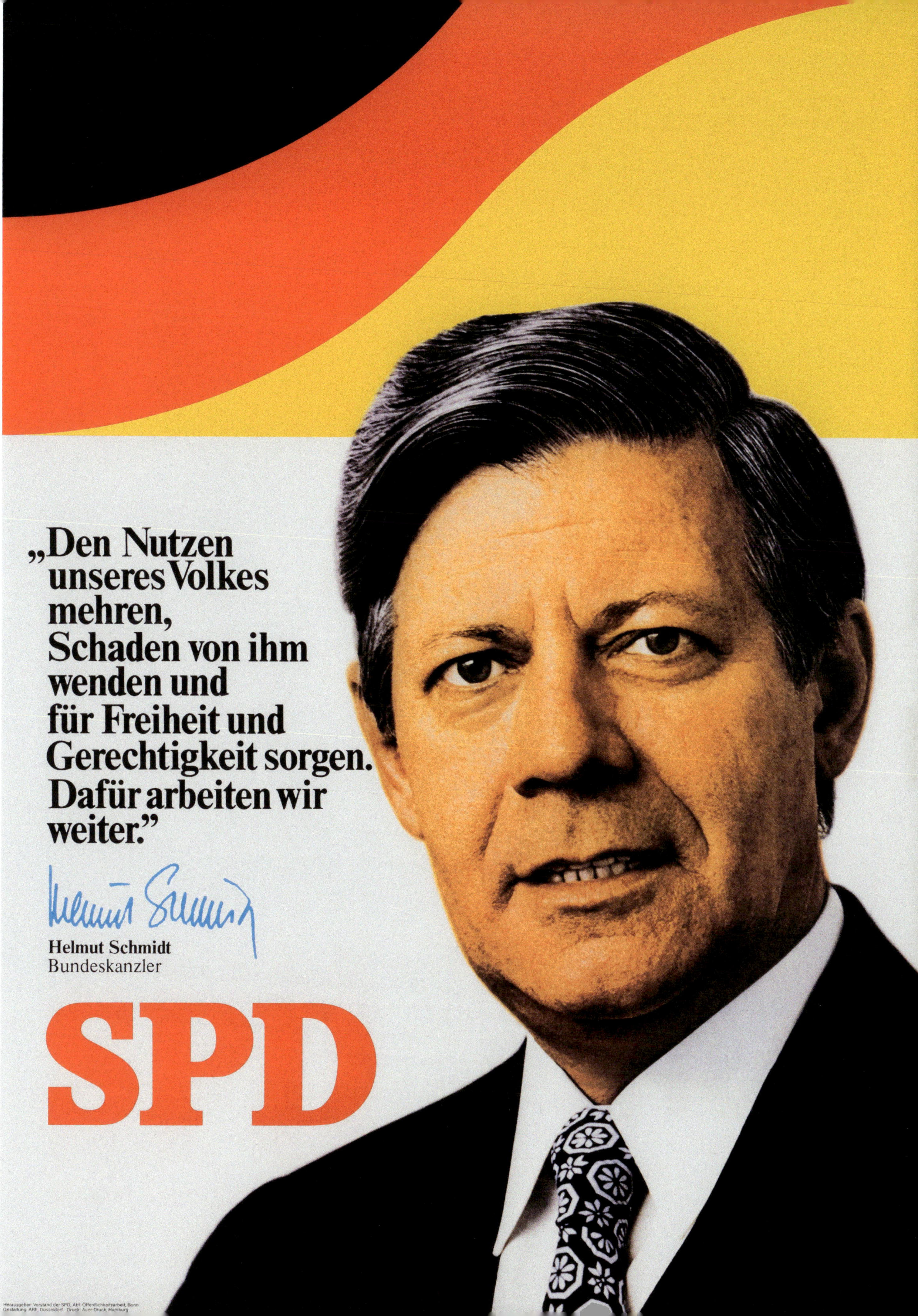

ARE (Harry Walter, 1929–2013), Düsseldorf
Helmut Schmidt. SPD
Bundesrepublik Deutschland, 1976
84 × 59,3 cm
Plakatsammlung Maximilian Karagöz

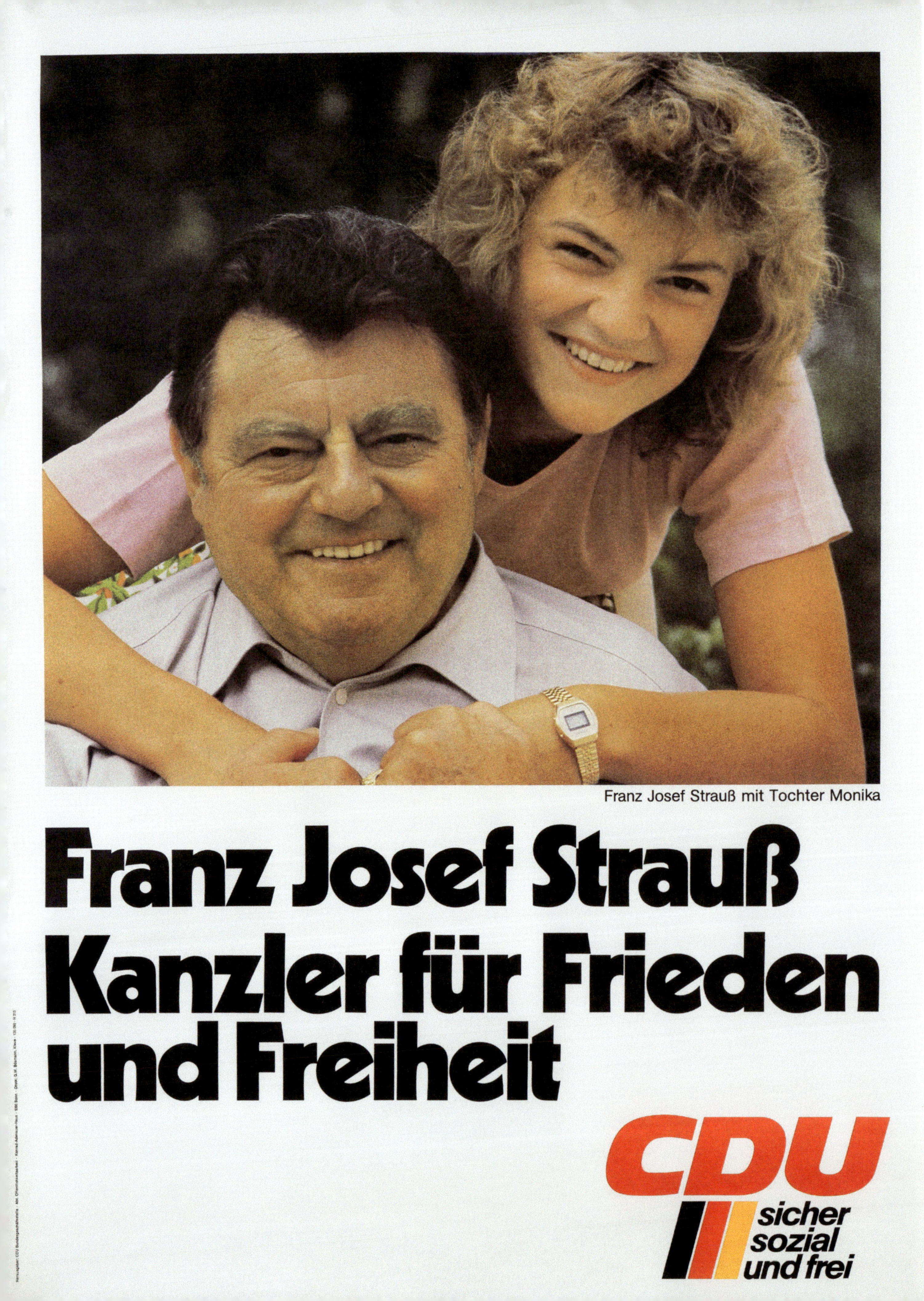

N. N.
Franz Josef Strauß
Kanzler für Frieden
und Freiheit
CDU. sicher. sozial
und frei
Bundesrepublik
Deutschland, 1980
81,4 × 59,2 cm
Plakatsammlung
Maximilian Karagöz

Paul Aigner
(1905–1984)
Einheit für Deutschland
Heinrich v. Brentano
CDU
Bundesrepublik
Deutschland, 1957
84 × 59 cm
Plakatsammlung
Maximilian Karagöz

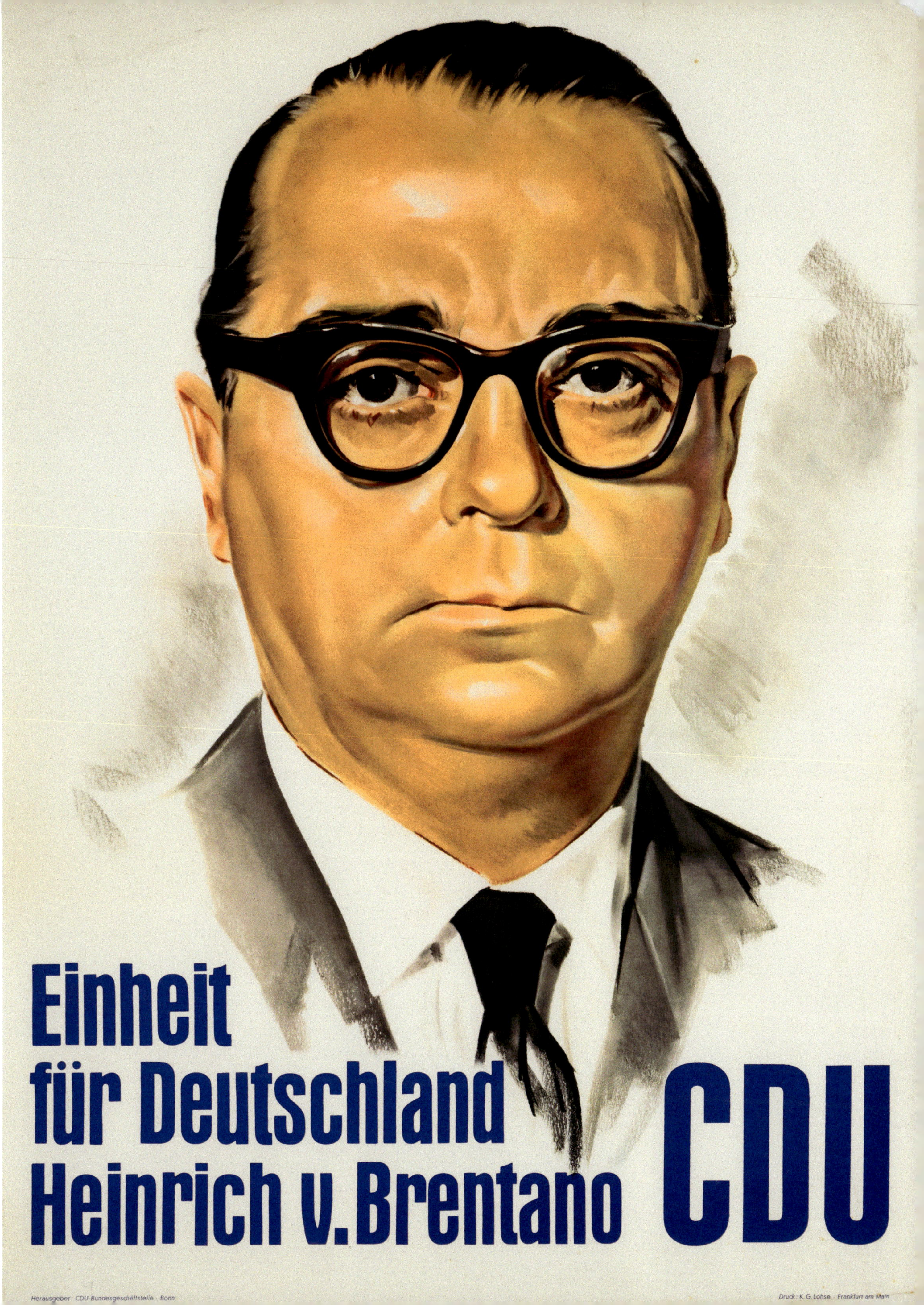

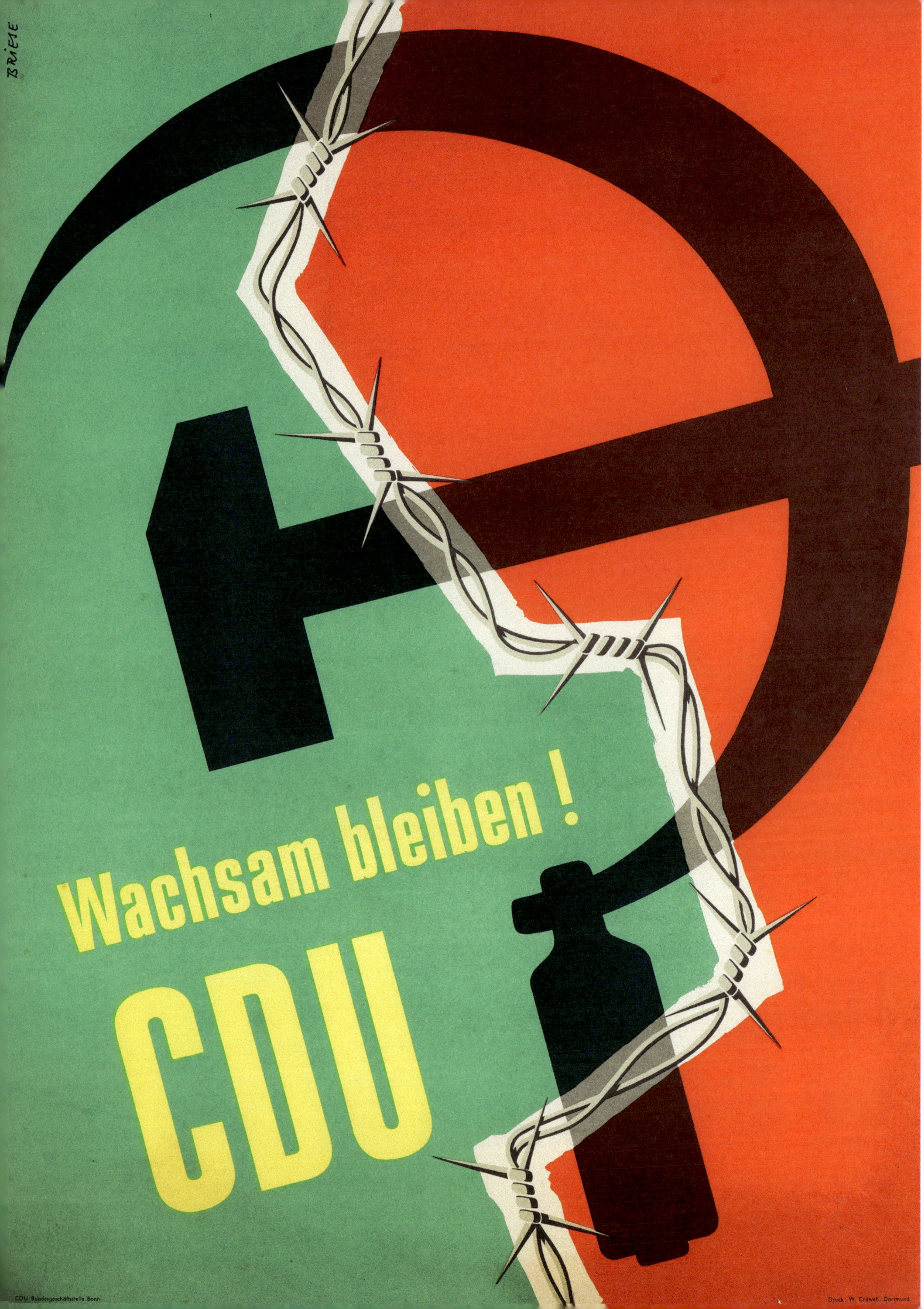

Burkhard Briese
(Lebensdaten unbekannt)
Wachsam bleiben! CDU-
Bundesrepublik
Deutschland, 1953
84 × 59,5 cm
Plakatsammlung
Maximilian Karagöz

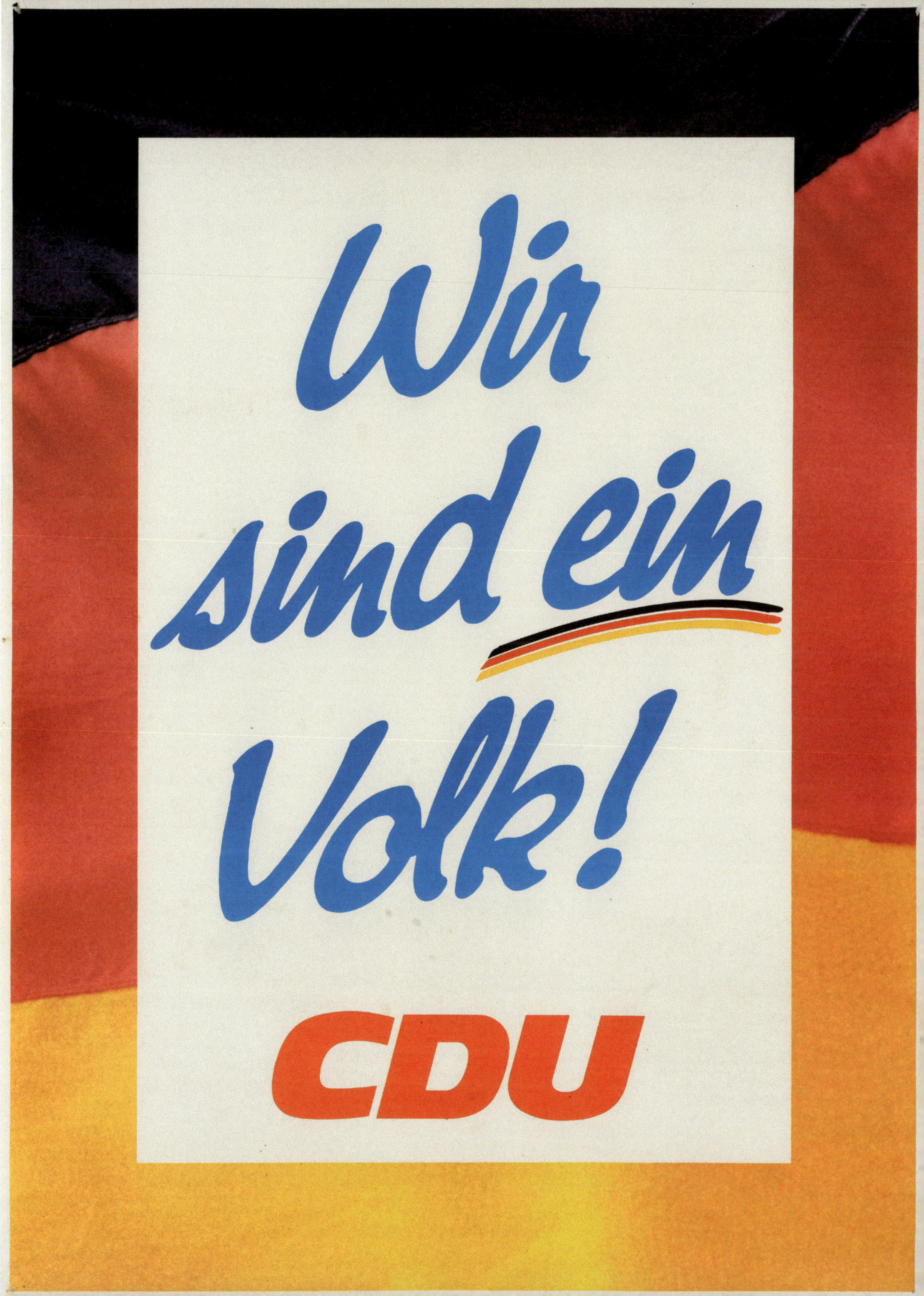

N. N.
Wir sind ein Volk! CDU
Bundesrepublik
Deutschland, 1990
83,9 × 59,1 cm
Plakatsammlung
Maximilian Karagöz

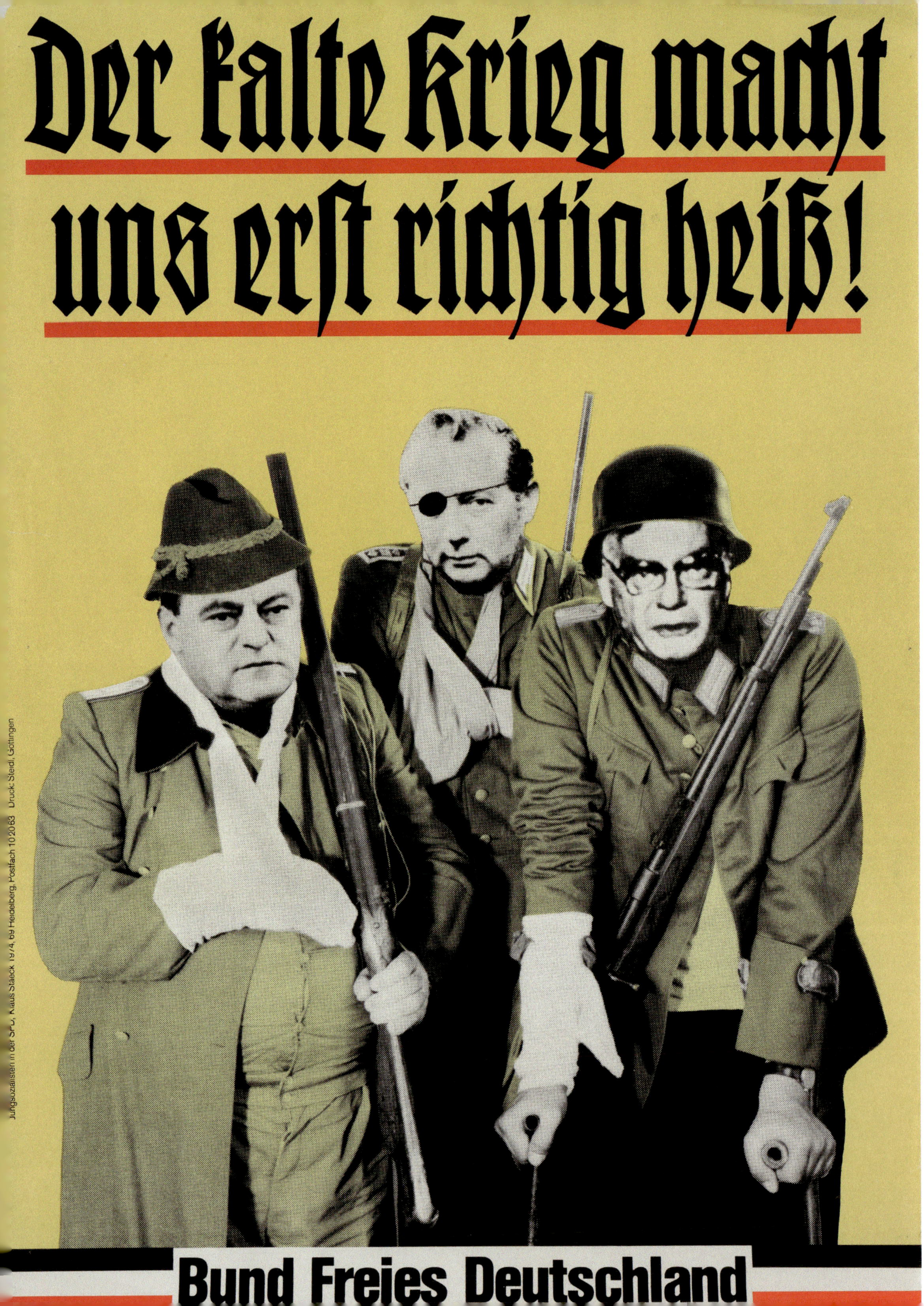

Klaus Staeck (*1938)
Der kalte Krieg macht
uns erst richtig heiß!
Bundesrepublik
Deutschland, 1974
83,2 × 59 cm
Plakatsammlung
Maximilian Karagöz

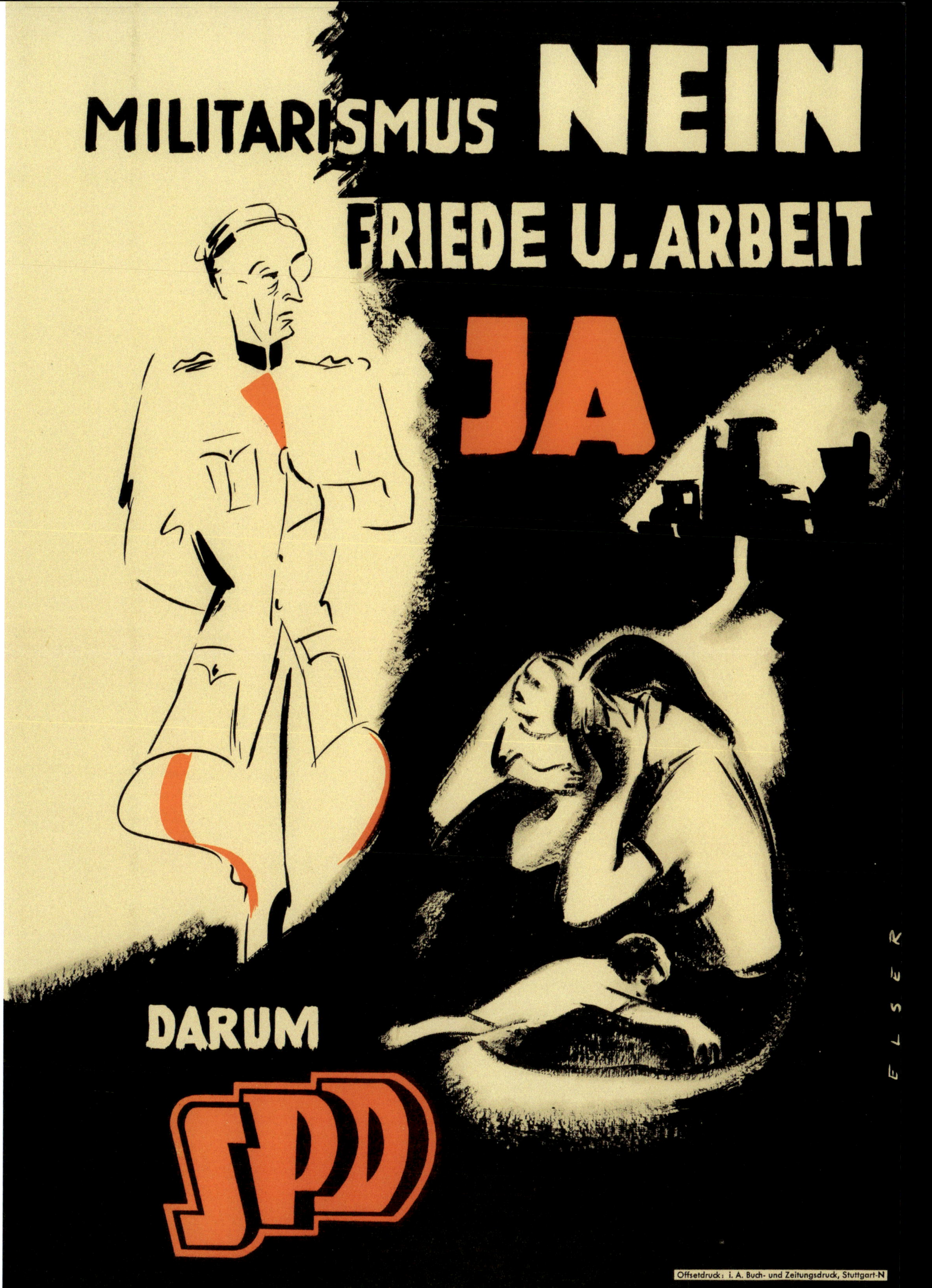

[?] Elser
(Lebensdaten unbekannt)
Militarismus Nein.
Friede u. Arbeit Ja.
Darum SPD
Bundesrepublik
Deutschland,
Stuttgart, 1952
58,8 × 42 cm
Plakatsammlung
Maximilian Karagöz

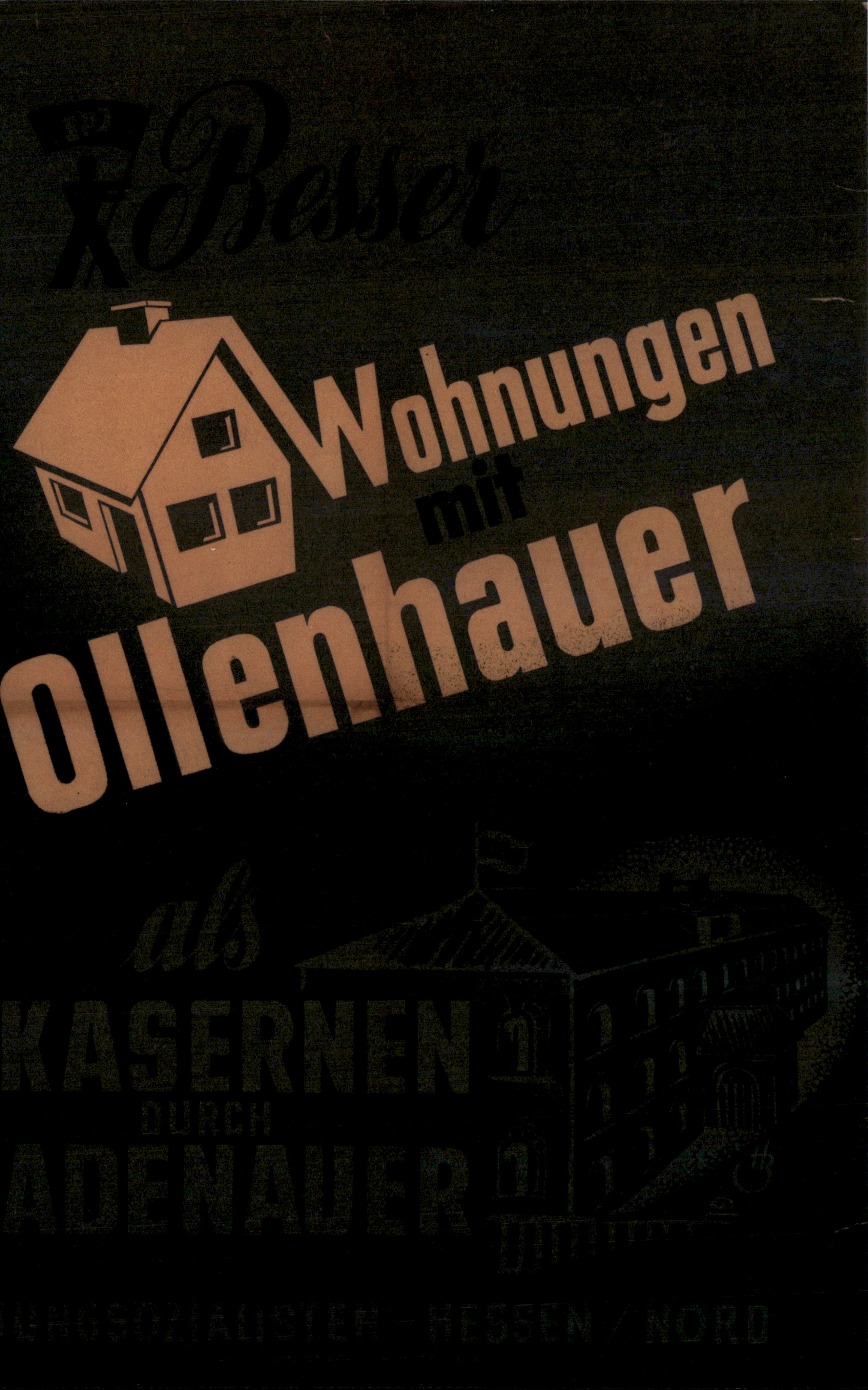

N. N.
Besser Wohnungen
mit Ollenhauer
als Kasernen
durch Adenauer
Bundesrepublik
Deutschland, 1953
60 × 49 cm
Friedrich-Ebert-
Stiftung e.V.,
Archiv der
sozialen Demokratie

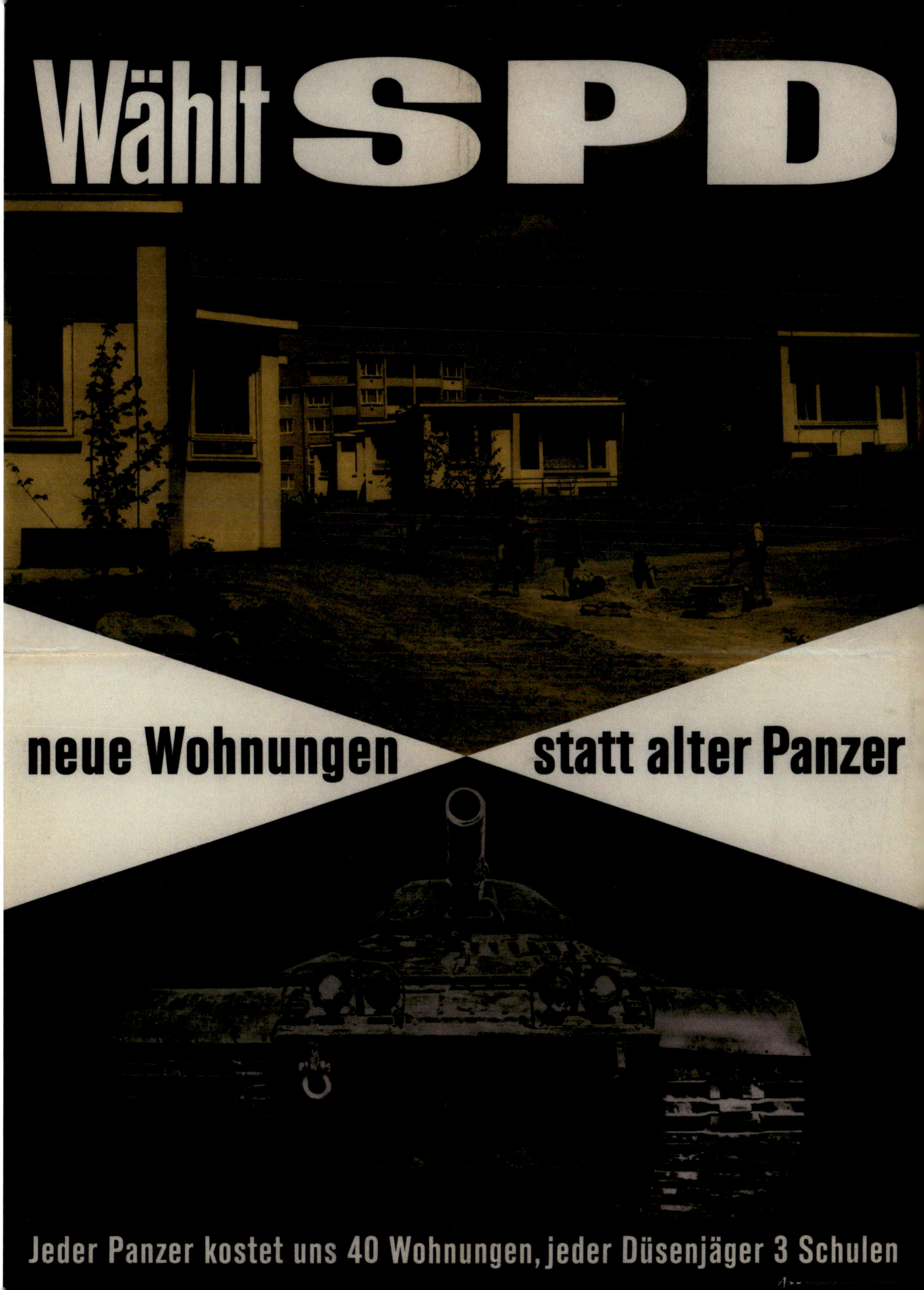

Aso
Wählt SPD
neue Wohnungen
statt alter Panzer
Bundesrepublik
Deutschland, 1958
84 × 60 cm
Friedrich-Ebert-
Stiftung e.V.,
Archiv der
sozialen Demokratie

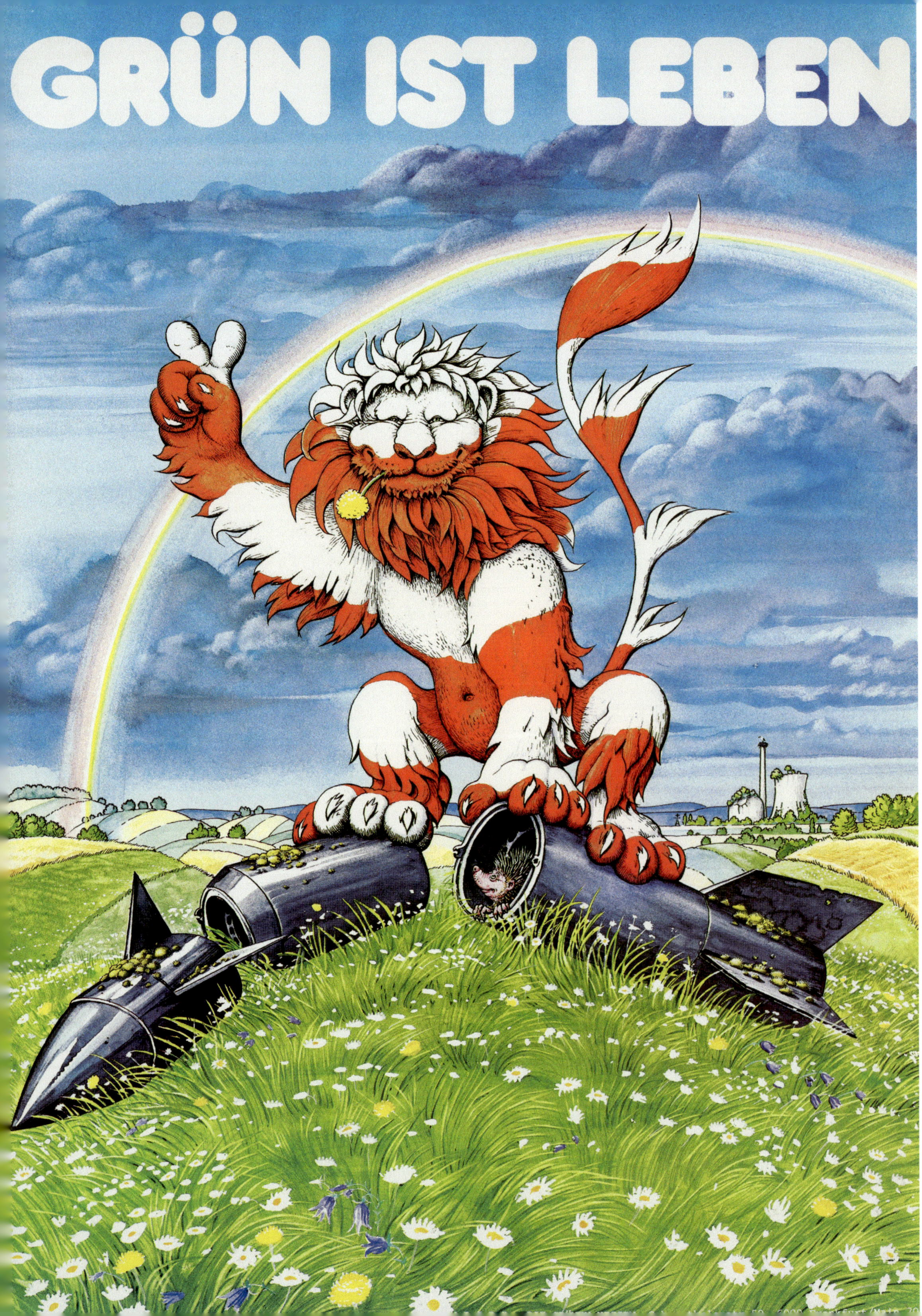

Rudolf Mank
(Lebensdaten unbekannt)
Grün ist Leben
Bundesrepublik
Deutschland, 1983
83,7 × 58,3 cm
Fraktion BÜNDNIS 90/
DIE GRÜNEN
im Hessischen Landtag

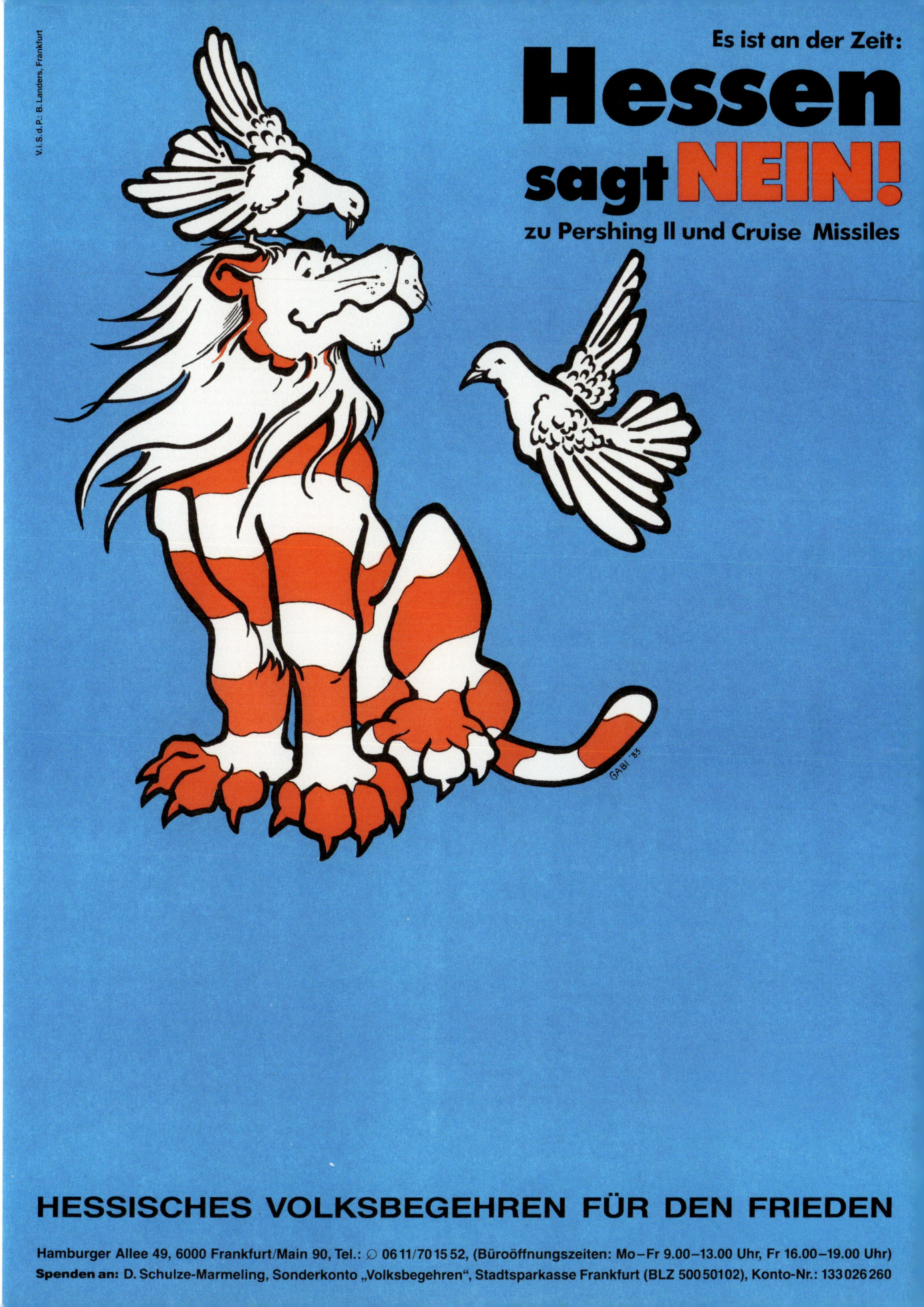

GABI
Es ist an der Zeit:
Hessen sagt nein
zu Pershing II
und Cruise Missiles
Hessisches
Volksbegehren für
den Frieden
Bundesrepublik
Deutschland, 1983
60 × 42 cm
Fraktion BÜNDNIS 90/
DIE GRÜNEN
im Hessischen Landtag

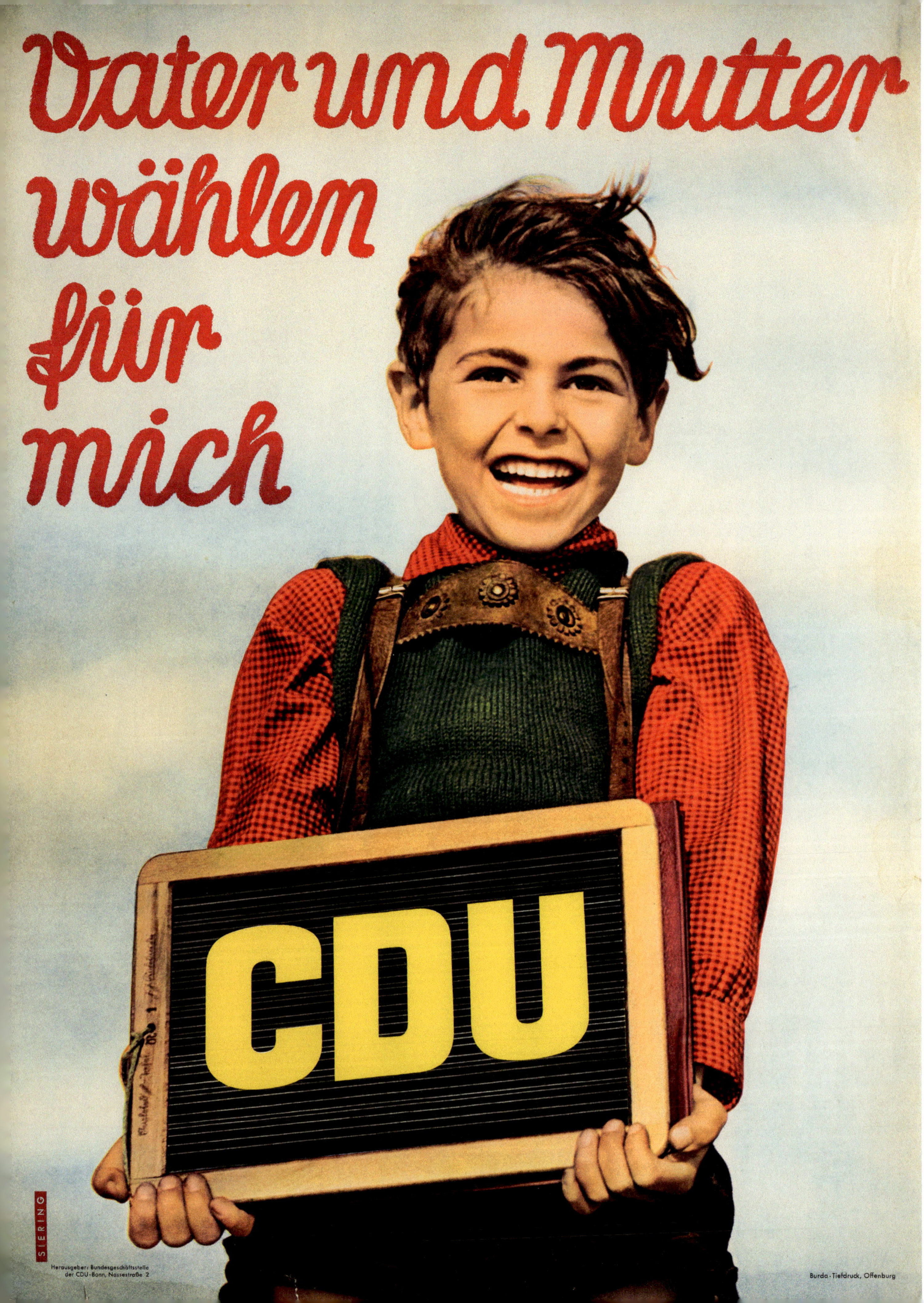

Theo Siering
(Lebensdaten unbekannt)
Vater und Mutter
wählen für mich CDU
Bundesrepublik
Deutschland, 1953
84 × 60 cm
Plakatsammlung
Maximilian Karagöz

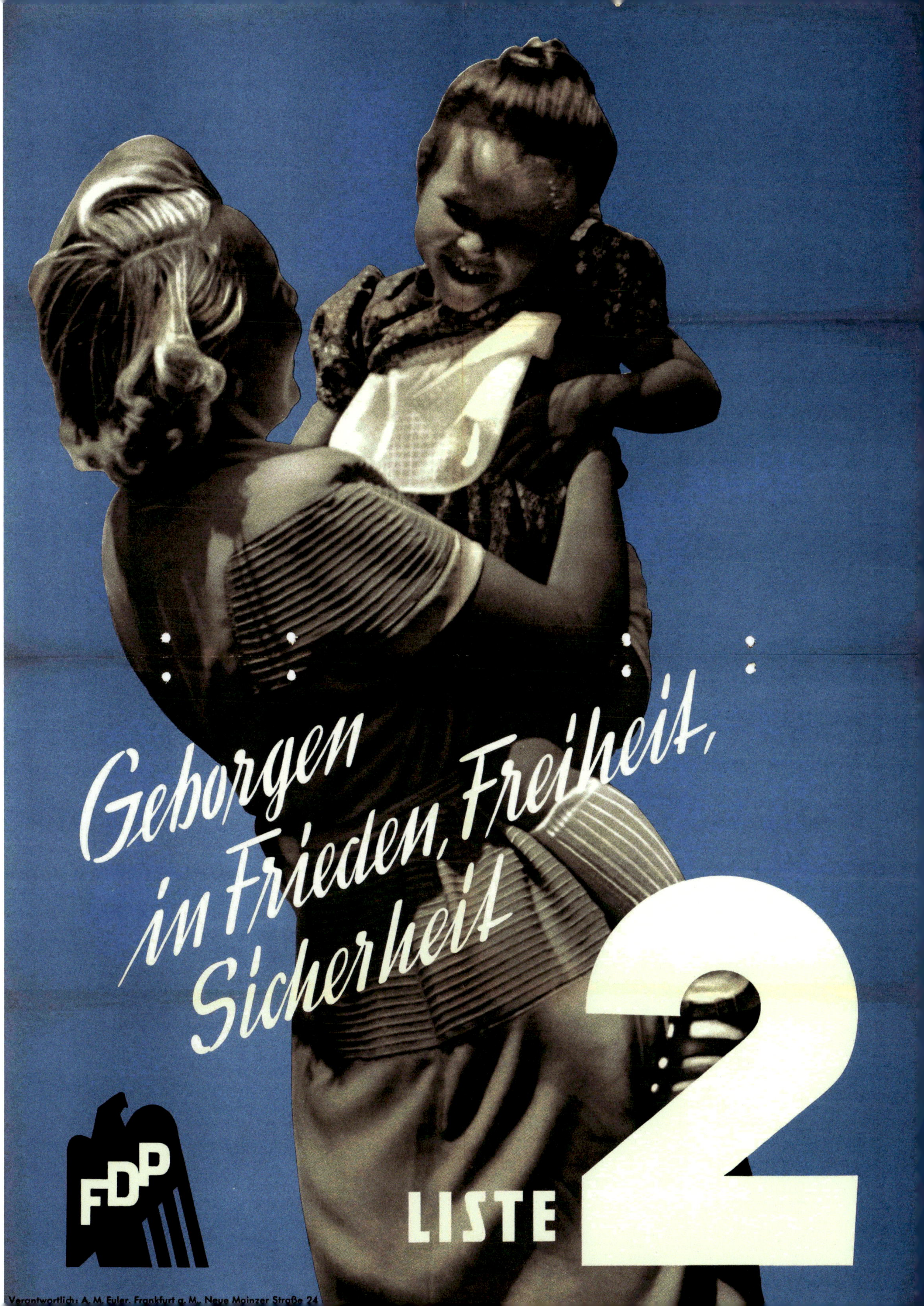

N. N.
Geborgen in Frieden,
Freiheit, Sicherheit FDP
Liste 2
Bundesrepublik
Deutschland, 1954
84,1 × 59,4 cm
Friedrich-Naumann-
Stiftung für die Freiheit,
Archiv des Liberalismus,
Plakatsammlung

Typografie kann unter Umständen Plakatkunst sein

In leicht abgewandelter Form lenkt das berühmte Zitat von Kurt Schwitters den Blick auf jene politischen Plakate, die ihre Wirkung vor allem einem Text und dessen Gestaltung im Schriftbild verdanken. Bildeten reine Schriftplakate in den Anfangsjahren der Bundesrepublik zahlenmäßig noch die Mehrheit, so wurden sie sukzessive durch Plakate mit Bildmotiven verdrängt. Übrig blieben schließlich nur jene Schriftplakate, die sich aufgrund ihrer originellen typografischen Gestaltung von der Flut politischer Bilder abheben konnten.

Mal wurde aus dem Schriftbild der Listennummer das Plakatmotiv wie etwa im Fall der SPD mit ihrem doppeldeutigen Slogan »für Hessen nur eins« über einer übergroßen Ziffer 1 (Abb. S. 126) oder der CDU mit ihrer zwei Mal wiederholten Ziffer 2, durch die auf die doppelte Stimmenanzahl und die Listennummer hingewiesen wurde: »2 mal wählen! Liste 2« (Abb. S. 125).

Minimalistisch ganz auf die eigene Sloganmarke reduziert wurde wiederum das SPD-Plakat »Hessen vorn« gestaltet (Abb. S. 127). Während der Slogan auch mit anderen Motiven, etwa Fotografien von Ministerpräsident Georg August Zinn (Abb. S. 96), kombiniert wurde, überzeugt diese rein typografisch gestaltete Version in besonderer Weise, da sie sich ganz auf die imaginäre Kraft des Optimismus, Stolz und Selbstbewusstsein ausdrückenden Mottos der hessischen Sozialdemokratie konzentriert. Auch die FDP wusste mit Schriftgestaltung ihren Wahlplakaten besondere Wirkung zu verleihen. Ihre über viele Jahre festgelegte Rolle als kleine Partei zwischen den beiden großen Volksparteien vermochte sie dabei kommunikativ geschickt und selbstironisch zu nutzen. »Wählt David. Goliath schläft.« lautete die zentral ins Bild gesetzte Botschaft, mit der sich die hessische FDP vor den Landtagswahlen 1970 als vitaler Zwerg gegenüber dem trägen Riesen SPD präsentierte (Abb. S. 128). Tatsächlich verlor bei dieser Wahl »Goliath« seine absolute Mehrheit und musste fortan mit »David« eine Koalitionsregierung bilden. Argumentativ ganz ähnlich warb die FDP bei der Landtagswahl acht Jahre später um Stimmen für sich: »SO oder SO, wir wollen keine Alleinherrschaft« präsentierte die Partei als notwendiges Korrektiv in einer Koalition mit einer der beiden großen Parteien, wobei je ein »SO« farblich schwarz für die CDU und eines rot für die SPD stand (Abb. S. 129). Die hintersinnigen Botschaften in Kombination mit der klaren, ganz auf das Schriftbild reduzierten Gestaltung heben diese FDP-Plakate aus der Masse vieler anderer Motive heraus.

Nikolas Werner Jacobs

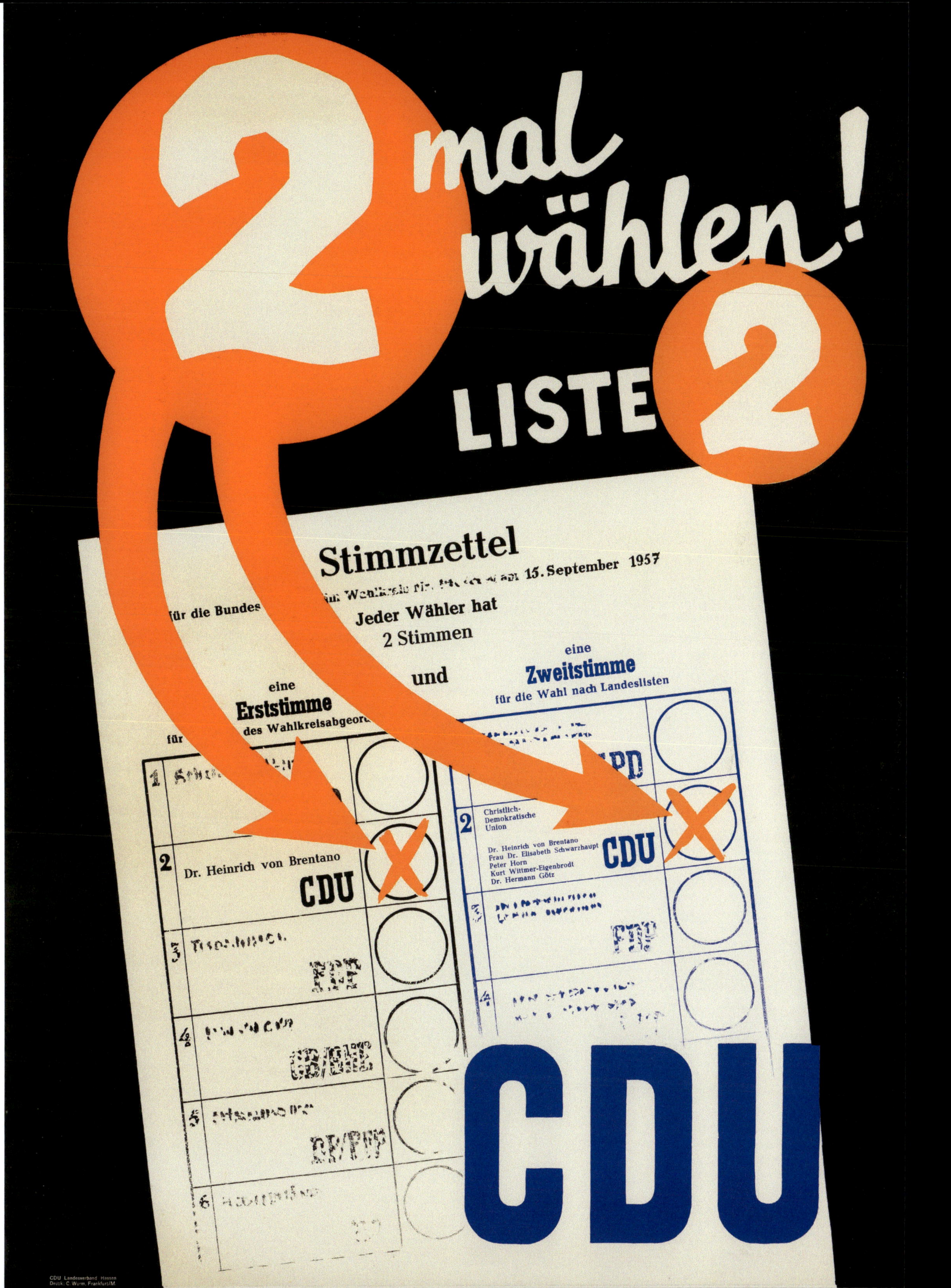

N. N.
2 mal wählen! Liste 2
Bundesrepublik
Deutschland, 1957
84 × 59 cm
Plakatsammlung
Maximilian Karagöz

N. N.
für Hessen nur eins – SPD
Bundesrepublik
Deutschland, 1958
59 × 42 cm
Friedrich-Ebert-Stiftung e.V.,
Archiv der
sozialen Demokratie

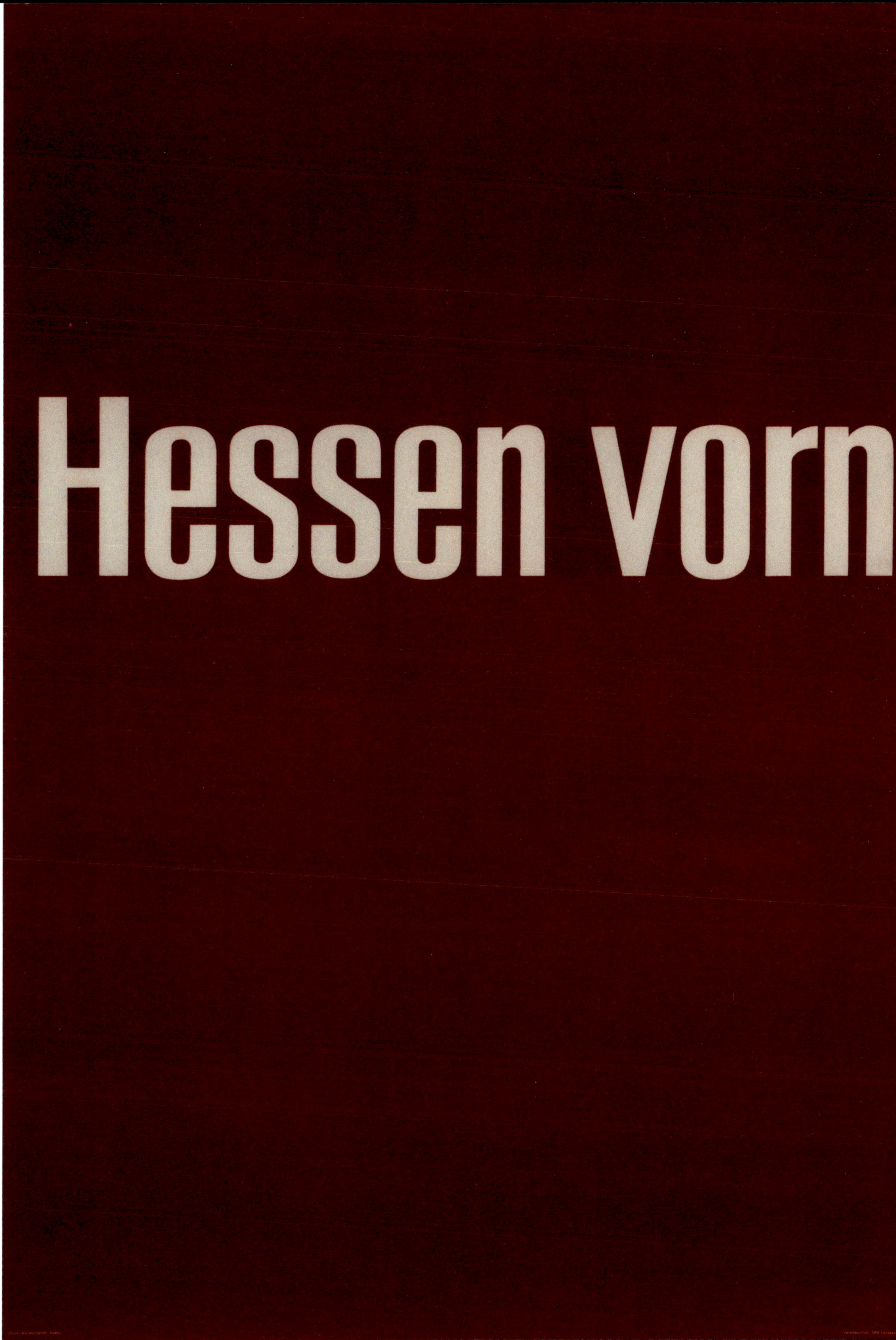

N. N.
Hessen vorn
Bundesrepublik
Deutschland, 1966
84 × 59 cm
Friedrich-Ebert-Stiftung e.V.,
Archiv der
sozialen Demokratie

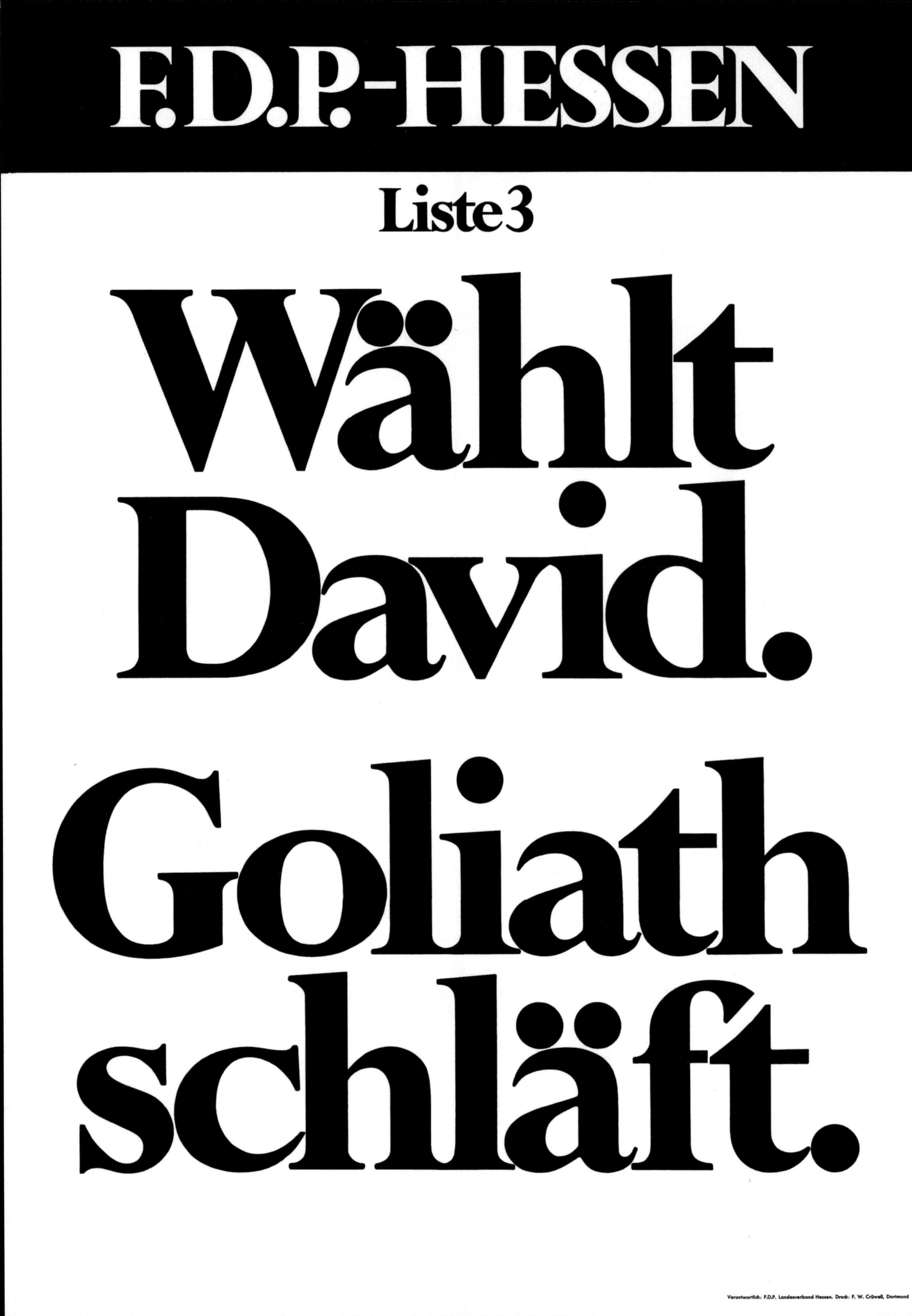

N. N.
F.D.P.-Hessen Liste 3
Wählt David.
Goliath schläft.
Bundesrepublik
Deutschland, 1970
84,1 × 59,4 cm
Friedrich-Naumann-
Stiftung für die Freiheit,
Archiv des Liberalismus,
Plakatsammlung

N. N.
So oder So
wir wollen keine
Alleinherrschaft
deshalb
F.D.P. Die Liberalen
Bundesrepublik
Deutschland, 1978
84,1 × 59,4 cm
Friedrich-Naumann-
Stiftung für die Freiheit,
Archiv des Liberalismus,
Plakatsammlung

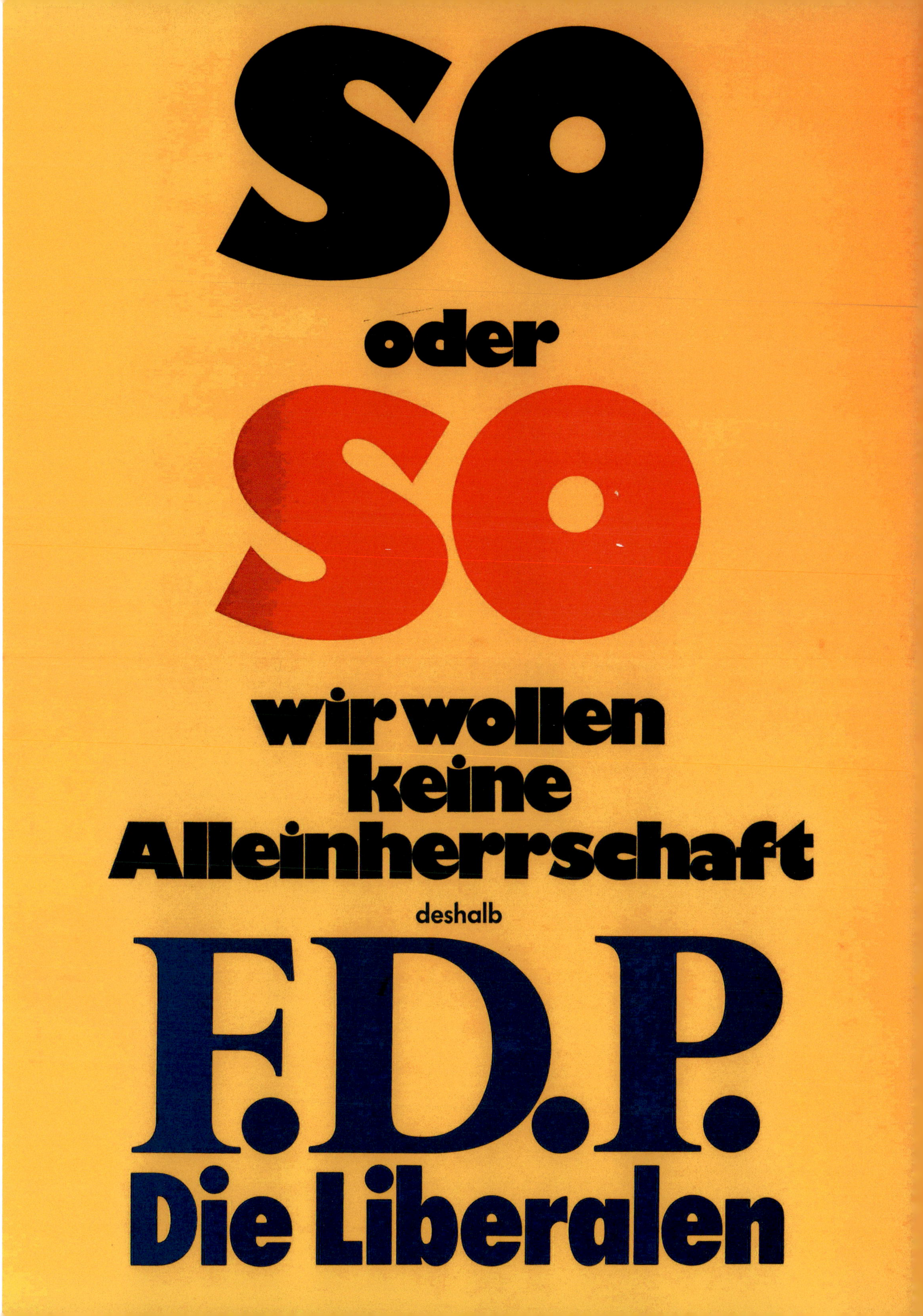

Neue Formen des Plakats: Zwischen Pop und Graswurzel

Die klassischen Plakatikonografien wurden nach dem Krieg bis Ende der 1960er-Jahre in teilweise redundanter Form variiert, ohne gestalterisch grundlegend neue Formen zu erschließen. Das änderte sich erst zu Beginn der 1970er-Jahre, als popkulturelle Elemente der Konsumwerbung auch in die Wahlwerbung Einzug hielten und schließlich gänzlich neue Motive und Stile entstanden.

Das SPD-Plakat »Hessen braucht Sie«, das im Comicstil das berühmte »I Want You«-Motiv von Uncle Sam mit dem auf den Betrachter ausgerichteten Zeigefinger aufgreift, ist für diese neue, weniger strenge Gestaltung beispielhaft (Abb. S. 131). Die politische Konkurrenz von der CDU setzte im Bundestagswahlkampf 1976 ebenfalls ein ausgefallenes Plakatmotiv ein: »Komm aus Deiner linken Ecke«, fordert eine junge Frau, den Betrachter herausfordernd anblickend, die Hände in CDU-Boxhandschuhen in Angriffsstellung erhoben (Abb. S. 133). Beide Plakate stehen für einen Typus, der auf eine bislang unbekannte Weise den Betrachter beziehungsweise Wähler aus seiner passiven Rolle heraus durch unmittelbare Ansprache aktivieren und konfrontieren möchte.

Das unkonventionelle Wahlplakat zum eigentlichen Prinzip erhoben haben aber schließlich erst DIE GRÜNEN ab den 1980er-Jahren. In ihren Anfangsjahren zeigte sich auch im Plakatdesign der basisdemokratische Anspruch der Partei, indem eine Vielzahl an Gestaltungsformen nebeneinander existierte und zeitgleich verwendet wurde. So entstanden durch einzelne Kreisverbände Plakate wie jenes mit der Forderung »Atomkraft? Pfui Deibel!! Biblis stillegen!«, die gerade durch ihren naiven, im Kontrast zur Hochglanzgestaltung professioneller Agenturplakate stehenden Stil das Anliegen der Partei visualisierten, Heimstätte auch von politischen Graswurzelbewegungen zu sein (Abb. S. 134). Auf der anderen Seite belegen Plakate wie »Hessen zum Küssen / Jetzt erst recht Die Grünen« mit dem Motiv der rot-grünen Lippen (Abb. S. 138) oder »Einbruch in die Männerwelt« mit einer im Schambereich von einer von Frauenhänden gehaltenen Fastnachtsmaske verdeckten antiken männlichen Skulptur (Abb. S. 139), dass die Partei bereits in jenen Jahren durchaus sehr professionelle, aber trotzdem immer von der Norm abweichende Plakate zu entwickeln verstand.[1] Das »Anderssein« im Kontrast zu den drei etablierten Parteien war denn vermutlich in den Anfangsjahren von DIE GRÜNEN auch eines der zentralen Anliegen in der politischen Kommunikation der Partei, wobei hier die neuen Formen der Plakatgestaltung einen wesentlichen Beitrag leisteten.

Nikolas Werner Jacobs

1 Gerhard Paul: *Das visuelle Zeitalter. Punkt und Pixel*, Göttingen 2016 (=Visual History: Bilder und Bildpraxen in der Geschichte, Bd. 1), S. 496.

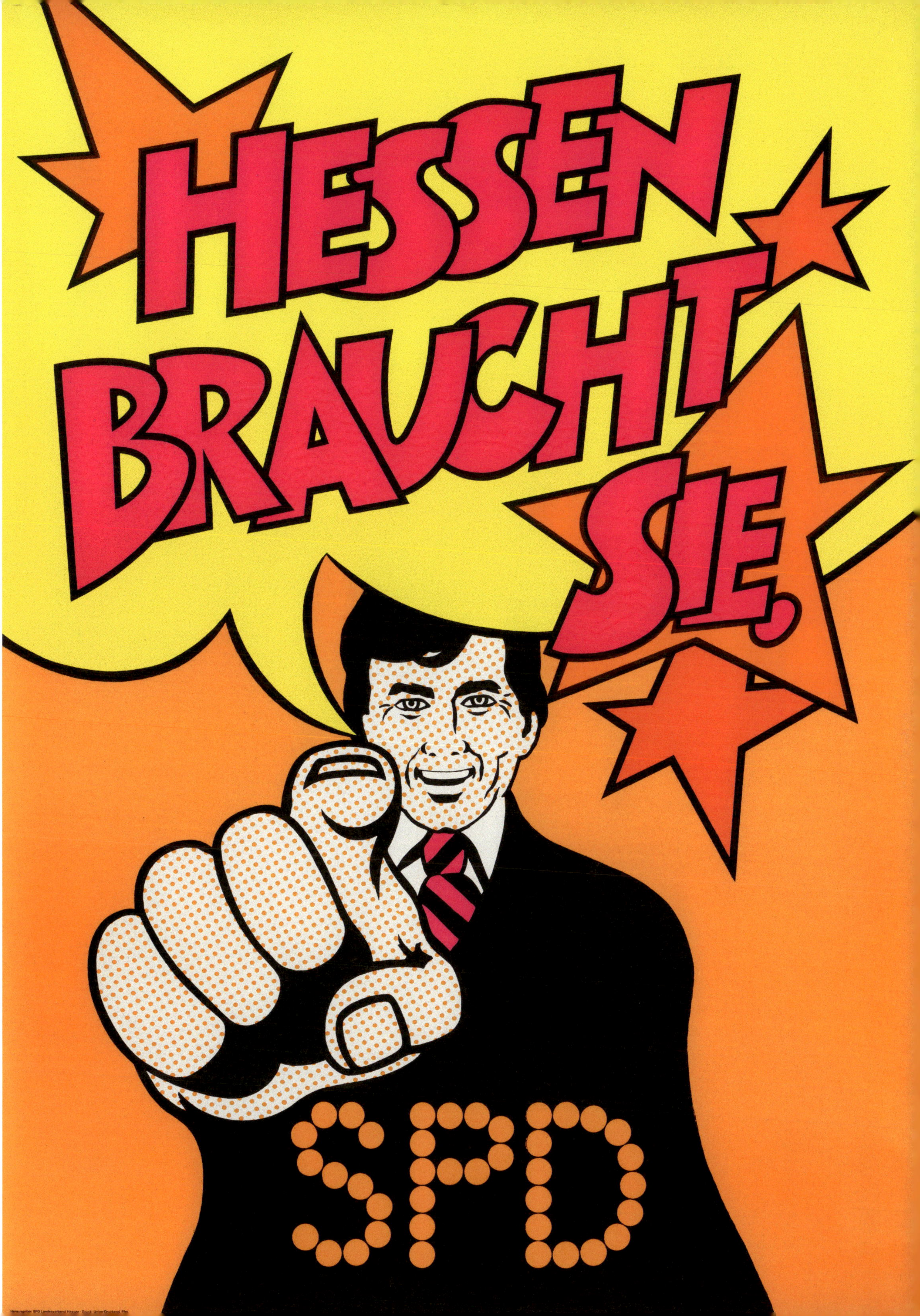

N. N.
Hessen braucht Sie. SPD
Bundesrepublik
Deutschland, 1970
83,9 × 59,3 cm
Plakatsammlung
Maximilian Karagöz

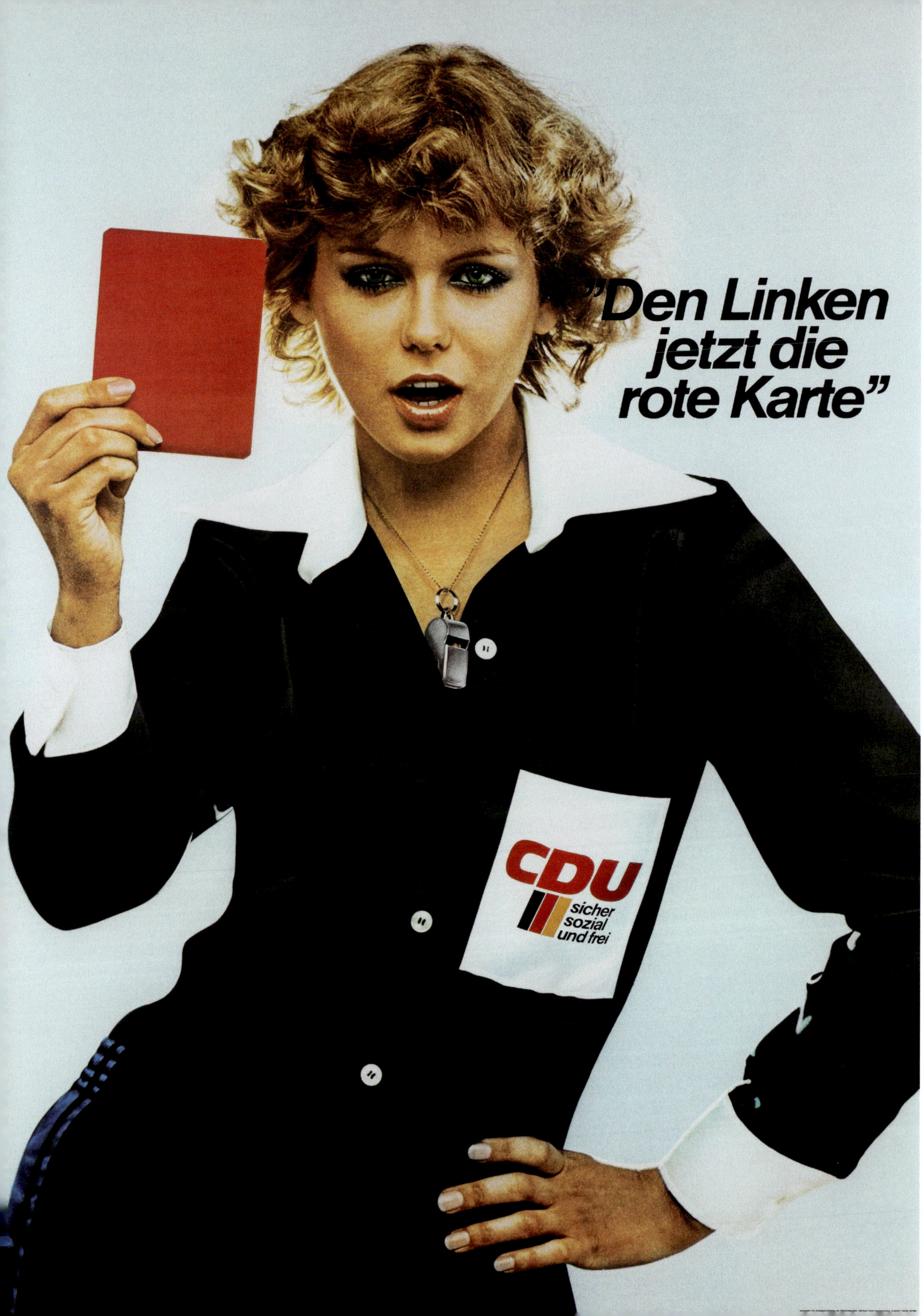

N. N.
»Den Linken jetzt die rote Karte«
CDU. sicher. sozial und frei
Bundesrepublik Deutschland, 1976
84 × 59,3 cm
Plakatsammlung Maximilian Karagöz

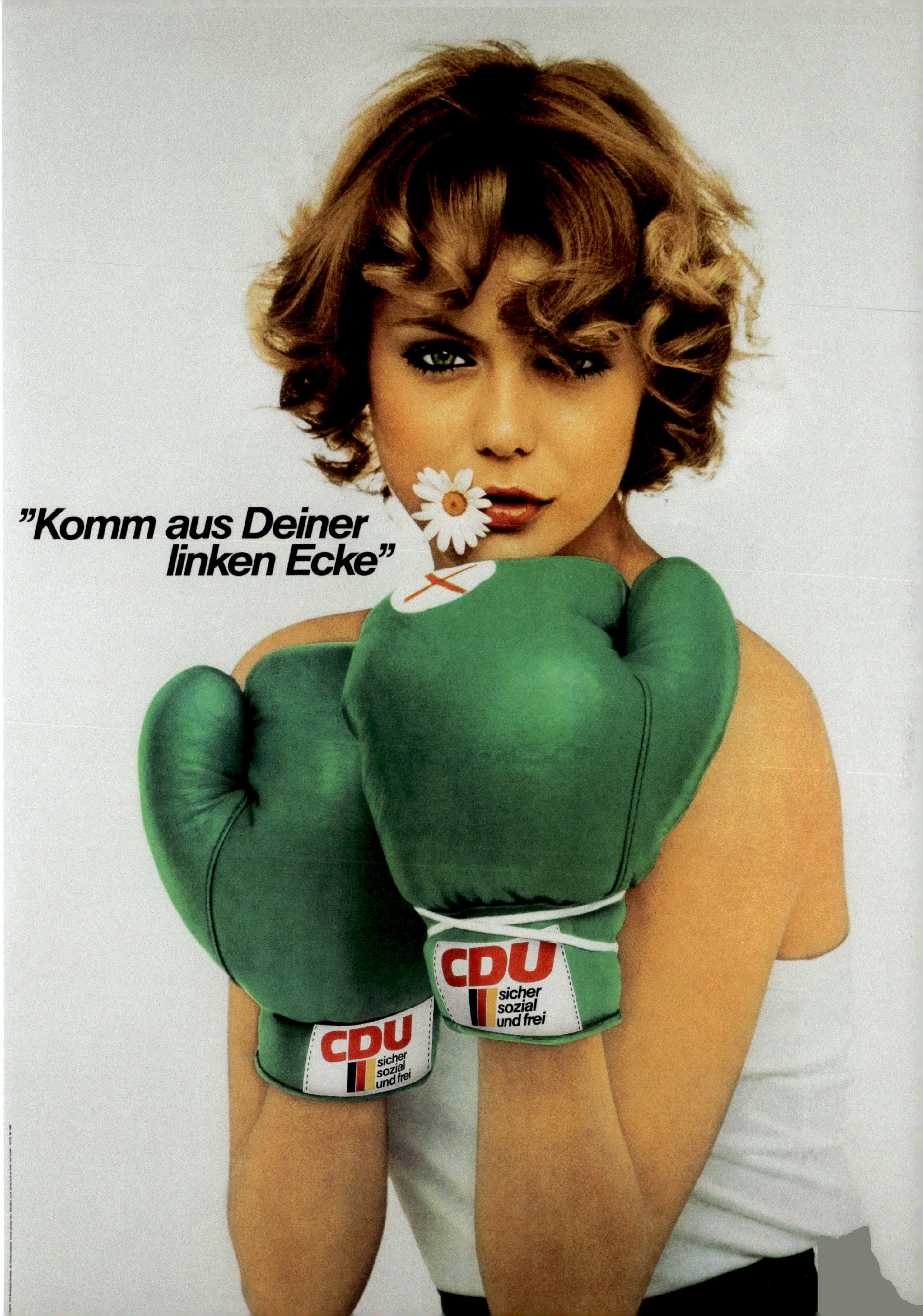

N. N.
»Komm aus Deiner linken Ecke«.
CDU. sicher. sozial und frei
Bundesrepublik Deutschland, 1976
84 × 59,3 cm
Plakatsammlung Maximilian Karagöz

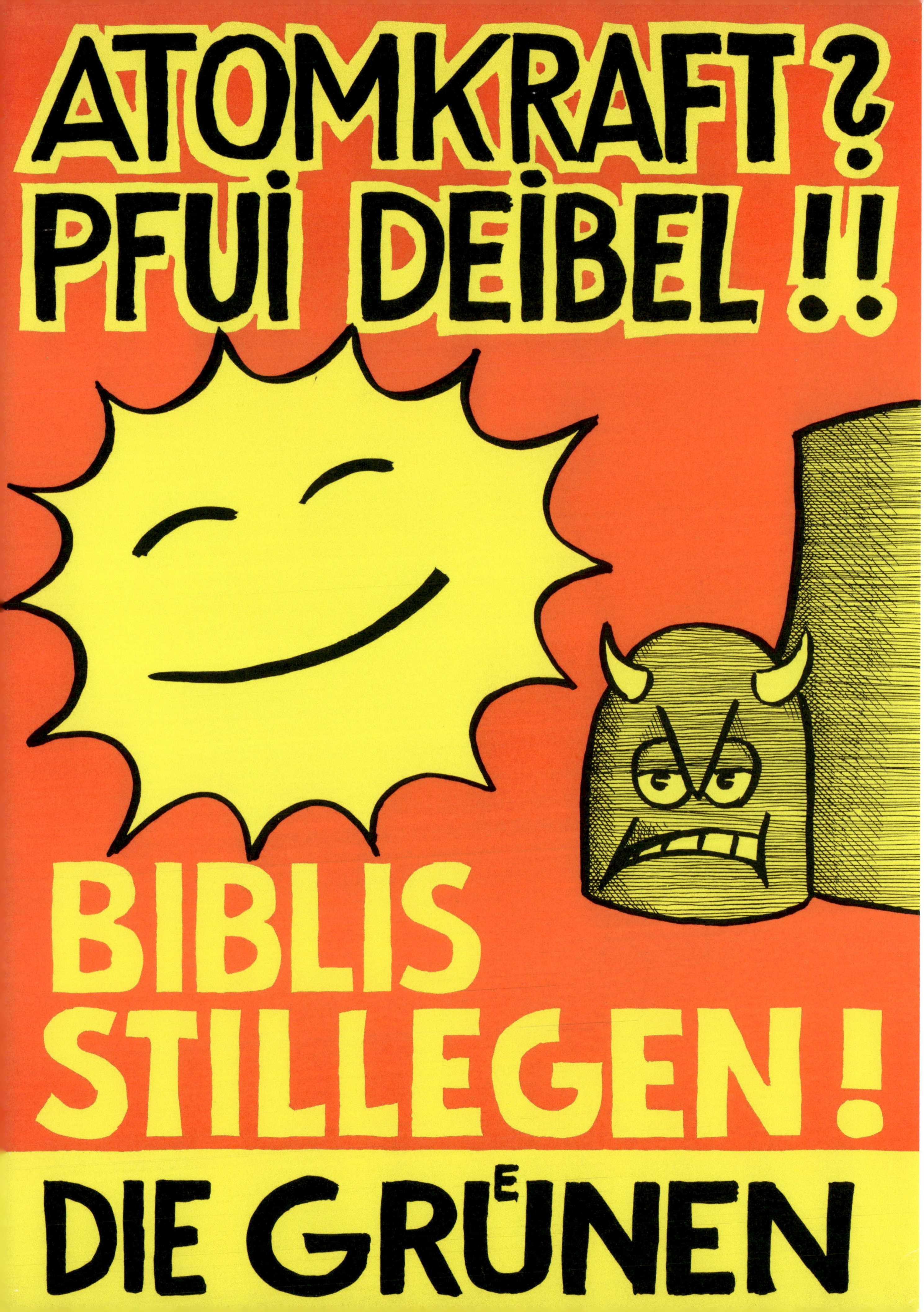

N. N.
Atomkraft?
Pfui Deibel!!
Biblis stillegen!
DIE GRÜNEN
Bundesrepublik
Deutschland, 1986
83,8 × 59,3 cm
Fraktion BÜNDNIS 90/
DIE GRÜNEN
im Hessischen Landtag

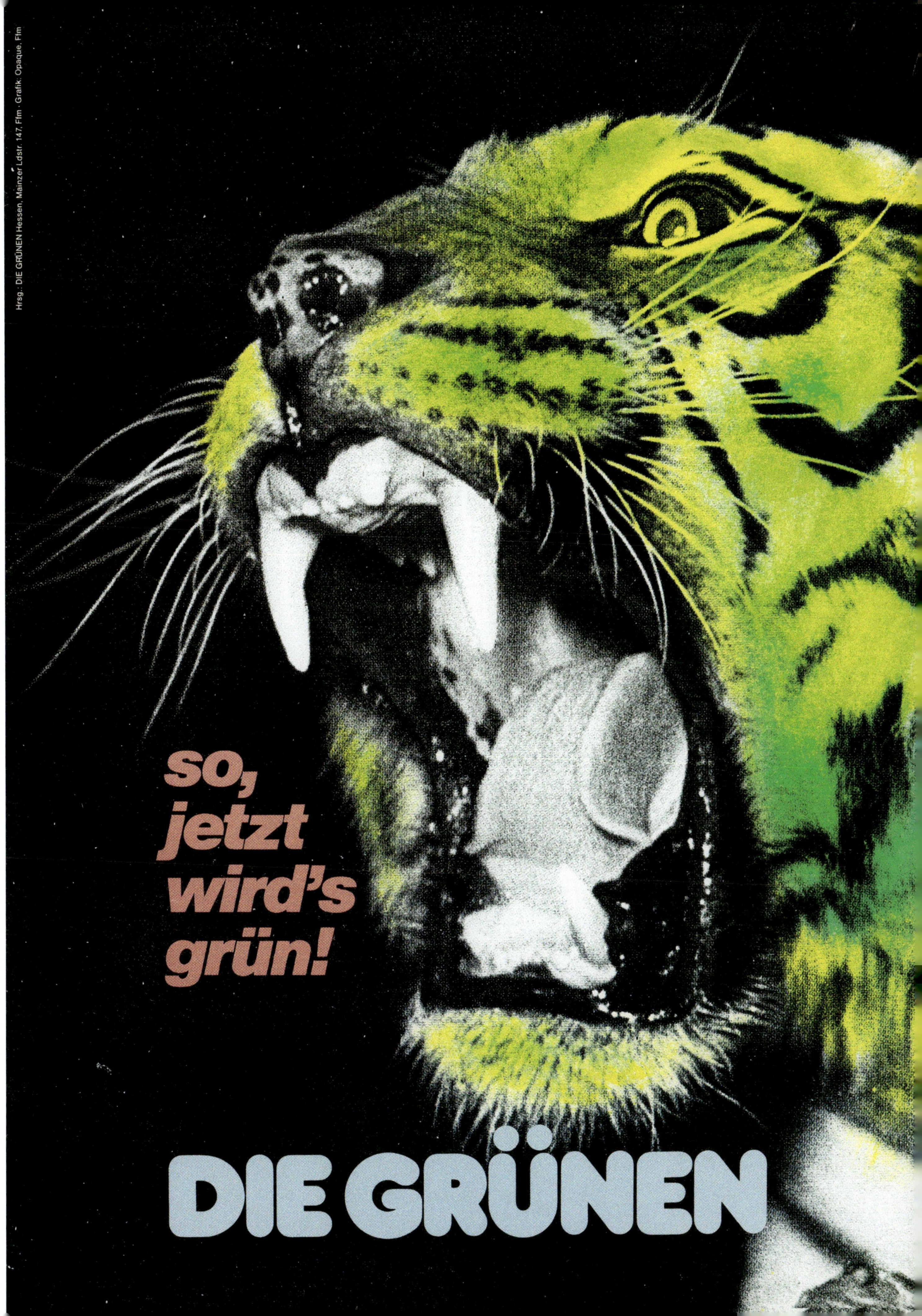

Opak [Opaque],
Frankfurt am Main
So, jetzt wird's grün!
DIE GRÜNEN
Bundesrepublik
Deutschland, 1991
84 × 59,4 cm
Fraktion BÜNDNIS 90/
DIE GRÜNEN
im Hessischen Landtag

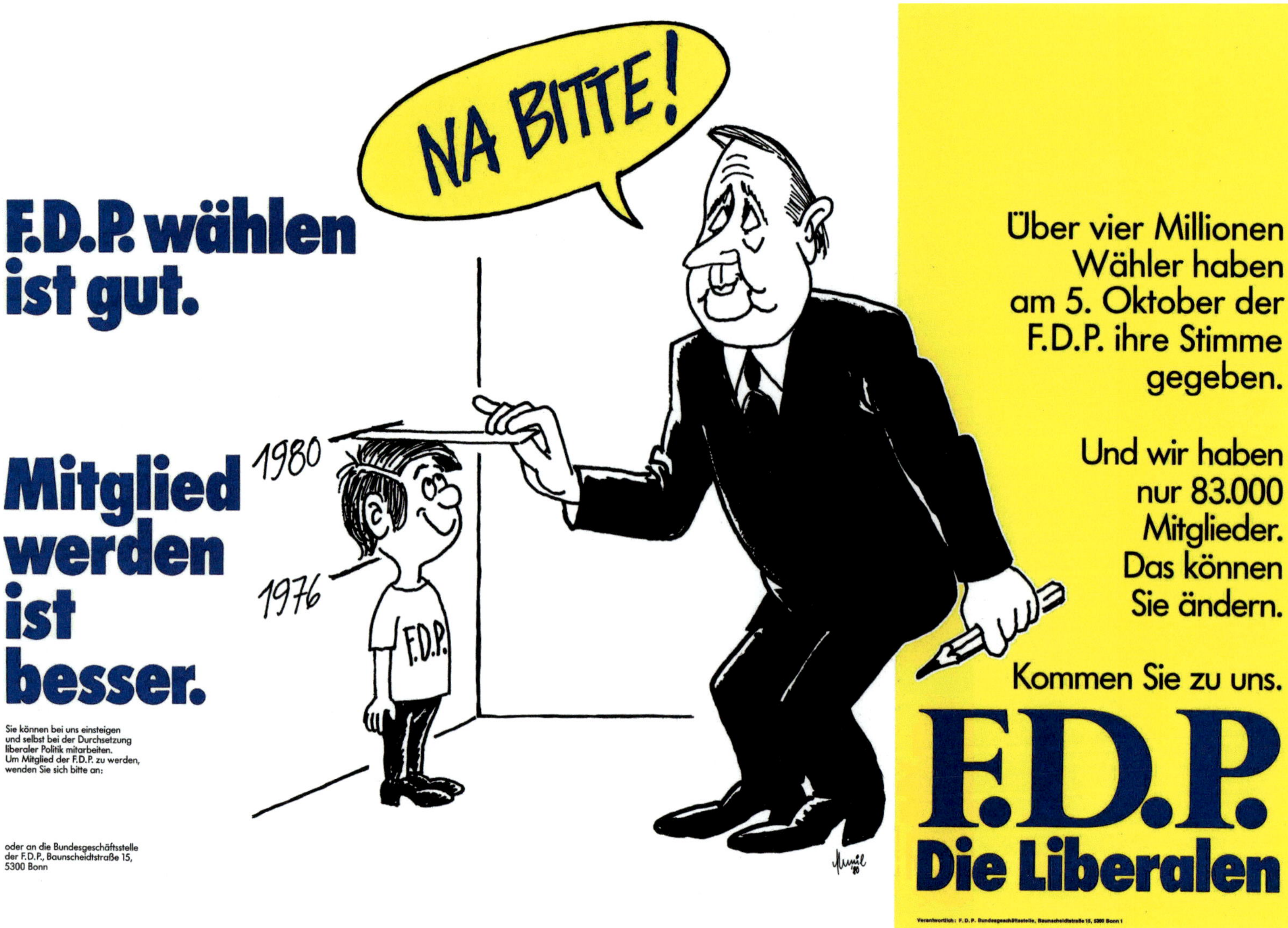

N. N.
Na bitte! F.D.P. wählen ist gut.
Mitglied werden ist besser. F.D.P. Die Liberalen
Bundesrepublik Deutschland, 1980
41,9 × 58,4 cm
Friedrich-Naumann-Stiftung für die Freiheit,
Archiv des Liberalismus, Plakatsammlung

Klaus Werner
(Lebensdaten unbekannt)
Sommernachtsfest der F.D.P im Opelbad
Bundesrepublik Deutschland, 1978
84,1 × 59,4 cm
Friedrich-Naumann-Stiftung für die Freiheit,
Archiv des Liberalismus, Plakatsammlung

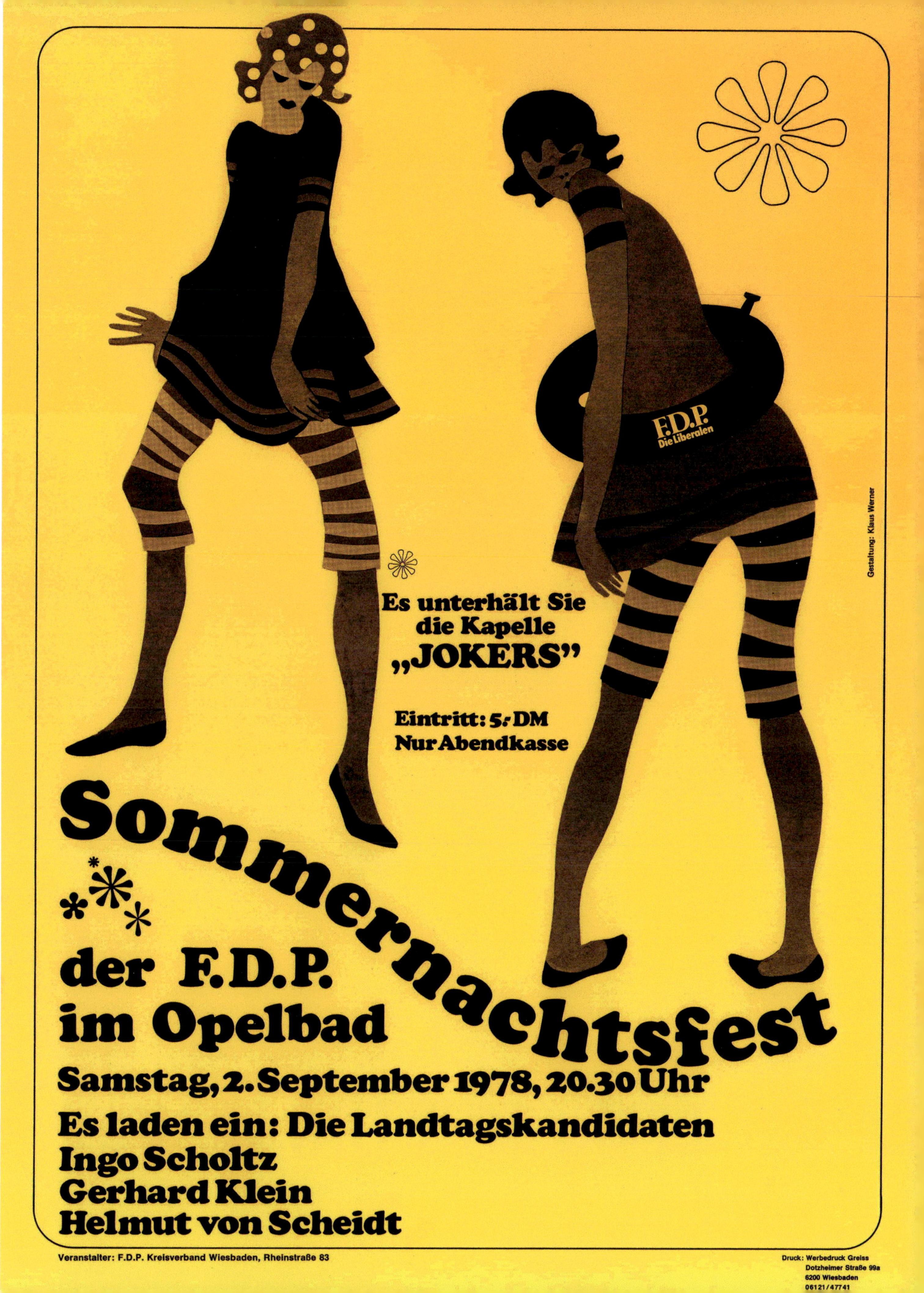
F.D.P.
Die Liberalen
Es unterhält Sie
die Kapelle
„JOKERS"
Eintritt: 5,- DM
Nur Abendkasse
Sommernachtsfest
der F.D.P.
im Opelbad
Samstag, 2. September 1978, 20.30 Uhr
Es laden ein: Die Landtagskandidaten
Ingo Scholtz
Gerhard Klein
Helmut von Scheidt
Gestaltung: Klaus Werner
Veranstalter: F.D.P. Kreisverband Wiesbaden, Rheinstraße 83
Druck: Werbedruck Greiss
Dotzheimer Straße 99a
6200 Wiesbaden
06121/47741

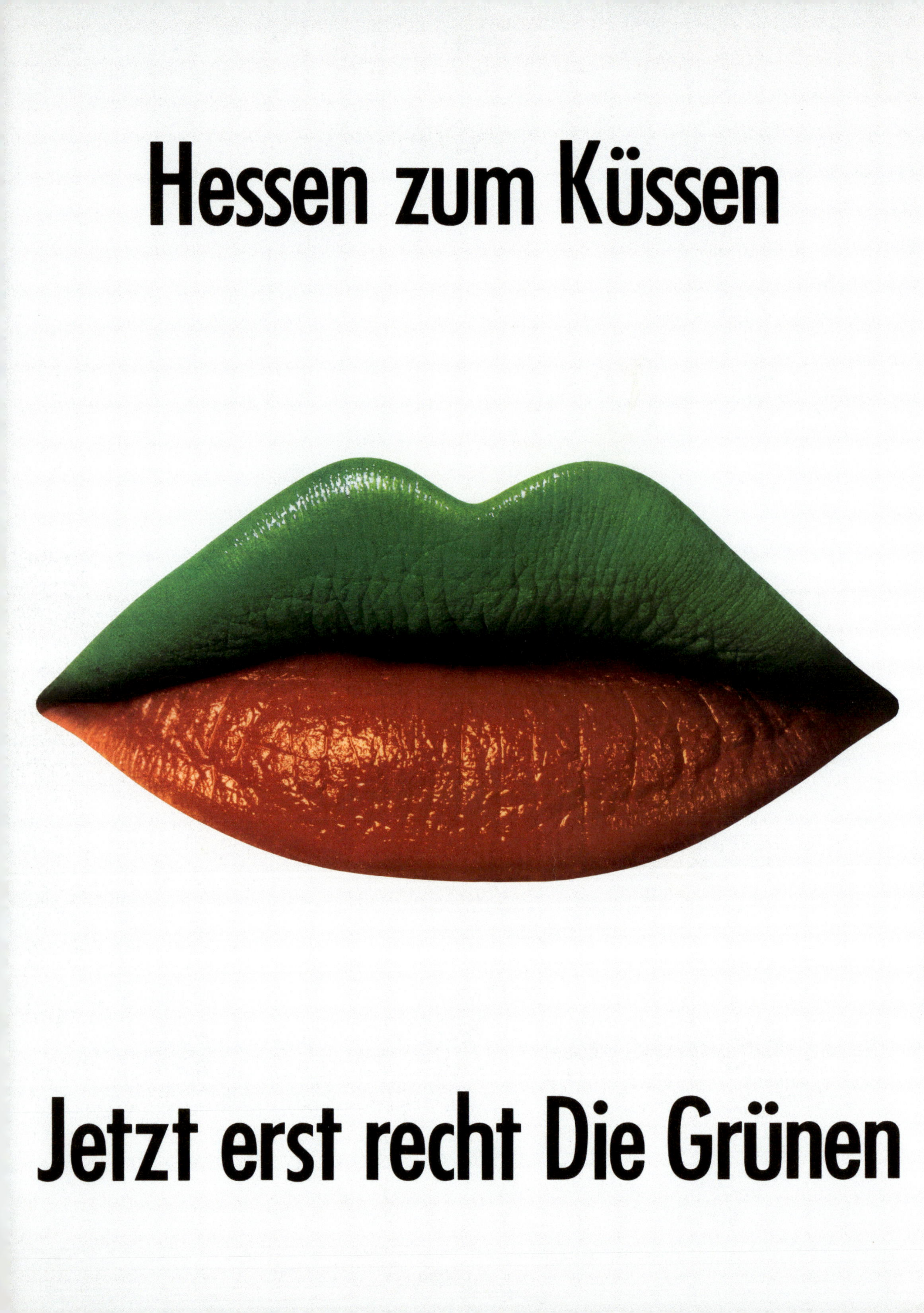

N. N.
Hessen zum Küssen
Jetzt erst recht
Die Grünen
Bundesrepublik
Deutschland, 1987
83,8 × 59,3 cm
Fraktion BÜNDNIS 90/
DIE GRÜNEN
im Hessischen Landtag

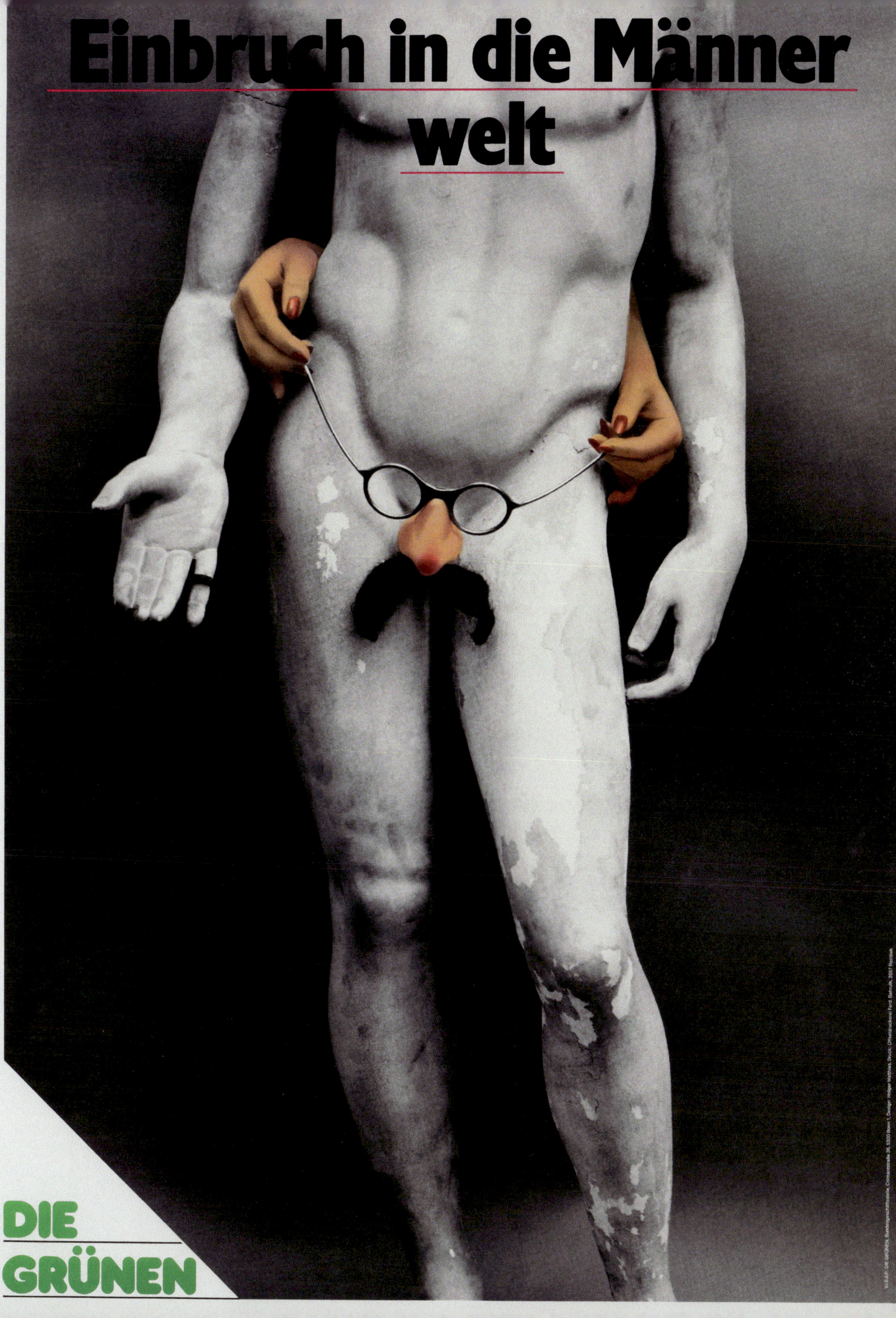

Holger Matthies (*1940)
Einbruch in die
Männerwelt. DIE GRÜNEN
Bundesrepublik
Deutschland,
Hamburg, 1986
84,1 × 59,5 cm
Plakatsammlung
Maximilian Karagöz

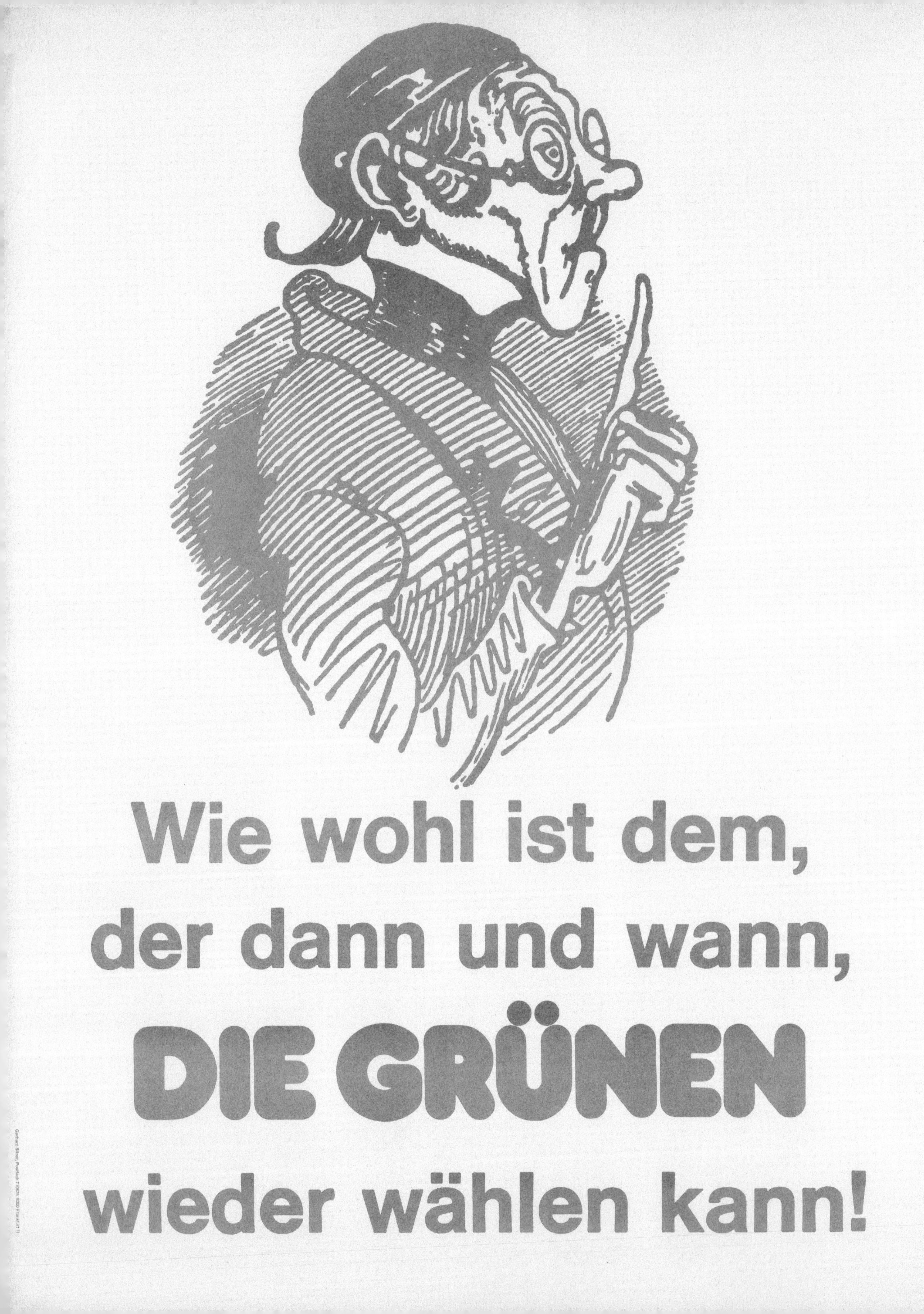

N. N.
Wie wohl ist dem,
der dann und wann,
DIE GRÜNEN wieder
wählen kann!
Bundesrepublik
Deutschland, um 1982
84,3 × 60,5 cm
Fraktion BÜNDNIS 90/
DIE GRÜNEN
im Hessischen Landtag

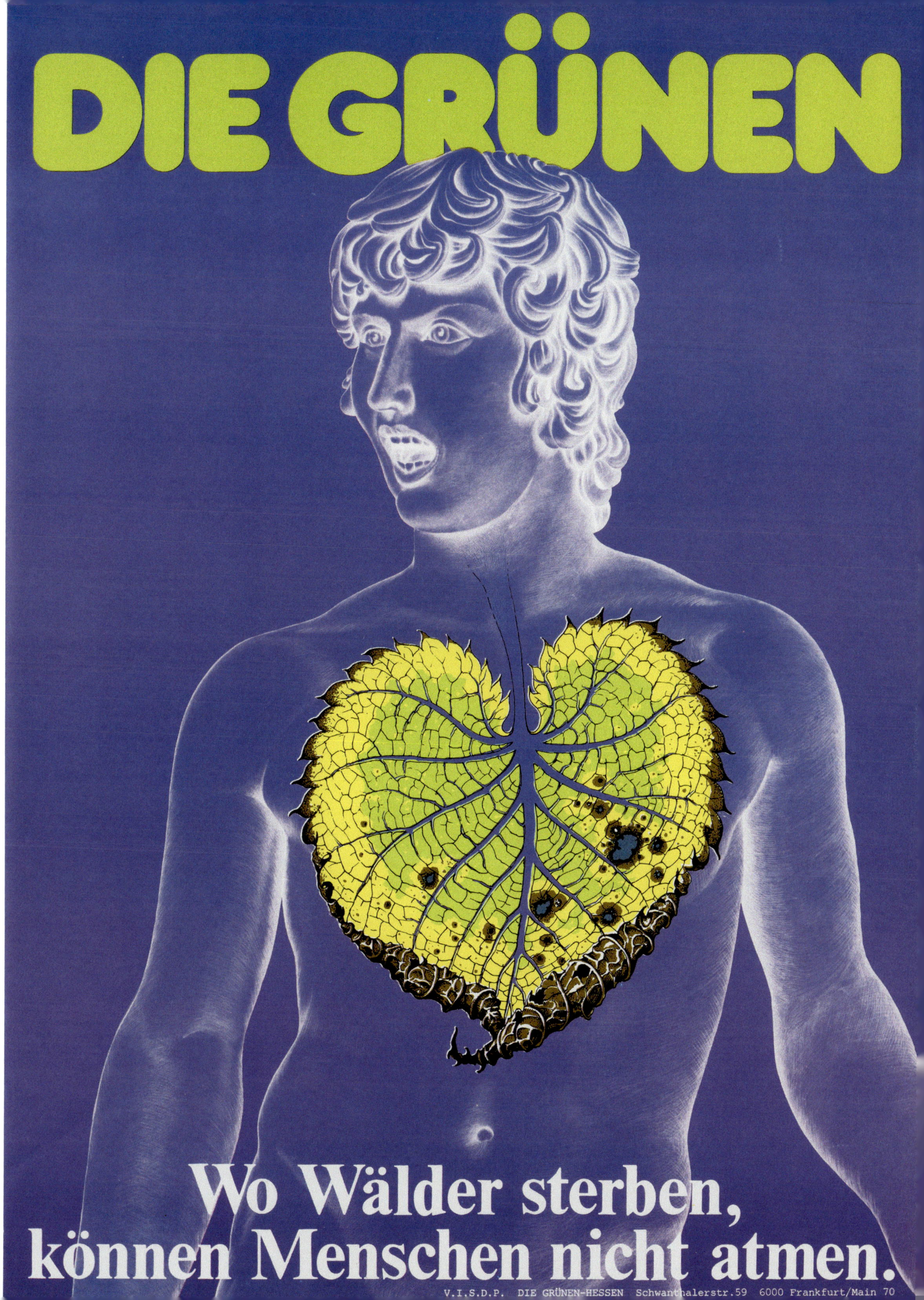

N. N.
DIE GRÜNEN
Wo Wälder sterben,
können Menschen
nicht atmen.
Bundesrepublik
Deutschland, um 1987
82,7 × 58,6 cm
Fraktion BÜNDNIS 90/
DIE GRÜNEN
im Hessischen Landtag

Bild- und Copyrightnachweis

Plakate mit einem Entstehungsdatum bis 1933 sind in der Ausstellung im Museum Wiesbaden zu sehen, Plakate, die ab 1945 entstanden sind, werden in der Ausstellung im Hessischen Landtag präsentiert.
Mit einem Asterisk (*) in der Bildunterschrift gekennzeichnete Abbildungen von Plakaten im Katalogbuch sind weder in den Ausstellungen im Hessischen Landtag noch im Museum Wiesbaden vertreten.
Angaben zu Künstler-/Erscheinungsdaten, Technik, Maßen und/oder Standorten, die nicht ermittelt werden konnten, sind ohne weitere Erläuterungen entfallen.
Für die nach 1945 erschienenen Plakate ist keine Technik angegeben, da es sich überwiegend um Offsetdrucke handelt.

Bildrechte

© 2026 VG Bild-Kunst Bonn für die Werke von Paul Aigner (S. 88, 89, 113), Bruno Paul (S. 17), Walter Schnackenberg (S. 35), Max Schwimmer (S. 49), Klaus Staeck (S. 103, 116)
© 2026 ARE, Harry Walter: S. 100, 101, 102, 111
© 2026 Stephan Bastian für das Werk von Henry Meyer-Brockmann: S. 104
© 2026 Bundesarchiv, Bild 102-07717A / Foto Georg Pahl: S. 9
© 2026 Barbara Klemm: Umschlag (Vorder-/ Rückseite
© 2026 Konzept, Foto und Design: Holger Matthies: S. 139
© 2026 Opak, Frankfurt/Main, Vorlage der Fotografie vermutlich Paul Schröner: S. 135
© 2026 Peter Pauli, Werbeagentur Alwo, Frankfurt am Main: S. 4
© 2026 Petra Ploog für das Werk von Ploog Kommunikation, Frankfurt/Main (Arno Ploog): S. 94
© 2026 Archiv Grünes Gedächtnis der Heinrich-Böll-Stiftung/PL-00055: S. 107
© 2026 FDP Landesverband Hessen: S. 91
© 2026 Friedrich-Naumann-Stiftung für die Freiheit, Archiv des Liberalismus, Plakatsammlung [ADL]: S. 110, 123, 128, 129, 136, 137
© 2026 Hanns-Seidel-Stiftung e.V. [HSS]/Archiv für Christlich-Soziale Politik [ACSP], PI S:137: S. 93
S. 87, 120, 121, 134, 135, 138, 140, 141: Die in diesem Katalog gezeigten Wahlplakate der Hessischen Grünen aus den Jahren 1982–1993 stehen nach aktuellem Kenntnisstand im Nutzungsrecht der Partei Hessen. Ein schriftlicher Nachweis der Rechteübertragung liegt nicht vor.
Die Partei geht jedoch davon aus, dass die Motive im Rahmen der jeweiligen Auftragsverhältnisse für die Nutzung durch die Partei vorgesehen waren. Sollten Dritte Rechte gegenüber dem Aussteller an den gezeigten Plakaten geltend machen, bittet die Partei um entsprechenden Hinweis, um etwaige Unstimmigkeiten zu klären.
© 2026 Konrad-Adenauer-Stiftung [KAS]/Archiv für Christlich-Demokratische Politik [ACDP]: S. 4, 88, 89, 105, 106, 108, 112, 113, 114, 115, 122, 132, 133
© 2025 Kai von Schauroth für das Werk von Lina von Schauroth: S. 77
© 2026 SPD/Friedrich-Ebert-Stiftung e.V. [FES], Archiv der sozialen Demokratie [AdsD]: S. 90, 95, 96, 99, 104, 117, 118, 119, 126, 127
© 2026 SPD Landesverband Hessen: S. 94, 97
© 2026 Leif Steguweit für das Werk von Willi Petzold: S. 48

Fotonachweis
© 2026 Bundesarchiv, Bild 102-07717A / Foto Georg Pahl: S. 9
© 2026 Deutsches Plakat Museum im Museum Folkwang: S. 42, 45, 46, 47, 48, 49, 50, 51, 52, 54, 56, 57, 59, 62, 63, 64, 68
© Friedrich-Naumann-Stiftung für die Freiheit/ Archiv des Liberalismus: S. 110, 123, 128, 129, 136, 137
Hans Sachs: »Der Wettbewerb des Vereins der Plakate für ein Plakat der Deutschen Frauenhaar-Sammlung vom Roten Kreuz«, in: *Das Plakat, Mitteilungen des Vereins der Plakatfreunde*, 9. Jg. (1918), Heft 5/6, S. 239–243, hier S. 243: S. 78
© Kollwitz Museum Köln: S. 75
© 2026 Konrad-Adenauer-Stiftung [KAS]/Archiv für Christlich-Demokratische Politik [ACDP]: S. 4, 88, 89
© Münchner Stadtmuseum, Sammlung Reklamekunst, Inv.Nr. P-A14/364: S. 77
© 2026 Museum Wiesbaden/Bernd Fickert: Umschlagvorder- und Rückseite, S. 80
© 2026 SPD/Friedrich-Ebert-Stiftung e.V. [FES], Archiv der sozialen Demokratie [AdsD]: S. 94, 95, 96, 97, 99, 104, 118, 119, 126, 127
© 2006 Staatliche Museen zu Berlin, Kunstbibliothek/Dietmar Katz: S. 74, 76
© 2026 Josef Stoffels/Fotoarchiv Ruhr Museum: S. 11
Alle anderen Aufnahmen:
© 2026 Museum Wiesbaden/Dirk Uebele

Diese Publikation erscheint anlässlich der Ausstellungen
Unter Druck. Politische Plakate 1918–1933
im Museum Wiesbaden
6. Februar bis 9. August 2026 und
Unter Druck. Politische Plakate 1945–1991
im Hessischen Landtag, Wiesbaden
18. März bis 12. April 2026

Hessischer Landtag
(Ausstellung *Unter Druck. Politische Plakate 1918–1933*)
Konzept Nikolas Werner Jacobs, Peter Forster
Mitarbeit Isabelle Freymann, Jasmin Gruner, Anette Neder, Markus Schäfer, Noelia Weyherter
Installation Gebäudemanagement des Hessischen Landtages
Presse- und Öffentlichkeitsarbeit Benjamin Holler

Museum Wiesbaden
Ausstellung Kurator Peter Forster (Kunstsammlungen)
Direktor Andreas Henning
Stellvertretender Direktor Jörg Daur
Verwaltungsleitung Patricia Becker-Matthews
Direktionssekretariat Swantje Kroener, Christina Wagner, Isabel Wegener
Kustoden Jörg Daur, Peter Forster, Valerie Ucke, Roman Zieglgänsberger
Wissenschaftliche Volontärinnen Helene Kokenbrink, Bettina Löwen
FSJ Kultur Elias Bittner, Marei Löffler
Registrarin Caren Jones
Restaurierung Anne-Sophie Bennke, Jana Merseburg, Pascale Regnault, Ines Unger
Magazinverwalter Salem Khalfani, Dirk Uebele
Presse- und Öffentlichkeitsarbeit Martina Brand, Susanne Hirschmann, Sarah Schach, Sarah Schadt
Digital Unit und IT Thessa Brenner, Marc Lieser, Alexander Rücker, Eric Walliser
Fotografie und Bildarchiv Bernd Fickert, Dirk Uebele
Mediengestaltung Theresa Duck
Kunstbibliothek Martina Frankenbach
Bildung und Vermittlung Daniel Altzweig, Astrid Lembcke-Thiel, Ann-Katrin Spieß
Haustechnik, Magazine, Werkstatt Lekbir Azarg, Markus Becker, Renato Coraggioso, Michael Edler, Johanna Faupel, Michael Krag, Christan Rücker
Veranstaltungsmanagement, Besucherservice, Poststelle
André Baron, Aala Aladin Dirbas, Svantje Kroener, Suzan Mesgaran, Stephan Müller, Christina Wagner
Verwaltung Jasna Durdevic, Elmira Gyrdjan, Heidemarie Wiesenbach

Katalog
Herausgegeben von der Präsidentin des Hessischen Landtages Astrid Wallmann
bearbeitet von Peter Forster, René Grohnert und Nikolas Werner Jacobs
Texte von Petra Eisele, Peter Forster, René Grohnert, Nikolas Werner Jacobs, Astrid Wallmann

Projektleitung, Gestaltung, Lektorat, Lithografie, Herstellung
Reschke & Kruse, Berlin/Köln
Schrift Gill in verschiedenen Schnitten
Papier MagnoVolume 150 g/m², 1,1-faches Volumen
Druck und buchbinderische Verarbeitung optimal media GmbH, Röbel/Müritz

Verlag und Vertrieb
Deutscher Kunstverlag
Ein Verlag der Walter de Gruyter GmbH
Genthiner Straße 13
10785 Berlin
www.deutscherkunstverlag.de
www.degruyterbrill.com

Die Deutsche Nationalbibliothek verzeichnet diese Publikation in der Deutschen Nationalbibliografie; detaillierte Informationen sind im Internet unter http:/dnb.de abrufbar.

ISBN 978-3-422-80423-4
Fragen zur allgemeinen Produktsicherheit: productsafety@degruyterbrill.com

Library of Congress Cataloging-in-Publication Data
A CIP catalog record for this book has been applied for at the Library of Congress

Bildnachweis s. Seite 142

Umschlagvorder- und Rückseite Barbara Klemm (*1939), Bundestagswahl, Frankfurt am Main, 1972, Handabzug, Silbergelatine auf Barytpapier, © 2026 Barbara Klemm

Frontispiz Karl Schulpig (1884–1948), 20. Juni. Volk entscheide! Deutsches Reich, 1926, Farblithografie, 34,2 × 24,7 cm
Plakatsammlung Maximilian Karagöz